नींद के आसपास

AF528035

युवान बुक्स
अनबाउंड स्क्रिप्ट का उपक्रम

नींद के आसपास : संजय मनहरण सिंह
प्रथम संस्करण : जनवरी, 2026

ISBN : 978-93-47125-32-4

© संजय मनहरण सिंह 2026

प्रकाशक : अनबाउंड स्क्रिप्ट
2/41, अंसारी रोड,
दरियागंज, दिल्ली–110002

वेबसाइट : www.unboundscript.com
ई–मेल : books@unboundscript.com
फोन : 011-35807601

Neend Ke Aasspass
by Sanjay Manharan Singh

भीतर के पृष्ठों पर Sandro Botticelli और Xue Jiye के चित्र, साभार

मुद्रक : यश प्रिंटोग्राफिक्स, नोएडा, उत्तर प्रदेश

मूल्य : ₹ 299/-

सर्वाधिकार सुरक्षित; लेखक/प्रकाशक की अनुमति के बिना
इस पुस्तक के अंशों का उपयोग नहीं किया जा सकता।

संजय मनहरण सिंह

नींद के आसपास

युवान बुक्स

वह उन मछलियों का पीछा करते हुए रामलीला मैदान पहुँच गया, जहाँ बने सीमेंट के स्टेज पर किसी आर्केस्ट्रा के लोग खड़े हैं। सब अपने वाद्ययंत्र बजा रहे हैं। उन पर कई रंगों की रोशनी पड़ रही है। उन सबके सामने एक महिला अपने हाथ में माइक लेकर खड़ी है। उसने चाँदी रंग की चमकीली साड़ी पहनी है। उसके बगल में एक लम्बे बालों वाला आदमी गिटार पकड़े खड़ा है, जिसे वह देखकर मुस्कुरा रही है।

अध्याय – एक

कोने में जो कमरा था, उसका दरवाज़ा थोड़ा खुला हुआ था, जिससे पीले रंग की रोशनी हवा में उड़ती हुई बाहर आकर ज़मीन की अंधेरी कालीन पर गिर रही थी, जैसे किसी फूल के महीन परागकण उड़ते हुए बाहर आ रहे हों और पसर जा रहे हों।

उन परागकणों को अपनी मुट्ठी में भर लेने की कोशिश में दरस ज़मीन पर उकड़ू बैठ गया, जैसा कि वह घर के सामने के खुले मैदान, दूर घड़ी चौक के पास बने नये बगीचे और स्कूल जाने के रास्ते पर फैली घास की दूब पर इधर उधर बैठी रंग बिरंगी डैगनफ्लाई को पकड़ने के लिए बैठ जाया करता था।

उसने अपनी मुट्ठी खोल दी। उसकी मुट्ठी में न अंधेरा था और न ही रोशनी। कुछ गुलाबी रेखाएँ उसकी नर्म हथेली पर इधर उधर फैली हुई थी। अपनी हथेली के पसीने को उसने अपनी कमीज़ की बाँह से पोंछ लिया, जिससे अमोनिया की तीखी बदबू आ रही थी।

दरस ने बबूल की ठोस और कत्थई रंग की लकड़ी से बने दरवाज़े की दरार से अपनी आँखें सटा दी। कमरे के अंदर फिलिप्स का बहुत पुराना चालीस वॉट का बीमार सा बल्ब दीवार पर लटका हुआ था, जैसे किसी उदास बूढ़े का चेहरा हवा में उलटा लटका हो, जिसके मरियल से उजाले में उसने गौर से देखा कि खेसराहा एक परखनली हाथ में लेकर उसे ध्यान से देख रहा है।

फिर वह उस परखनली को उस नालायक बल्ब की छितरी हुई रोशनी के पास ले जाकर देखने लगा। उसे परखनली में गाढ़ा पीले रंग का द्रव हिलता हुआ दिखाई दिया, जो उस बल्ब की रोशनी में संतरे के रस जैसा दिखने लगा था, जिसमें अनिद्रा और बदहवासी के अदृश्य रेशे तैर रहे थे।

खेसराहा के ठीक पीछे सफ़ेद रंग की दीवार से सटाकर लकड़ी की चार आलमारियाँ रखी हुई थी, जिन्हें हवा में मौजूद नमी और दीमक के हमले से बचाने की गरज से आसमानी नीले रंग के आॅयल पेंट से रंग दिया गया था, लेकिन बेईमान लकड़ी और सस्ते पेंट के कारण वह धूप और नमी की मार से पपड़ी बनकर धीरे-धीरे आलमारी की सतह छोड़ने लगी थी, जिसे देखकर दरस सोचने लगा, ''आलमारियाँ भी केंचुली छोड़ रही हैं।''

उन अलमारियों के पल्ले पर पारदर्शी काँच लगे हुए थे, जिससे उनके अंदर सुरक्षित रखी काँच की छोटी शीशियों की ढेर सारी पंक्तियाँ साफ़ साफ़ नज़र आ रही थी। उन छोटी काँच की शीशियों को दूर से देखकर लगता कि खेसराहा ने जिन्नों, भूतों और पिशाचों को उनमें कैद कर रखा है, जो अपनी सजा से मुक्त होने की प्रतीक्षा में उन शीशियों में रसायनों में बदल गये हैं। रासायनिक प्रक्रिया के कारण शीशियों के भीतर संरक्षित रखा द्रव उदासी में बदल गया था, जिसे खेसराहा फॉरमेलिन कहता था।

दरस ने देखा कि आलमारी के अंदर काँच की छोटी छोटी शीशियाँ करीने से सजाकर रखी गयी हैं। उन पर काग़ज़ के पुर्जे लगे हुए, जिसमें लाल रंग से नमूना संख्या लिखा हुआ है। लेकिन वह नीले पेन की घसीटा लिखावट को पढ़ नहीं सका। उसने अपनी नज़र हटा ली।

उसकी नज़र अलमारियों की पंक्ति के ठीक बाद दीवार से हवा में लटक रहे सफ़ेद रंग की वाश बेसिन पर गयी। वाश बेसिन पर अलग अलग समय पर धुले हुए हाथों की हताशा, खुशी, आक्रोश और कंद्रन का पीलापन रच गया था।

वह जिस लोहे की राड पर टिका हुआ था, उस पर काले रंग का भुरभुरा मुलम्मा चढ़ा हुआ था। पुरानेपन और अनिच्छा की जंग उसे बाहर से खाने लगी थी, जो नल खोलने पर चूरा बनकर ज़मीन पर गिरने लग जाता था।

वाश बेसिन के ठीक ऊपर एक छोटी सी खिड़की थी, जो रोशनदान का भी काम करती थी। रोशनदान एक भ्रम था और खिड़की एक सच्चाई, लेकिन फिलहाल वह बंद थी, क्योंकि खेसराहा नहीं चाहता था कि जब वह अपने निजी प्रयोगशाला में नयी तकनीक ईजाद करने पर शोध कर रहा हो, तब उसका पता किसी को भी चले।

हालाँकि उसके न चाहने के बावजूद भी मुहल्ले के लोगों के बीच यह अफवाह थी कि खेसराहा अपने प्रयोगशाला में शोध कम संभोग ज़्यादा करता है, इसलिए वह उस कमरे की खिड़की हमेशा बंद रखता है।

मुहल्ले के लोग इस बात की तस्दीक करने के लिए उसके यहाँ काम करने वाली बाई कोलहिन से मज़ाक करते तो वह लजाकर मकान के भीतर आ जाती और दरवाज़े की आड़ से कहती, ''मैं क्या जानूँ, उस कमरे में तो जिन्न है।''

जब कोलहिन ने इसी तरह की अफवाह अपनी सहेली से सुनी, तब वह जिज्ञासावश एक दोपहर सफाई करने के बहाने उस कमरे में घुस गयी। कमरे में घुसते ही उसे अमोनिया, फार्मेल्डिहाइड, सल्फर और साबुन की मिलीजुली गंध आने लगी।

उसने देखा कि दूर कोने में एक बड़ा सा टेबल रखा हुआ है, जिस पर ढेरों काँच की परखनलियाँ, स्लाइड और किताबें रखी हुई हैं। उस टेबल की लंबाई देखकर उसने अंदाज़ लगाया कि खेसराहा इसी टेबल पर लिटाकर अपनी डिस्पेंसरी की नर्सों के साथ मजे करता होगा।

कमरे में मौजूद एक मीठी ख़ुशबू उसे अपनी ओर खींचने लगी, मानो कोई जिन्न अपनी अलौकिक शक्ति से उसे अपनी ओर खींच रहा हो। उसने हाथ में रखा झाड़ू ज़मीन पर पटक दिया और दूर कोने में रखे गहरे नीले रंग वाले काँच के जार पर लगा ढक्कन हटा दिया।

ढक्कन के हटते ही उस जिन्न की शक्ति बढ़ गयी। मीठेपन की गंध तेज़ी से बाहर आने लगी। कोलहिन ने उस मीठेपन का मजा लेने के लिए ज़ोर की साँस ली। जार में छिपा बैठा जिन्न उसकी साँस से उसके भीतर समा गया और उसकी देह को अपने कब्जे में ले लिया। कोलहिन धड़ाम से ज़मीन पर बेहोश हो कर गिर गयी।

रसोई में बैठकर दोपहर का भोजन कर रहे खेसराहा ने जब उसके गिरने की आवाज़ सुनी, तब वह दौड़ते हुए प्रयोगशाला की ओर भागा। दरवाज़ा खुलते ही उसने देखा कि ज़मीन पर कोलहिन बेहोश पड़ी है। उसकी साँसें ज़ोर ज़ोर से चल रही है। उसका पल्लू उसके बदन से दूर हो गया है।

खेसराहा वाश बेसिन के नल से अपनी अंजुरी में पानी लेकर, उसके चेहरे पर दूर से ही पानी के छींटे मारने लगा। पानी के छींटे पड़ते ही उसकी देह पर काबिज जिन्न झट से बाहर आ गया। कोलहिन ने धीरे से अपनी आँखें खोली।

उसने देखा सामने खेसराहा खड़ा उसके बदन का मुआयना कर रहा है। उसने अपना पल्लू ठीक किया और ज़मीन पर फैले हुए अपने

पैरों को समेट लिया। उसने घुटने तक उठ गयी अपनी साड़ी को ठीक किया। पूरी तरह होश में आते ही वह चीखती हुई बाहर भागी, ''उस जार में जिन्न है!''

खेसराहा ने देखा कि कोने में रखे नीले रंग के जार का ढक्कन खुला हुआ है। उसने तुरंत उसका ढक्कन बंद किया और दोगुनी तेज़ आवाज़ में चीखते हुए कहा, ''क्लोरोफार्म है उस जार में!''

उसे लगा कि खेसराहा इसी तरह अपनी बोतलों और जार में पाले हुए जिन्नों की मदद से औरतों पर काबू पाता हो और उन्हें टेबल पर लिटाकर? वह यह वाक्य अधूरा ही छोड़कर सोचने लगी, ''लेकिन कुछ करता तो पहले महीने में ही पता चल जाता।''

तब कोलहिन के बूढ़े पति ने उससे कहा भी था, ''जब महीना आ गया तो फिर काहे का डर, जा काम पर, पैसा कमाना भी है, कब तक घर में बैठी रहेगी।'' फिर भी उसने काम पर लौटने में तीन महीने लगा दिये, हालाँकि उसे अपने पति की बात और अपनी देह की ईमानदारी पर पूरा भरोसा था कि खेसराहा वैसा आदमी नहीं है, जैसा कि लोग कहते हैं।

***

दरस ने उस बड़े से टेबल की ओर देखा जो दूर से सिंगल बेड की तरह ही दिखता था। उस टेबल पर परखनली, स्लाइड, रसायनों की छोटी बोतलें, दर्जन भर मातुला, तीन माइक्रोस्कोप और कुछ पुराने रजिस्टर रखे हुए थे। उस टेबल के ठीक विपरीत दिशा में बंगाल से खरीद कर लायी गयी लकड़ी की एक पुरानी आरामकुर्सी रखी थी।

उसके ठीक पीछे दीवार पर फ्रेंच वैज्ञानिक गिलेस दे कोरबेइल की श्वेत श्याम तस्वीर लगी हुई थी। खेसराहा उस तस्वीर की ओर देखकर

अक्सर कहता, ''मैं तो कुछ कर नहीं पाया, लेकिन तुम्हें इसके जैसा बनना है।''

दरस उस तस्वीर को देखकर घबरा जाता और कोरबेइल के पैथोलॉजी में दिये गये योगदान को सुनकर उसे उल्टी आने लगती। वह दौड़कर उस प्रयोगशाला से भाग जाना चाहता, लेकिन अपने पिता की आकांक्षा और गुस्से में लाल आँखें देखकर ठिठक कर खड़ा रह जाता था।

दरस के अनमनेपन और उसकी बेरूखी से नाराज़ होकर खेसराहा अपनी दाढ़ी खुजलाने लगा। वह जानता था कि उसे सात वर्ष के दरस के साथ भविष्य और कैरियर संबंधी विषय पर बात नहीं करनी चाहिए। लेकिन वह यह भी जानता था कि जिस समय जो बात कह देनी चाहिए, उस समय न कही जाये तो मुसीबत आ जाती है।

यह सोचते ही खेसराहा को अपनी पत्नी खोरवी की याद आ गयी। कई वर्षों बाद वह उसे याद कर पाया। वह उसे याद करने लगा, लेकिन वह खोरवी का चेहरा याद न कर पाया और झुँझला कर ख़ुद से फुसफुसाने लगा, ''काश मैं पहले ही जान पाता कि उससे लहसुन की बदबू आती है!''

तब दरस खेसराहा को ध्यान से देख रहा था। खेसराहा अपने बोलने की रौ में था।

कमरे की चुप्पी में उसकी आवाज़ गूँज गयी। उसने देखा कि दरस चुपचाप सिर नीचे झुकाये उसे सुन रहा है। उसे नहीं सुन रहा है बल्कि अपनी उंगलियों के नाखून नोच रहा है।

''इसी सनक के कारण माँ इसे छोड़कर भाग गयी!'' दरस उसे देखकर मन ही मन सोचने लगा। जबकि खेसराहा को लगता था कि

दरस को अपनी माँ के जाने का किस्सा नहीं मालूम है। इसलिये वह उसे खोरवी के बारे में तरह तरह की कहानियाँ सुनाता और हर कहानी पहले की कहानी से एकदम अलग होती।

तब दरस को लगता कि यह आदमी रहता तो बिना औरत के है फिर भी कितनी सारी औरतों की बातें खोरवी के नाम पर उसे सुनाते रहता है। खेसराहा की हर कहानी औरत की बेवफाई पर ख़त्म होती, जिसमें वह निर्दोष अबोध बालक की तरह अपने कमरे के अकेलेपन में देर तक रोता रहता है। वह इतने भरोसे के साथ उन कहानियों को खोरवी की कहानी बताता कि दरस भी मान जाता और उन औरतों की कल्पना करते हुए बिस्तर पर गहरी नींद में उतर जाता।

पहले पहल तो दरस अपने पिता की कहानियों को सुन कर भावुक हो जाता था और अपनी माँ के चले जाने की दुष्ट आकांक्षा पर क्रोधित हो जाता था, लेकिन जब कहानी दर कहानी स्त्री पात्र के रूप, स्वभाव और देहयष्टि में भिन्नता आने लगी, तब दरस समझ गया कि यह खेसराहा की सनक का नतीजा है। फिर वह रोने की बजाय उन औरतों के बारे में कल्पना करने लग जाता, जो खेसराहा की कहानियों से निकल कर उसकी आँखों में उतर जातीं।

जब खेसराहा अपनी डिस्पेंसरी चला जाता, तब दरस उसकी आलमारी में रखी किताबों को निकालकर औरतों की देह और उनकी बनावट के चित्रों को देखता और उन चित्रों का खेसराहा की कहानी में आने वाली तमाम औरतों की देहयष्टि से तालमेल बिठाने की कोशिश करता। इस तरह वह धीरे-धीरे कल्पना करने में महारत हासिल करने लग गया था।

जब वह उन किताबों और अपनी कल्पनाओं से संतुष्ट हो जाता, तब वह मानव शरीर विज्ञान और ह्यूमन फिजियोलॉजी की किताबों को वापस आलमारी में रख देता और कहानी की औरतें उसके जेहन के भीतर कहीं दुबक कर ग़ायब हो जातीं और सुबह की नींद के मादक सपनों में लौट आती थी।

माँ का ख़याल आते ही दरस दरवाज़े से थोड़ा दूर हो गया और अपने गले की कड़ुवाहट को खखार कर दूर करने की कोशिश करने लगा। उसकी आँखें छलछला गयीं। वह देर तक अपने आँसू पोंछता रहा। आँसू के तेजाब से उसकी आँखें लाल हो गयी।

बच्चे के आँसू की नमी घर में फैल गयी। प्रयोगशाला में परखनली को ध्यान से देख रहा खेसराहा थोड़ा अचकचा गया। उसने परखनली को लकड़ी के बने स्टैंड में फँसाकर रख दिया और बिना दरवाज़े की ओर देखे चीखा, ''फिर तू अपनी माँ को याद कर रो रहा है दरस!''

''नहीं कमरे में सल्फर की गंध मौजूद है इसलिए।'', दरस ने अपनी कमीज़ की बाँह से अपनी आँखे पोंछकर कहा। तब तक खेसराहा उस प्रयोगशाला के दरवाज़े से बाहर आ गया। कमरे की पीली रोशनी दरस के चेहरे पर पड़ने लगी, जिसे देखकर खेसराहा चौंक गया, ''अरे तुम्हारा चेहरा पीला क्यों पड़ गया है?''

उसने दरस को अपनी बाँहों में भर लिया। उसकी बाँहों के नर्म आश्वासन में दरस झूम गया, जैसे सर्दी ज़ुकाम में ब्रांडी पीने से वह बिस्तर पर लथर कर सो जाता था। वह अपने पिता की आगोश की गर्माहट से घिर गया। देर तक दरवाज़े के पास खड़े रहने के कारण उसकी पिंडलियों का पत्थर ठंडा हो चुका था। खेसराहा ने उसे अपनी गोद में बिठा लिया और उसके घुंघराले बाल सहलाने लगा। दरस उसकी गोद में सो गया।

***

नींद के संसार में मेलाटोनिन की नदी बह रही थी। दरस उस नदी में तैर रही रंग बिरंगी और चपल मछलियों की तरह चमकीली त्वचा वाले अनजाने सपनों के पीछे तैरने लगा। वह तैरते हुए एक छोटी नारंगी मछली में बदल गया। उसने देखा कि उसकी त्वचा पर चाँदी रंग की झिल्लियाँ उग आयी हैं और उसकी देह पर मछलियों जैसे पंख उग आये हैं।

वह उन मछलियों का पीछा करते हुए रामलीला मैदान पहुँच गया, जहाँ बने सीमेंट के स्टेज पर किसी आर्केस्ट्रा के लोग खड़े हैं। सब अपने वाद्ययंत्र बजा रहे हैं। उन पर कई रंगों की रोशनी पड़ रही है। उन सबके सामने एक महिला अपने हाथ में माइक लेकर खड़ी है। उसने चाँदी रंग की चमकीली साड़ी पहनी है। उसके बगल में एक लम्बे बालों वाला आदमी गिटार पकड़े खड़ा है, जिसे वह देखकर मुस्कुरा रही है।

दरस उस महिला को देखकर देखता ही रह गया। उसका मुँह खुला का खुला ही रह गया। उसने देखा कि गायिका अपने दूसरे हाथ से साड़ी का पल्लू थामे हुए गा रही है। वह गाने में डूबने के बाद भी अपने होश में जाग रही है। वह बार बार माइक से लगे बिजली के तार से ख़ुद को बचा रही है और गाने की ज़रुरत के मुताबिक माइक को अपने मुँह से दूर पास कर रही है।

फिर वह कभी गिटार बजाते आदमी की ओर पलट कर भी देख रही है। उसके पास खड़ा वह साँवला सा आदमी गिटार बजाते हुए झूम रहा है। साउंड बाक्स से आर्केस्ट्रा की तेज़ आवाज़ आ रही है, लेकिन सपने में सन्नाटा है।

जो स्पॉट लाइट अभी तक गायिका पर गिर रही थी, वह धीरे-धीरे दरस की ओर आने लगी। अंधेरे में झूमती भीड़ में एकदम पीछे खड़े

दरस पर वह तेज़ रोशनी गिरने लगी। फिर धीरे-धीरे भीड़ अंधेरे में गुम हो गयी और सिर्फ दरस अकेला बच गया और सामने स्टेज पर गाना गाती गायिका।

उसने देखा कि गायिका स्टेज से उतर कर उसके पास आ गयी है और उसके चारों ओर घूम घूम कर गाना गाने लगी, ''आइये मेहरबान, बैठिये जाने जान, शौक से लीजिये जी, इश्क के इम्तेहान...''

जैसे ही खेसराहा ने अपनी गोद से उतार कर दरस को बिस्तर पर लिटा दिया, वैसे ही तेज़ी से दरस के सपने में उसके ऊपर गिर रही दूधिया रोशनी बंद हो गयी। गायिका भी अचानक ग़ायब हो गयी। अंधेरा मस्तिष्क में रिसने लगा। उसने घबरा कर अपनी आँखें खोल दीं।

उसने अपने आप को देखा। अपनी देह को टटोलने लगा, लेकिन उसे अपनी त्वचा पर मछलियों सी चमकीली शल्कें नहीं मिली। उसने अपना गला छूकर देखा, जहाँ थोड़ी देर पहले गलफड़ा था, जिसके ज़रिये वह नदी में बेखौफ भटक रहा था, बिना सतह पर आये साँस ले रहा था। लेकिन वहाँ गलफड़ा नहीं था। बस सपने की चिपचिपाहट उसकी आँखों में मौजूद थी।

उसने देखा कि खेसराहा उसके बिस्तर के पास खड़ा उसकी ओर ही देख रहा है, जैसे वह जान समझ रहा हो कि दरस अभी अपने सपने में कहाँ था? वह दरस को देखकर मुस्कुराने लगा। लेकिन वह ठीक से मुस्कुरा नहीं पाया। वह अपनी इस अक्षमता से क्षुब्ध हो गया।

उसके चेहरे की त्वचा के कसाव से लगता ही नहीं था कि वह चालीस वर्ष का हो गया होगा। बस उसकी बढ़ी हुई दाढ़ी कुछ संकेत देती सी लगती थी। वह उस दाढ़ी में सफ़ेद बाल खोजकर उसे नोचने लगा।

खेसराहा की आँखों में करूणा की झिलमिल थी। अकेलापन, सल्फ्यूरिक एसिड की तरह जेहन में कहीं मौजूद था, लेकिन अभी तक वह उसकी तीक्ष्णता से ख़ुद को बचाये रखा था।

खेसराहा के गालों पर जिन चुम्बनों की स्मृति थी वे धीरे-धीरे झुर्रियों में बदलने के इंतज़ार में बैठी थी। फिर भी अधेड़ दिखने की कोई पुख्ता संभावना फिलहाल नज़र नहीं आ रही थी। उसके होंठों का रंग भी गुलाबी और जामुनी के बीच के कोई रंग जैसा था, जिस रंग का अभी नाम तय नहीं पाया गया था।

***

जब खोरवी ने पहली बार अपना घूँघट उठाकर खेसराहा को देखा था, तब वह उसे देखते ही चकित रह गयी थी। वह भी उसके होंठ को देखकर बोल उठी थी, ‘‘अरे इस रंग का होंठ तो मैंने कभी देखा ही नहीं!’’ लेकिन उसकी फुसफुसाहट को खेसराहा सुन नहीं पाया था। तब वह कमरे के बल्ब को बंद करने के बारे में सोच रहा था।

खोरवी लगभग बेहोश होने वाली थी क्योंकि उसने कभी किसी मर्द को इतने पास नहीं देखा था। क्योंकि उसने कभी इतने गोरे मर्द को अपने इतने पास नहीं देखा था। क्योंकि उसने कभी दूसरी देह की ताप को इतने पास से महसूस नहीं किया था। क्योंकि उसने कभी इससे पहले कुछ नहीं किया था सिवाय सोने, जागने, खाने, पीने और अपनी सहेलियों से सुने सुहागरात के किस्सों के बारे में सोचने के।

उसके अंदर यह ख़याल पनपा कि क्यों न इस गोरे रंग को छूकर देख लिया जाये और वह अपने ख़याल में मर ही गयी। उसका हाथ अपने आप खेसराहा के गोरे गालों पर फिसलने लगा। वह डर रही थी कि कहीं वह उसकी देह की ताप से झुलस न जाये। कि कहीं खेसराहा

का खून गर्म होकर लावा न बन जाये। कि कहीं दोनों एकदूसरे की देह की ख़ुशबू में कुचल न जायें।

खेसराहा के गोरे गालों को सहलाते हुए खोरवी को लगा कि उसके छूते ही खेसराहा ध्वस्त हो जाएगा। उसकी त्वचा के रोएँ काँपने लगेंगे। वह उसकी देह में उतरने के लिए गिड़गिड़ाने लगेगा। लेकिन खेसराहा बर्फ की भाँति ठोस बेपरवाह होकर अपनी कमीज़ के बटन खोल रहा था। फिर वह खोरवी को देखकर मुस्कुराने लगा, मानो जता देना चाहता हो कि वह इस खेल का पुराना हुनरमंद है।

खोरवी को अपनी देह की क्षमता पर अविश्वास सा होने लगा। वह रोने लगी। उसे रोता देखकर खेसराहा ने विजेता की तरह मुस्कुराते हुए उसे अपनी बाँहों में भर लिया। वह भी उसकी बाँहों में दुबक गयी, जैसे वह इसी आगोश की चाह में बरसों से थी। दोनों की देह एकदूसरे से चिपट गयी। दोनों ने एकदूसरे को ज़ोर से पकड़ लिया।

थोड़ी देर बाद खेसराहा ने अपनी पकड़ ढीली की। उसने खोरवी का चेहरा अपने हाथों में लिया और उसे देखने लगा। तब खोरवी की आँखें मूंदी हुई थी, उसने और उसकी देह ने पूरा समर्पण कर दिया था। उसने अपने होंठ खोरवी के होंठों पर रख दिये। दो नाज़ुक होंठों पर, दो भावुक होंठों के उतर जाने की झंकार दो देहों में गूँजने लगी।

खोरवी अपनी बंद आँखों में कोई प्रार्थना बुदबुदाने लगी। खेसराहा ने अपने होंठ उसके होंठो से हटा लिये ताकि वह उसकी प्रार्थना में बाधा न बने। वह उससे दूर हो गया और धीरे से पूछा, ''तुमने लहसुन खाई है क्या?'' फिर कमरे में चुप्पी छा गयी। दोनों एकदूसरे से दूर हो गये। दोनों एकदूसरे की ओर पीठ कर सो गये।

उस रात के बाद वे हमेशा एकदूसरे की ओर पीठ कर ही सोने लगे। दोनों के बीच बिस्तर पर उपेक्षा और आशंका की सिलवटें पड़ गयीं। दीवार की ओर मुँह किये हुए खोरवी देर तक रोती रहती और जानबूझकर अपनी सिसकियों की आवाज़ को बढ़ा देती।

खेसराहा भी दरवाज़े की ओर मुँह कर बिस्तर पर पड़े रहता। वह बिस्तर पर पड़ी खोरवी को नज़रअंदाज़ करने की कोशिश में अपना पूरा ध्यान उस पर ही केंद्रित रखता। वह खोरवी की सिसकियों को गिनता रहता। वह उसकी करवटों को गिनता रहता और जब कमरे में एकदम सन्नाटा छा जाता, तब खेसराहा उसकी ओर करवट बदल कर पूछता, ‘‘तुम सो गयी क्या?’’

खोरवी भी उसकी ओर पलट कर सो जाती। जैसे बताना चाह रही हो कि वह भी जाग रही है। वह भी भाग रही है। वह भी अब तक सिर्फ आग ही रही है, अपनी ही ताप में सुलगती बुझती। खेसराहा उसकी हथेली को लेकर सहलाने लग जाता और फिर यह सोचकर कि ‘‘क्यों संभोग को निलंबित रखा जाये?’’ वह उसे अपनी ओर खींच लेता। दोनों एकदूसरे की ओर झपट पड़ते।

देह की ऊष्मा और बिछोह की ठंडक उन्हें आगोश के लालची घेरे में देर तक बांधे रखती। देह की देहरी को लाँघ पाना मुश्किल होता, दोनों देह ही में सिमट कर रह जाते और थक कर सो जाते। जब खोरवी के पोलियोग्रस्त दायें पैर पर खेसराहा के पैर का वजन असहनीय हो जाता, तब वह नींद में ही उसे हटा देती।

खोरवी जब छह वर्ष की थी, तब उसके दायें पैर में पोलियो का असर दिखने लगा था। उसे थोड़ा लंगड़ाकर चलते देख झोलंगा ने उसके पैर का मुआयना किया और फिर वह पास के जंगल चला गया। उसने

जंगल से कई झाड़ियों की टहनियाँ, सूखे पत्ते, जड़ें और पेड़ों की छाल लाईं। फिर कई दिनों तक उसे रात के अंधेरे में अभिमंत्रित करने लगा। जब वह देर रात को पीछे बाड़ी में अभिमंत्रित करता, तब उसके चिंघाड़ने और चिल्लाने की आवाज़ सुनकर खोरवी डर जाती और अपनी माँ से चिपक कर सो जाती।

सात दिनों की साधना के बाद सारी जड़ी बूटियाँ अभिमंत्रित हो गयीं तब एक रात खोरवी को एक सफ़ेद कपड़े में लपेट कर पीछे की बाड़ी में ले जाया गया। उसके साथ माँ भी पास बैठ गयी। चावल के आटे से झोलंगा ने पहले ज़मीन पर रंगोली बनायी और उसके बीच में मिट्टी का दीया जला दिया। वह कुछ बुदबुदाते हुए अगरबत्ती जलाकर आसमान की ओर देखने लगा। फिर उसने अगरबत्ती को ज़मीन में खोंस दिया। उसने तीन कटोरियों में बने लेप को नमन किया और हवा में हाथ उठाकर किसी पुकार की तरह फुसफुसाने लगा।

उसने कटोरी में रखा लेप अपनी हथेली में लेकर खोरवी के दोनों पैर में लगा दिया ताकि पोलियो का असर फैल न पाये। लेप करने के बाद उसने खोरवी की ओर ज़ोर से फूँका और फिर उसके पैर के लेप से कुछ मात्रा निकाल कर पास के आम पेड़ पर लगा दिया। उसके इशारा करने पर खोरवी और उसकी माँ बिना पीछे पलटे तेज़ कदमों से घर की ओर लौट गये।

सात दिन बाद खोरवी के पैर में फैलती पोलियों की अदृश्य जड़े रूक गयी। ठीक सात दिन बाद बाड़ी का आम का पेड़ सूख कर ठूँठ रह गया, जिसे झोलंगा ने जला दिया और उसकी राख को नदी में विसर्जित कर दिया।

***

दरस ने देखा कि न नींद है, न नदी है और न ही राख की वह ताप, जिससे झुलस कर उसके सारे सपने भाप बन कर उड़ गये थे। उसने देखा कि कमरे के बाहर का उजाला धीरे-धीरे तेज़ हो रहा है। उजाला चीज़ों को धीरे-धीरे उभारने लगा है। पीछे के आँगन की चाहरदीवारी के बाहर जामुन के ढेर सारे पेड़ हवा में लहलहा रहे हैं।

उनकी पत्तियों पर धूप की चमक फिसल फिसल जा रही थी। ढेरों गौरेया उसकी डाली पर इधर से उधर फुदकते हुए चहचहा रही थी। मानो सुबह की प्रार्थना कर रही हों। चाहरदीवारी पर गहरे हरे रंग की काई की एक चादर नीचे तक पड़ी हुई थी। आँगन में उपलब्ध आकाश में बादल का एक भी टुकड़ा नहीं था।

दरस ने देखा कि खेसराहा आँगन के वाश बेसिन में झुककर अपने दाँत साफ़ कर रहा है। नल से पानी गिरने की आवाज़ आ रही है। उसकी पीठ पर हड्डियों की नुकीली गाँठे कहीं कहीं उभर गयी हैं। उसकी देह से खोरवी की याद टपक रही है। वह बहुत दिनों बाद देर रात तक जागते हुए अपनी खोरवी को याद करता रहा था।

खेसराहा नल के पानी से अपना चेहरा धो कर ख़ुद को आईने में निहारने लगा। वह अपने चेहरे पर शिकन और उदासी के बचे हुए निशान को देखने खोजने लगा ताकि वह उसे धोकर पूरी तरह मिटा सके। लेकिन आईना निष्ठुर सा दीवार पर लगा खेसराहा को हतप्रभ होकर देख रहा था, जिसके चेहरे पर आँसू के दाग पथरा से गये थे।

खेसराहा जैसे ही पीछे पलटा उसने देखा कि हाफ पैंट पहने दरस खड़ा है। वह अपने पिता के ताज़े चेहरे की चमक को देखकर मुस्कुराने लगा। वह अपनी विस्मृति के खौफ से बेखबर सोचने लगा कि आज रामलीला मैदान में पीरतम आर्केस्ट्रा देखने जाना है।

दरस की चमकती आँखों में देर तक देखने के बाद खेसराहा उसकी ओर झुका और उसका कंधा सहलाते हुए बोला, ''हाँ मुझे पता है आज शाम पीरतम का आर्केस्ट्रा है।''

अपने पिता की इस दैवीय क्षमता से दरस चकित रह जाता, लेकिन वह खेसराहा की इस प्रतिभा से अच्छी तरह वाकिफ था। वह जानता था कि खेसराहा कभी भी कोई भी अप्रत्याशित चीज़ कर जाता है। जैसे गर्मी के दिनों में उनके आँगन में बेहोश होकर गिर गयी गौरेया को उसने चूमकर जागृत कर दिया था।

तब वह गौरेया देर तक आँगन के कोने में अचंभित सी खड़ी रही। उसने न चावल का दाना चुगा और न ही कटोरी में रखा पानी पीया। वह अपनी मृत्यु से लौट आने पर यकीन नहीं कर पा रही थी। फिर अचानक फुर्र की तेज़ आवाज़ से वह ग़ायब हो गयी।

शाम को जब खेसराहा अपनी डिस्पेंसरी से लौटा, तब वह सीधे रसोई गया, जहाँ कामवाली बाई खाना पका कर रख गयी थी। खेसराहा के बदन से दवा और रोग की बदबू आ रही थी। वह नहाकर बाथरूम से निकला और कुर्ता पायजामा पहनकर तैयार हो गया। लक्स साबुन और फेयर एँड लवली क्रीम की ख़ुशबू से उसका शरीर महक रहा था।

खेसराहा ने देखा कि दरस अपनी कमीज़ के बटन लगा नहीं पा रहा है। दरअसल उसे बटन लगाने में बहुत दिक़्क़त आती थी। दरस के हाथ काँपने लग जाते थे। वह उस काम को साध नहीं पाता था। उसकी इस अक्षमता को देखकर खेसराहा ने दरस की कमीज़ का बटन लगा दिया। फिर दोनों तैयार होकर घर से बाहर निकल गये।

बाहर शाम अपना आँचल मुहल्ले पर गिरा रही थी। धूप की फीकी नारंगी चमक से इमारतों और मकानों की फुनगियाँ खिल रही थी। उनके

मकान के सामने बड़ा सा खुला मैदान था, जिसे बरसात के खरपतवारों ने ढक दिया था। करीब छाती तक ऊँची खरपतवारों के बीच कस्बे के प्रेमी साँपों की परवाह किये बिना मिलन कार्यक्रम सम्पन्न कर लेते थे। लेकिन इस शाम वहाँ कोई हलचल नहीं थी।

कस्बे के इस बाहरी इलाके में सबसे पहले खेसराहा ने अपना मकान बनाया था। उसके बाद धीरे-धीरे कई और लोग आकर यहाँ बसते गये। उनके मकान के ठीक बगल में चउबे का मकान था, जो पहले ज्योतिष का काम करता था। लेकिन बाद में पूजापाठ और सत्यनारायण कथा कहकर बेहतर कमाने लगा था। किसी सेठ की बीबी की कृपा से उसने यह मकान बना लिया था। चउबे के मकान का मुख्य दरवाज़ा बहुत बड़ा और भारी था, जिसकी कीमत बताकर वह अक्सर ख़ुश हो जाया करता था।

उस लोहे के दरवाज़े वाले मकान को पार कर खेसराहा और दरस गली में आगे बढ़े। आगे सेल्स टैक्स वाले बाबू के मकान के बाहर एक पुरानी पॉल प्रीमियर कार खड़ी थी, जिसके दरवाज़े पर किसी शुभचिंतक ने कील से कई धारदार रेखाएँ बनाकर अपनी भावनायें व्यक्त की थी। वह मुहल्ले का पहला दोमंज़िला मकान था। टैक्स बाबू की छह लड़कियाँ थी, जिन्हें एक साथ किसी ने भी नहीं देखा था।

गली और मुख्य सड़क के बीच कई आवासीय ज़मीन के टुकड़े खाली पड़े थे, जिन पर अपना कब्जा जताने के लिए उन ज़मीनों के अदृश्य मालिकों ने लोहें की कंटीली तारों से घेरा बना दिया था, जिसमें मुहल्ले के लोग अपनी सुविधा और नज़दीकी के अनुसार कूड़ा डालने लगे थे। उन कूड़ों के भीतर सूअरों का एक बड़ा परिवार फैल कर बैठा हुआ था। सूअर के बच्चे इधर उधर किंकिया रहे थे। दोनों आगे बढ़ गये।

मुख्य सड़क पर आते ही कस्बे के अंतिम छोर की स्ट्रीट लाइट का बल्ब जलने की कोशिश में बार बार जल रहा था, बुझ रहा था। उस स्ट्रीट लाइट के नीचे जो चबूतरा बना हुआ था, उस पर खड़ा कुत्ता उनकी ओर ध्यान से देख रहा था। पास पहुँचते ही कुत्ता चबूतरे से उतर कर दूर भाग गया। दरस ने डरकर खेसराहा का हाथ ज़ोर से पकड़ लिया था।

कस्बे की ओर जाने वाली इस मुख्य सड़क पर मशहूर छोटू पान भंडार था, जिसके पास पहुँचते ही रेडियो पर गाने की आवाज़ आने लगी। पान दुकान से अगरबत्ती का धुँआ निकल कर आकाश में फैल रहा था। दुकानदार चिमनी जलाने में लगा हुआ था। उसकी दुकान के सामने खड़े कुछ लोग आपस में बतिया रहे थे।

घड़ी चौक में लोगों की चहल पहल है। खेसराहा और दरस ठिठक कर रूक जाते हैं, क्योंकि अचानक फायर ब्रिगेड की गाड़ी तेज़ी से उनके सामने से निकल जाती है। दोनों चौक के कोने में बामहनपारा जाने वाली गली के ठीक पास बने मिसरा होटल चले जाते है। खेसराहा को देखकर होटल का मालिक मिसरा मुस्कुराने लगता है। होटल का हलवाई दो कुर्सी निकालकर उनकी आवभगत करता है।

मिसरा अपनी कुर्सी छोड़कर उनके पास आ गया और खेसराहा की ओर देखकर बोला, ''डाक्टर साब बहुत तकलीफ है।'' यह कहकर वह अपना तोंद सहलाने लगा मानों वह इशारे में बता देना चाहता हो कि समस्या वहीं कहीं है। दरस तब सड़क पर आ जा रहे लोगों को देख रहा था। उसे दूर से आ रही आवाज़ सुनाई देनी लगी, ''तो भाईयों और बहनों...फिर किसी के गिटार के ट्यून करने की आवाज़ आने लगी। फिर ड्रम बजने की आवाज़ आने लगी। फिर उसे माइक पर किसी महिला की आवाज़ सुनाई दी। वह चकित रह गया। सपने में

जो गायिका उसके चारों ओर घूम घूम कर गाना गा रही थी, उसकी भी आवाज़ इतनी ही मधुर और चिपचिपी सी थी।

''मैं समझा नहीं, ठीक से बताओ।'', खेसराहा ने ज़ोर से कहा क्योंकि वह यह सवाल एक बार और कर चुका था, जिसे मिसरा सुन नहीं पाया था। तब उसका ध्यान चूल्हे पर रखी बड़ी सी कड़ाही की ओर था, जिस पर हलवाई ने झटके से पूरा एक कनस्तर पाम आयल उड़ेल दिया था।

मिसरा मुस्कुराते हुए खेसराहा की ओर मुखातिब हुआ, ''खें खें खें, वो क्या है कि मूतने में जलन होती है!'' मिसरा को लगा कि उसने बहुत शालीनता से जवाब दिया। लेकिन उसकी तेज़ आवाज़ सुनकर दरस का ध्यान दूर रामलीला मैदान से आ रही आवाज़ से हट गया और वह पलट कर बोला, ''तो ज़्यादा पानी पीयो।''

दरस की बात सुनकर खेसराहा के चेहरे पर चमक आ गयी। उसे पूरा भरोसा हो गया कि एक दिन उसका बेटा दरस पैथोलॉजी के क्षेत्र में ज़रूर बड़ा नाम करेगा। वह कोरबेइल से भी आगे जाएगा। दूर दूर से लोग उसके पास परीक्षण के लिए आएँगे। वह अपनी कामना में भींग गया। वह भावुक होने लगा। लेकिन मिसरा का भौंचक चेहरा देखकर खेसराहा ने कहा, ''ठीक कह रहा है बच्चा।''

मिसरा टेढ़ा मुँह बनाकर दरस की ओर देखने लगा, जो अपनी बात कह कर रामलीला मैदान से आती आवाज़ की ओर ध्यान दिये खड़ा था। दरस ने खेसराहा का हाथ पकड़ कर खींचा। दोनों मिसरा होटल से आगे बढ़ गये। दोनों जैसे ही पेट्रोल पम्प से आगे बढ़े, वैसे ही लोगों की भीड़ बगल के रामलीला मैदान की ओर जाते दिखी।

***

रामलीला मैदान में लोग इधर उधर होकर मंच के पास जाने की जुगत में थे। मैदान की धूल हवा में उड़ रही थी। मैदान की चाहरदीवारी के पास मूंगफली, चाट, और चाय वाले के ठेले पंक्तिबद्ध लगे हुए थे। सबसे कोने में एक ठेले पर अस्थायी पान दुकान बना हुआ था, जिसके सामने खड़े लोग सिगरेट का धुँआ छोड़ती मशीन की तरह लग रहे थे।

दूर में बने ऊँचे मंच पर तेज़ रोशनी मैदान की अलग अलग दिशाओं से गिर रही थी, उन तेज़ रोशनी फेंकने वाली मशीनों पर रंग बिरंगी पारदर्शी प्लास्टिक की पन्नी लगा दी गयी थी, जिसके चलते अलग अलग रंगों की रोशनी एक जादुई असर डालने लगी थी। जब उन रोशनी वालों का परीक्षण पूरा हो गया, तब मंच पर रस्सी से लटका कर कुछ अंतरालों पर बांधे गये माइक का ध्वनि परीक्षण माइक वाला करने लगा। वह हर माइक के नीचे जाकर खड़ा हो जाता और ज़ोर ज़ोर से चिल्लाने लगता, ''हैलो हैलो माइक चेक।''

मंच पर विराजमान पीरतम आर्केस्ट्रा के सभी वादक अपने वाद्ययंत्रों का परीक्षण कर चुके थे। मंच पर सेठजी और मजदूर नेता रामलाल चारमीनार कोने की कुर्सी पर विराजमान थे, जिनके आर्थिक सहयोग से कस्बे का पहला आर्केस्ट्रा तैयार हुआ था। पहले आर्केस्ट्रा में सिर्फ ढोलक, मंजीरा, झांझ, ढपली, तबला, हारमोनियम, बाँसुरी और बेंजो ही थे। तब जो गायिका थी, उसकी प्रतिभा औसत और नखरे खुराफ़ाती थे। सेठ जी उसकी औसत प्रतिभा के नखरे के कायल थे। लेकिन जब वह गर्भवती हो गयी, तब सेठ जी ने उसे सात सौ रूपये हर्जाना देकर आर्केस्ट्रा से अलग कर दिया।

बाद में सेठ जी ने नये गायकों और वादकों को भी आर्केस्ट्रा से जोड़ लिया, जिनकी सिफारिशों पर ड्रम सेट, गिटार, कांगों, ट्रम्पेट,

सैक्सोफोन और बेस गिटार शामिल किये गये। फिर गाँवों में भजन गाने वाली सुगना और अलबरत की जोड़ी को बेहतर प्रस्ताव देकर बुलाया गया। सुगना की गायकी और अलबरत के वादन की जुगलबंदी से माहौल बन जाता था।

मंच के अंधियारे में माइक लेकर संचालक अपनी गंभीर और बनावटी आवाज़ में चीखने लगा, ''तो भाइयों और बहनों आपके सामने प्रस्तुत है पीरतम आर्केस्ट्रा का पहला गीत। जिसे अपनी आवाज़ दे रही हैं खूबसूरत सुगना और उनका साथ दे रहे हैं..'' उसके इतना कहते ही मंच के अंधियारे को तेज़ रोशनी ने नेस्तानाबूद कर दिया। संचालक की आँखें चुधिंया गयी। वह अपने हाथों से रोशनी से बचते हुए मंच के पीछे की ओर भाग, जहाँ नीचे उतरने की सीढ़ी किसी ने हटा दी थी।

स्पाट लाइट की तेज़ रोशनी में खड़ी सुगना जगमग कर रही थी। मानो वह उस आकाशगंगा की सबसे चमकती हुई सितारा हो। उसकी चाँदी रंग की साड़ी की बुनावट इतनी गझिन और शानदार थी कि उस पर गिरती रोशनी से ऐसा लग रहा था कि कोई जलपरी अपने हाथ में माइक लेकर खड़ी है।

सच में दरस ने अपने सपनों में कई बार चाँदी रंग वाली जलपरी को इधर से उधर भागते देखा था। वह जब उस आधी परी और आधी मछली के पीछे भागने लगता, तब उसकी त्वचा पर मछलियों की तरह शल्कें उग आतीं। उसके गले में गलफड़े सी दरार बन जाती। वह देर तक अपने सपने में मछलियों और जलपरियों के पीछे भागता रहता।

खेसराहा ने ज़ोर से दरस का हाथ पकड़ लिया ताकि वह किसी जलपरी के ख़्वाब में खड़े खड़े भटकने न लग जाये। दोनों मैदान के सामने स्कूल की दीवार पर बैठ गये। दीवार की ऊँचाई से मंच सामने

और साफ़ दिख रहा था, जिसमें लोगों के सिर और कंधे की कोई बाधा नहीं थी।

दीवार की ऊँचाई, रोशनी की झिलमिल, वाद्ययंत्रों की तेज़ आवाज़ और गीतों के जादुई असर से दरस की आँखों में नींद पनपने लगी। वह जागने और सोने के द्वंद्व में किसी तरह ख़ुद को दीवार से नीचे गिरने से बचा पाया। उसे दीवार से नीचे झुकता देखकर खेसराहा ने किसी तरह उसकी कमीज़ पकड़ कर उसे थामा और फिर दोनों दीवार से नीचे उतर गये।

तब सुगना की आवाज़ गूँज रही थी। मैदान पर ओस गिरने लगी थी। रात के दस बज रहे थे। दरस अपनी नींद और ख़्वाब से मरा जा रहा था। खेसराहा ने उसे अपनी गोद में उठा लिया। दरस का सिर खेसराहा के कंधे पर टिक गया। उसने अपनी अधखुली आँखों से देखा, मंच पर माइक पकड़े सुगना झूम रही है, गा रही है, ''आइये मेहरबान, बैठिये जाने जान''

खेसराहा के कंधे पर टिके दरस की आँखें मुँद गयीं। घर पहुँच कर उसने दरस को बिस्तर पर लिटा दिया। चादर पर देह की धूल पड़ी हुई थी।

***

दरस अपनी नींद में जाग रहा था, जहाँ उसने देखा कि सुगना उसके पास बैठी उसके बालों को सहला रही है। वह उसके माथे के पसीने को अपनी चाँदी रंग की साड़ी के पल्लू से पोंछ रही है।

सुगना को इतने पास देखकर दरस उठ बैठा और दरस उसकी उंगलियों के अपने बालों में इधर से उधर होने को टोहने लगा। वह सुगना की देह से आ रही ख़ुशबू से व्याकुल हो उठा। वह अपनी व्याकुलता में

मायूस हो गया। वह समझ ही नहीं पा रहा था कि वह सुगना के पास आने से परेशान है या फिर अपने ख़्वाब से। जाग जाने के भय से वह अपने सपने में रोने लगा। बिन माँ के मासूम को रोता देखकर सुगना ने उसे अपनी बाँहों में भर लिया। दरस ममता की छाती से चिपट कर उसकी धुकधुकी को सुनने लगा, जहाँ किसी गीत की बहुत हल्की मद्धिम अनुगूँज थी।

खेसराहा रसोई में पालथी बैठकर स्टील के डिब्बे से रोटी और सब्जी निकाल कर खाने लगा। खाने के कौर से उसका मुँह भर गया था, जिसे वह ताकत लगाकर चबा रहा था। उसके मुँह की लार उसे दगा दे रही थी। उसका गला सूखने लगा। उसने पास रखे गिलास से पानी पीकर भोजन के कौर को नीचे आइसोफेगस में ढकेला। फिर वह बची हुई बासी रोटी और सब्जी स्टील के डिब्बे में वापस रख कर कोने वाले कमरे में चला गया।

उसके पीछे खोरवी का ख़याल भी उस कोने वाले में कमरे में चला गया, जो खेसराहा के टेबल पर जाकर बैठ गया। बासी रोटी और ज़्यादा नमक वाली सब्जी खाकर खेसराहा की रूधिर गति तेज़ हो गयी। उसे कमरे में बेचैनी महसूस होने लगी। उसने कमरे की खिड़की खोल दी। उसने अपना कुर्ता उतार कर कुर्सी पर टाँग दिया। वह अपनी तोंद सहलाने लगा। वह कमरे की अलमारियों में रखी काँच की शीशियों को देखने लगा। उसने टेबल पर पड़े स्लाइड और रजिस्टर को एक किनारे रख दिया।

वह कुर्सी पर पसर गया। ऊपर चल रहे सीलिंग फैन की गुस्ताख आवाज़ से बेपरवाह वह खोरवी के बारे में सोचने लगा। वह अपनी सोच के भंवर में उलझ गया। खोरवी शादी के सात साल बाद अचानक खेसराहा और दरस को छोड़कर घर से चली गयी और फिर कभी नहीं

आयी। उसके नहीं लौटने से ज़्यादा उसके चले जाने का ग़म खेसराहा को था। वह समझ ही नहीं सका कि अचानक वह घर छोड़कर क्यों चली गयी।

हालाँकि वह सब समझता था। सब जानता था। भले ही मुहल्ले वाले खोरवी के जाने का कोई भी किस्सा बनायें। भले ही रिश्तेदार खेसराहा के बारे कुछ भी अफवाह उड़ायें। खेसराहा और खोरवी दोनों अच्छी तरह से जानते थे। दोनों के बीच इस बात को लेकर कई बार तनाव भी हुआ था लेकिन खेसराहा ने उसे नज़रअंदाज़ कर दिया था। लेकिन खोरवी हताश और व्यग्र हो उठी थी यह जानकर कि उसका पति डाक्टर नहीं बल्कि लैब टेक्नीशियन है।

विवाह प्रस्ताव के समय जब खोरवी को खेसराहा की तस्वीर दिखाई गयी थी, तब वह उसकी मुस्कान से सम्मोहित हो गयी थी। हालाँकि यह एक जायज झूठ है, वह उसके सफ़ेद एप्रन और कंधे पर लटके स्टेथेस्कोप को देखकर ख़ुश हो गयी थी। डाक्टर पति के ख़्वाब में वह देर रात तक जागती रहती थी। वह खेसराहा की बड़ी बड़ी आँखों को देखकर समझ गयी थी कि समझदार आदमी अपनी नज़र के विस्तार के हिसाब से अपनी आँखें बड़ी कर लेता है। बड़ी आँखों में बड़े सपने पलते हैं।

प्रस्तावित युवक डाक्टर है कि नहीं यह पक्का करने के लिए विवाह से पहले खोरवी का पिता झोलंगा कस्बा आया था लेकिन अपनी मूर्खता और ढीठ चातुर्य के चलते वह समझ ही नहीं पाया कि हर एप्रन पहनने वाला डाक्टर नहीं होता। वह तो खेसराहा को डिस्पेंसरी में साबुन से हाथ धोते देखकर ही आश्वस्त हो गया था कि लड़का पक्का डाक्टर है।

जब खोरवी दूसरी बार गर्भवती हुई, तब खेसराहा उसे अपने साथ डिस्पेंसरी ले गया। डिस्पेंसरी की तमाम नर्सों का खेसराहा के साथ बर्ताव देखकर वह अचकचा सी गयी थी। सफ़ेद फ्राक पहनी हुई जवान नर्सें खेसराहा के साथ प्रेयसी की तरह ठिठोली कर रही थी। तब खोरवी को लगा कि सारी नर्सें अपनी नौकरी बचाने के लिए अपने मालिक के पुट्ठे सहला रही हैं। ''हाय रे मजबूरी!''

लेकिन जब थोड़ी देर बाद डिस्पेंसरी के सामने सफ़ेद रंग की एम्बेसडर कार रूकी और उससे एक रौबदार आदमी उतरा, जिसे डिस्पेंसरी के अंदर आता देखकर सारी नर्सें सतर्क हो गयीं। उनके चेहरे की मुस्कान ग़ायब हो गयी, तब भी खोरवी को कुछ समझ न आया। जैसे ही वह रौबदार आदमी मुस्कुराते हुए अंदर आया, वैसे ही खेसराहा ने झुककर उसे सलाम किया और डाक्टर के हाथ से ब्रीफकेस लेकर उसके पीछे केबिन के अंदर चला गया। तब बाहर खड़ी खोरवी स्तब्ध रह गयी। उसकी पिंडली में दर्द होने लगा। वह दीवार का सहारा लेकर बेंच पर बैठ गयी।

एक नर्स हाथ में काँच की छोटी शीशी लेकर आयी और उसे खोरवी की ओर बढ़ाते हुए बोली, ''पीछे वाशरूम है, जाकर इसमें सैम्पल ले आओ।'' नर्स के चेहरे पर अजीब सी बेरूखी थी। कमरे में दवाओं और फिनाइल की बदबू भरी हुई थी, जिससे खोरवी को वमन प्रवाह का अहसास हुआ। वह नर्स के हाथ से खाली शीशी लेकर पीछे चली गयी।

गुस्से और हताशा में खोरवी ने शीशी के अलावा वाशरूम में रखे सारे सामानों पर भी उत्सर्जन कर दिया। वह बिना हाथ धोये ही काँच की शीशी में अपने मूत्र का नमूना लेकर बाहर आयी और उसका इंतज़ार करते खड़ी नर्स को उसने वह शीशी पकड़ा दी। शीशी लेते ही नर्स ने अपना मुँह बिचका दिया, ''इससे लहसुन की बू आ रही है।''

जब खेसराहा और खोरवी घर पहुँचे, तब खोरवी ने अपने अंदर पनप रहा सारा अम्ल बाहर निकाल दिया। उसकी बातें सुनकर खेसराहा चुप रहा। स्तब्ध रहा। वह उसे देर तक समझाता रहा। वह देर तक चुप रहा। वह देर तक चिल्लाती रही। वह देर तक रोती रही। दोनों एकदूसरे की मनःस्थितियों के विपरीत छोर पर थे। खेसराहा को उसकी नाराज़गी का कारण बचकाना लग रहा था। खोरवी को यह मर जाने लायक धोखा लग रहा था।

आखिर जब अम्ल की अंतिम बूंद बाहर आयी तो खोरवी चीख पड़ी, ''मैं ये सब छोड़कर भाग जाऊँगी उसके पास।'' खिड़की से बाहर देखते खड़े खेसराहा ने थोड़ी देर की चुप्पी के बाद कहा, ''मैं जानता था कि ये होकर रहेगा, क्योंकि तुम्हारे नमूने से लहसुन की बदबू आ रही थी। ऐसे लोगों के लिए टिके रह पाना मुश्किल होता है। वजह तो सिर्फ बहाना है। तुम अभी अपने तर्क के उन्माद में हो इसलिए नहीं समझोगी। जाओ थोड़ा आराम कर लो। मैं डिस्पेंसरी के काम निपटा कर आता हूँ।''

खेसराहा के जाने के बाद खोरवी बिस्तर पर पसर गयी। उसके बगल में डेढ़ साल का दरस लेटा हुआ था। वह दोनों की बातों से सहम गया था। भले ही उसे उन बातों का मर्म नहीं पता था। लेकिन वह खोरवी के चेहरे की भंगिमा को समझता था। वह खेसराहा की विनम्रता की कड़ुवाहट को समझता था।

खोरवी अपने दुख को सोच सोच कर और दुखी होने लगी। उसे यह जानकर दुख हुआ कि उसका पति डाक्टर नहीं है बल्कि मरीजों के रक्त, मूत्र और विष्ठा की जाँच करने वाला मामूली सा टेक्नीशियन है। वह अपनी उदासी में डूबने लगी। उसकी सोच में उसका पुराना प्रेमी आकर

उसे दिलासा दिलाने लगा। वह अपने घुटनों के बल बैठकर खोरवी से कहने लगा, "मैं आजीवन तुम्हारी प्रतीक्षा करूँगा।"

वह अपने पुराने प्रेमी के वायदे की परीक्षा लेने के लिए घर से बिना बताये निकल गयी। उसका वह प्रेमी सच्चा था। उसकी प्रतीक्षा पवित्र थी, इसलिए खोरवी उसके पास ही रह गयी, बिना यह सोचे कि पीछे वह अपना डेढ़ वर्ष का बच्चा छोड़ आयी है। "छी उसका बच्चा।"

'छी कहे जाने वाले बच्चे' को अपनी छाती से चिपटा कर खेसराहा जागते रहता था। वह उसका माथा सहलाते हुए सोचा करता कि "एक दिन मेरा बेटा नामी पैथोलॉजिस्ट बनेगा।" वह अपने ख़याल में खो जाता क्योंकि यथार्थ की पीड़ा उसकी कचोट को बढ़ा देती थी।

***

खेसराहा के हाथ के झटके से सामने टेबल पर रखी काँच की स्लाइडें ज़मीन पर बिखर गयीं। उनके गिरने की आवाज़ से वह अपने ख़याल से बाहर आ गया। ख़याल से बाहर आते ही उसने राहत महसूस की। ऊपर छत से लटका सीलिंग फैन बिना हवा फेंके यूँ ही घूम रहा था। जैसे बिना किसी अर्थ और मतलब के खेसराहा अपने ख़याल से घूम कर लौटा था।

उसने झोलंगा को याद कर उसके लिए कृतज्ञता प्रकट की। खेसराहा अपने ससुर की मदद से ही अपनी पद्धति की कई अनजान और गूढ़ बातों को समझ पाया था। झोलंगा ने उसे मानव शरीर और मन के बारे में विस्तार से बताया था। मन मस्तिष्क के सिलसिलेवार पीढ़ियों तक जाने वाले असर और उसके शारिरिक परिणामों के बारे में बताया था। अपने पुरखों की स्मृति में दर्ज अनुभवों और रोगनिवारक औषधियों की जानकारी उसने खेसराहा को दी।

‘‘देह और स्मृति की मिलावट से ईश्वर मनुष्य बनाता है।’’ यह कहते हुए झोलंगा लगभग ब्रम्हांड विचरण पर निकलने ही वाला था कि खेसराहा ने उसे पास पड़ी लकड़ी से कोंचते हुए पूछा, ‘‘तो पुरखों के आह्वान से हम क्या प्राप्त करते हैं?’’

अपने मन की उड़ान को रोकने के चलते झोलंगा की आँखें एकदम लाल हो गयी थी। ऐसा लग रहा था कि उसकी सफेदी में मौजूद खून के महीन रेशे फट जाएँगे।

वह थोड़ी देर चुप रहा फिर उसने धीरे से कहा, ‘‘भरोसा!’’

खेसराहा उस देशी थेरेपी और मेडिकल पैथोलॉजी को मिलाकर परीक्षण करता और अपने आंकलन रजिस्टर में दर्ज करता। फिर वह प्राप्त नमूना और मरीज़ के बारे में उसके आंकलन की सटीकता को देखता, फिर एक मानदंड तैयार कर लेता।

खेसराहा कई महीनों तक झोलंगा के साथ जामगाँव, बेलपहाड़, घरघोड़ा, लैलूंगा, कुनकुरी और जशपुर के जंगलों में घूमता रहा था और वहाँ मौजूद वनस्पतियों के प्रकार, उनके औषधीय तत्वों, सत्व निकालने की विधि और तमाम आदिवासी कुनबों के बैगा और ओझा से मिलकर उपचार विधि और टोना टोटका के गुप्त तरीकों को जाना समझा था।

इस गोपनीय यात्रा के दौरान ही एक नंगधड़ंग ओझा ने खेसराहा को अपने निजी अनुभवों के बारे में विस्तार से जानकारी दी, जब वह खेसराहा की दी हुई अंग्रेजी शराब पीकर उन्मत हो गया। इससे पहले उसने सिर्फ महुआ की आसवित की हुई देशज पेय का आनंद लिया था।

लेकिन वह रम पीते हुए इतना सहज और भावुक हो गया कि उसने उस क्षणिक आवेश में बताया, ‘‘मनखे लोग जो सोचथे उहे उसका मूत

में निथर के निकलता है। ओकर गंध और रंग से मनखे के मन का पता चल जाता है।''

उसने अपनी बात साबित करने के लिए खेसराहा को तत्काल अपनी अंजुरी में मूत्र उत्सर्जन करने को कहा। उसकी बात सुनकर खेसराहा थोड़ा हिचक गया। लेकिन रम की हिचकी आने के बाद वह भी भावुक हो गया। किसी गोपनीय ज्ञान पाने की ललक और ओझा को गलत साबित करने की मंशा से उसने उकड़ू बैठकर अपनी अंजुरी में उत्सर्जन किया और उसे ओझा के सामने आगे कर दिया।

तब जंगल के अंधियारे में इमली पेड़ के नीचे दोनों बैठे शराब के नशे में झूम रहे थे। झोलंगा अंदर ओझा की झोपड़ी में आराम कर रहा था। आकाश में दूर चाँद काजू के आकार में अटका हुआ था, जिसके नज़दीक से बादलों के छोटे छोटे टुकड़े आ जा रहे थे। पेड़ों की पत्तियाँ जंगली बंदरों के समूह के इधर उधर कूदने से हिलने लगी थी।

दोनों जंगल की लकड़ी की आग में अपने हाथ सेंक रहे थे। उस की आग की रोशनी में ओझा का चेहरा थोड़ा बिगड़ सा गया। उसने दूर से ही खेसराहा की अंजुरी को सूँघने की कोशिश की और फिर आकाश की ओर देखते हुए धीरे से कहा, ''बहुत औरतबाज आदमी है रे तू।''

खेसराहा उसकी बात से भौंचक रह गया कि यह आदमी ओझागिरी के नाम पर कितना बड़ा धोखा है। इसे पता ही नहीं कि मैंने सिवाय खोरवी के किसी के भी साथ! यह सोचते हुए खेसराहा ने अपनी अंजुरी में एकत्रित मूत्र को ज़मीन पर फेंक दिया और मुस्कुराते हुए फुसफुसाया, ''साला झूठा।''

शराब के नशे में आकाश से बातें करते ओझा को छोड़कर वह झोपड़ी के भीतर चला गया। वह झोलंगा के बगल में जाकर सो गया।

लेकिन ओझा की बात उसके मस्तिष्क पर चिपक गयी थी। वह उस विचार से निकलना चाहता था, लेकिन वह निकल ही नहीं पा रहा था। वह उन तमाम औरतों के बारे में सोचने लगा, जिन देहों की शरण में वह कई रातें गुज़ार चुका था।

अचानक उसे ओझा के ज़ोर से हँसने और चीखने की आवाज़ आयी, ''साला ख़ुद ही अभी उन औरतों के बारे में सोच रहा है और मेरे निष्कर्ष को धोखा बोलता है।'' ओझा की चीख सुनकर पेड़ के ऊपर आराम कर रहे सारे बंदर घबरा गये और वे अंधेरे में पेड़ से उतर भागे।

खेसराहा बंदरों की उछल कूद से घबरा कर अपने ख़्वाब की छोटी किश्त से बाहर आ गया। बाहर कमरे का पीला बल्ब जल रहा था। दूर रामलीला मैदान से गाने की एकदम मद्धिम आवाज़ आ रही थी। उसने देखा कि टेबल पर रखी काँच की स्लाइडें ज़मीन पर बिखर गयी हैं, मानो पेड़ों पर उछल कूद कर रहे बंदरों ने उसके कमरे के इस टेबल को भी नहीं छोड़ा हो।

***

उसने ज़मीन पर गिरी स्लाइडों को उठाकर टेबल पर रखा और कमरे की खुली खिड़की बंद कर वाश बेसिन में अपना हाथ धोने लगा। उसके हाथ से रामलीला मैदान के दीवार की पुताई का रंग निकल कर वाश बेसिन में बहने लगा। उसने साबुन से अपना हाथ धोया और रसोई की ओर चला गया। भूख ने उसकी जीभ को निर्लज्ज और लालची बना दिया था। वह स्टील के डिब्बे में रखी बासी रोटी और बची हुई सब्जी निकाल कर खाने लगा।

अपनी नींद के भीतर दरस बैठा था, तब सुगना अपनी चाँदी रंग की साड़ी का पल्लू ठीक कर रही थी। फिर उसने अपने होठों पर लगे

लिपिस्टिक को दरस की आँखों के शीशे में झाँककर देखा। फिर उसने अपनी आँखों की कोर में फैल गये काजल को अपने अंगूठे से पोंछा। फिर उसने अपने बाल में लगे मोंगरा फूल के गजरे को पुर्नविन्यस्त किया। फिर उसने अपनी देह को समेट लिया।

सुगना दरस की नींद से निकल कर जाने लगी। वह पथराया सा उसके जाने को देखता रहा। उसके जाने के पीछे मोंगरे की ख़ुशबू रह गयी थी। लेकिन वह सुगना की देह की ख़ुशबू से सराबोर था। वह उसकी ममता के छलावे से विभोर था। दरस ने धीरे से सुगना का हाथ पकड़ लिया।

वह सपने में रूक गयी और पलट कर दरस के माथे को चूम लिया। उसके पास आते होंठों को देखकर दरस की आँखें मुँद सी गयीं। उसने अपनी आँखें खोलकर देखा, तब दीवार घड़ी में रात के तीन बज रहे थे।

उसने देखा कि उसके बगल में खेसराहा लेटा हुआ है। उसकी बंद आँखों के नीचे पुतलियों की तेज़ हलचल हो रही है। उसका मुँह श्वास छोड़ते समय खुल जाता और एक तेज़ आवाज़ आती, जिसके कंपन से उसकी मरियल सी मूँछें हिलने लगतीं।

रात के सन्नाटे में खेसराहा का खर्राटा गूँजने लगा। दरस अपने पिता के बगल में पसर गया और जानबूझकर पिछले स्वप्न को देखने की असफल कोशिश करने लगा। वह अपनी इस असफलता पर खीझने की बजाय अपनी चाहत में डूब गया। वह भी गिटार बजाना चाहता था। वह अपने लम्बे और घुंघराले बालों को हवा में हिलाना चाहता था। वह भी सुगना के पास जाना चाहता था।

उसे अहसास हुआ कि वह शायद ईर्ष्यालु होता जा रहा है, लेकिन किससे? यह जानकर वह भौंचक रह गया। वह जान गया कि वह

उस लम्बे बालों वाले गिटारिस्ट से ईर्ष्या करने लगा है कि वह कितना बेहतरीन गिटार बजाता है। हालाँकि वह सच जानता था कि वह ख़ुद से झूठ बोल रहा था।

वह नाराज़ था, इस हकीकत से, कि जब वह रामलीला मैदान में मंच से दूर, सामने की स्कूल की दीवार पर बैठकर आर्केस्ट्रा देख रहा था और नींद की झपकी में वह दीवार से नीचे गिरने जा रहा था, तब सुगना गाने के उन्माद में झूमती हुई गिटार बजाते हुए अलबरत को देखकर मुस्कुरा रही थी, तब उसके पिता ने लपक कर उसे दीवार से नीचे गिरने से बचा लिया था और वह इसी बात से नाराज़ था कि तब सुगना का ध्यान उसकी ओर नहीं था।

दरस को अपनी नींद और मछलियों वाले सपने पर गुस्सा आया। नींद ने उसे आर्केस्ट्रा देखने सुनने नहीं दिया और सपने ने इस वक्त मुँह मोड़ लिया, जबकि उसे गहरी नींद और सपने दोनों की बहुत ज़्यादा ज़रुरत है।

उसने अपनी चाहत को अपने अंदर पथराने नहीं दिया और अगली सुबह जब खेसराहा डिस्पेंसरी जाने की तैयारी कर रहा था, तब दरस ने मौका देखकर धीरे से कहा, ''मुझे भी गिटार बजाना सीखना है।'' लोहे की पुरानी कुर्सी पर बैठा खेसराहा अपने जूते के लेस बाँधने के बाद खड़ा हुआ और दरस की पीठ सहलाते हुए बोला, ''ठीक है।''

***

जब दरस और खेसराहा घड़ी चौक से बामहनपारा जाने वाली गली के कोने में बने मिसरा होटल के पास रूके, तब होटल मालिक मिसरा उनकी ओर देखकर मुस्कुराने लगा। उन्हें देखकर हलवाई भी मुस्कुराने लगा।

होटल के बड़े से मिट्टी के चूल्हे के मुँह में ढेर सारी लकड़ियाँ ठूँसी हुई थी, जो आग उगल रही थी। उस चूल्हे की गर्मी दूर तक आ रही थी।

मिसरा हँसते हुए ज़ोर से चीखा, ''अरे छुटका डाक्टर के पैंट का बटन खुला है और चूहा बाहर आ गया है।'' उसकी चीख और हँसी दरस की ओर लपक पड़ी। उसने झट से अपने पैंट की ओर देखा। सच में चूहा बाहर आ गया था, जिसे उसने अपनी हथेली से अंदर धकेल दिया। तब तक खेसराहा नीचे झुक चुका था। उसने दरस की पैंट का बटन धीरे से लगा दिया, क्योंकि वह जानता था कि दरस को बटन बंद करने में काफी कठिनाई होती है।

मिसरा की उलाहना वाली हँसी की अवहेलना कर दरस बामहनपारा की ओर जाने वाली गली को देखने लगा। उसने देखा कि सामने गली के दोनों तरफ मकान हैं। सामने नीले रंग की पुताईवाले पंक्तिबद्ध चार मकान हैं, जिनका दरवाज़ा अपने आकार और डिजाइन में समान है। होटल मालिक मिसरा ने किराये पर देने के लिए उन मकानों को बनवाया था। उन चार मकानों में सबसे अंतिम में जो मकान था, उसमें ही सुगना और अलबरत रहते थे।

मिसरा उन्हें अपना मकान किराये पर देने से यह कहते हुए इंकार कर चुका था कि, ''बिना विवाह के स्त्री पुरूष को एक साथ रहने के लिए वह अपना मकान किराये पर नहीं दे सकता।'' लेकिन सेठजी और मजदूर नेता रामलाल चारमीनार के कहने पर उसने मन मसोसकर उन्हें मकान किराये पर दिया था।

उन चार मकानों की पंक्ति में अंतिम मकान इसलिए अलग था क्योंकि उसके बगल से एक और छोटी सी गली जाती थी, जो पीछे बहने वाले गंदे नाले में जाकर मिल जाती थी। उस नाले में बामहनपारा का

गंदा पानी मिलता था। नाले के उस पार सफाईकर्मियों का इलाका था, जिनके सुअर दिन भर उस नाले में समाधिस्थ पड़े रहते थे।

उस छोटी गली में बहने वाली नाली में उस अंतिम मकान का निस्तारी जल निकालने के लिए उसकी दीवार में एक सुरंग बना दी गयी थी, जिससे मकान के स्नानघर का पानी बहते हुए, बाहर की नाली में चला जाता, जो अंत में पीछे के गंदे नाले में मिल जाता।

दरस की पैंट का बटन बंद करने के बाद खेसराहा उसे लेकर आगे बढ़ गया। रविवार की सुबह होने के कारण गली में सुअर पकड़ने वाले सफाईकर्मी इधर से उधर हो रहे थे। उनके कंधे में सुअर पकड़ने का फंदा लटका हुआ था। तीन बड़े सुअर तेज़ी से उस छोटी सी गली से भागते हुए बाहर निकले। उनके पीछे सुअर के चौदह पिल्ले भी तेज़ी से दौड़ते हुए निकले और सब घड़ी चौक की मुख्य सड़क पार कर, पास के खंडहरनुमा सरकारी स्कूल के अंदर जाकर छिप गये।

सुअरों को भागने का रास्ता देने की नीयत से खेसराहा और दरस थोड़ा किनारे हो गये। उन सुअरों के पीछे सारे सफाईकर्मी और उनसे प्रशिक्षण प्राप्त कर रहे उनके बच्चे भी लकड़ी लेकर सरकारी स्कूल की ओर दौड़ते हुए चले गये। गली में सुअरों के पैरों की गंदी और बदबूदार छाप फैल गयी थी। एक सफाईकर्मी अपने पैर में जूते की तरह पहनी गई प्लास्टिक की थैली को ठीक करता हुआ ज़मीन पर बैठा था।

अचानक हुई इस आपाधापी को देखकर दरस का मन प्रफुल्लित हो गया। उसे लगा कि सफाईकर्मी और उनके बच्चे कोई खेल खेल रहे हैं। वह भी उन नन्हें सुअर के पिल्लों को पकड़कर खेलना चाहता था। उन्हें अपनी गोद में उठा लेना चाहता था। उसकी लालचभरी निगाह को देखकर खेसराहा ने उसे टोका, ''नहीं, सुअरों के साथ नहीं खेलते।''

दोनों अंतिम मकान के सामने खड़े हो गये। खेसराहा ने मकान का दरवाज़ा धीरे से खटखटाया। उसके खटखटाने की अदा इतनी चालाक थी कि लग रहा था कि वह सबसे छिपकर अपनी किसी माशूका से मिलने आया हो। दरस को अहसास हुआ कि सुअरों की आपाधापी उसके आसपास अभी भी हो रही है। किसी अधेड़ जिस्म के गंदे नाले में इच्छाएँ धँसकर पड़ी हैं और बीच बीच में अपनी पूँछ से नाले की गाद को हिला दे रही हैं।

खेसराहा ने सिर्फ दो बार दरवाज़े पर कुंडी खटखटायी थी, 'खट' 'खट'

जबकि दरस को अच्छी तरह से पता था कि खेसराहा जब भी अपने घर लौटता था, तब वह अलग तरीके से दरवाज़ा खटखटाता था, 'खट खट' 'खट खट'

मकान के भीतर से आवाज़ आयी, ''कौन है?''

आवाज़ सुनते ही वह दरवाज़े से थोड़ा दूर हो गया। उस लकड़ी के दरवाज़े पर लगी लोहे की कुंडी पर जंग लग चुकी थी। किसी के पदचाप की आवाज़ आने के ठीक बाद दरवाज़ा अचानक से खुला। दरस ने देखा कि सामने वही गिटार बजाने वाला युवक अपने खुले लम्बे बालों के साथ खड़ा था। वह अपनी आँखें मिचमिचा कर बाहर की रोशनी से तालमेल बिठाने की कोशिश कर रहा था और दूसरे हाथ से अपनी लुंगी का एक सिरा पकड़ा हुआ था।

''क्या हम गलत वक्त पर आ गये?'' खेसराहा के सवाल पर अलबरत थोड़ा झेंप सा गया। उसने दरवाज़ा और खोल दिया ताकि खेसराहा और दरस अंदर आ सकें। उसने अपने चेहरे पर मुस्कान को

और फैला दिया। वह मुस्कुराते हुए किसी साँवले देव की तरह लग रहा था। अंदर देवलोक जैसी शांति थी। कमरे में नवंबर की हल्की ठंड थी।

''नहीं, आज रविवार को सुबह चर्च जाते हैं, इसलिए वापस आकर एक झपकी लग गयी थी।''अलबरत ने दोनों को कमरे में रखी लोहे की कुर्सियों पर बैठने का इशारा करते हुए कहा। फिर वह अंदर चला गया। उसके जाते ही अंदर की ओर जाने वाले बरामदे के मुहाने पर लगा सफ़ेद रंग का परदा लहराने लगा। उसके कोने पर हथेलियों के दाग के कई चकते मौजूद थे।

कमरे की दीवार पर एक बड़ा सा गिटार लटका हुआ था, जिसके फ्रेट पर अलबरत का नाम लिखा हुआ था। उसके ठीक बगल में कील पर एक बाँस की टोपी लटकी हुई थी, जिसके सामने गुलाबी रंग का फुंदरू लगा हुआ था। दीवार पर बने आले में कई किताबें रखी थी और एक मोटी सी बाइबल रखी हुई थी। सबसे ऊपर के खाने में मरियम की एक तस्वीर सजा कर रखी गयी थी। उसके ठीक बगल में सूली पर टंगे ईसा की मूर्ति रखी थी, जिसे देखकर दरस ने अपने पिता से पूछा, ''ये किसकी मूर्ति है?''

दरस के सवाल से खेसराहा थोड़ा शर्मिंदा महसूस करने लगा। उसे अफसोस हुआ कि पैथोलाजिस्ट बनाने के चक्कर में उसने अपने बेटे को दुनिया की दूसरी बातों से कितना दूर कर दिया है। दरस को न धर्म का पता है, न धर्म गुरूओं का और न ही धर्म के नाम पर बँटे लोगों का कुछ पता है। इस बात पर गर्व करने की बजाय उसने शर्मिंदगी को चुना। ईसा की मूर्ति से बहने वाला खून ताज़ा और गर्म लग रहा था। ईसा की निगाह सामने की बजाय नीचे की ओर थी। मानो वह अपने मूर्ख कातिलों और घृणा में लिथड़े सुअरों को देखना नहीं चाहते हों।

सच में, बाहर गली में फिर से सुअरों की भागादौड़ी और उनके पीछे चीखते चिल्लाते सफाईकर्मियों और उनके प्रशिक्षु बच्चों की हलचल सुनाई दे रही थी। दरस ने अंदाज़ लगाया कि सुअर के पिल्लों को बोरी में बंद कर ले जाया जा रहा है। बोरी के अंदर की उनकी चुप फड़फड़ाहट की चीत्कार न चाहते हुए भी बाहर आ रही है। कमरे में चुप्पी की मधुमक्खियाँ उड़ रही थी। तब खेसराहा अपनी दाढ़ी के सफ़ेद बालों को नोच रहा था।

कमरे में एक कोने में पुराना टेबल रखा था, जिस पर एक हारमोनियम रखा था, उस हारमोनियम को किसी पुरानी चादर से ढक दिया गया था ताकि धूल से उसे बचाया जा सके। उसे देखकर लग रहा था कि बहुत दिनों से उसे किसी ने बजाया नहीं है। उस टेबल पर चुपचाप रखा हारमोनियम संगीत की लाश की तरह लग रहा था।

दीवार पर बने आले के बगल की खाली दीवार पर एक बड़ा सा रंगीन कैलेंडर लगा था, जिस पर लक्ष्मी जी की बड़ी मनभावन तस्वीर बनी हुई थी। रंगबिरंगी तस्वीर में सोने के गहनों का रंग सोने के रंग का ही था, जो कभी रोशनी की तिरछी मार पड़ने पर चमक उठता था। दरस ने देखा कि लक्ष्मी जी बड़े से कमल फूल पर खड़ी हैं। उनके एक हाथ से सोने के सिक्कों की धार गिर रही है। फिर भी वह कमरा गरीब ही लग रहा था। दरस ने उदासी में अपना सिर घुमा लिया। उसने देखा कि सफ़ेद झीने परदे के पीछे कुछ हलचल हो रही है।

परदा हटते ही अलबरत बाहर आया। इस बार वह लुंगी के ऊपर एक कमीज़ पहने हुए था। छींटदार कमीज़ की बाँह को उसने ऊपर की ओर मोड़ लिया था। हड़बड़ी में लगाया गया सफ़ेद टैल्कम पावडर उसके साँवले चेहरे पर अजीब सा लग रहा था। ऐसा लग रहा था कि

मुर्दाघर में पड़ा बर्फ बन गया कोई चेहरा उसने लगा रखा हो। हालाँकि उसने मुस्कुराने की पूरी कोशिश की लेकिन वह सिर्फ कराह ही सका, "जी बतायें।"

इस संक्षिप्त सी जिज्ञासा से अलबरत ने अपनी जिम्मेदारी ख़त्म कर ली और खेसराहा की ओर देखने लगा जो कि अपनी दाढ़ी से नोच कर निकाले गये सफ़ेद बाल का मुआयना कर रहा था। तब दरस अलबरत की उंगलियों को देख रहा था जो गिटार की फ्रेट पर नाचने की बजाय उसकी जाँघ पर खुजली में व्यस्त थे। सफ़ेद झीना परदा हवा में अभी भी लहरा रहा था। उसके पीछे की दुनिया देखने की इच्छा दरस के मन के भीतर के कीचड़ में हुड़दंग मचा रही थी।

इच्छा की दरिंदगी से अनजान दरस को लगने लगा कि वह सपने की नदी में मिलने वाली नारंगी रंग की छोटी मछली में बदल रहा है। उसने अपने लगने के इस धोखे को जानने की गरज से अपना गला छूकर देखा, वहाँ कोई गलफड़ा नहीं था। उसने अपने हाथों और पैरों की त्वचा को ध्यान से देखा, वहाँ मछलियों की तरह कोई चमकीली शल्कें नहीं उग आयीं थी। उसने अपना असमंजस छिपाते हुए खेसराहा की ओर देखा।

खेसराहा तब तक अपनी हथेली झाड़ चुका था और वह अलबरत की ओर मुखातिब हुआ, "बच्चा गिटार सीखना चाहता है।"

"ठीक है। तीस रूपये महीना। सप्ताह में तीन दिन। कल शाम से भेज दीजिएगा।" अलबरत ने सीधे ही अपनी बात रख दी। ताकि इस संबंध में ज़्यादा लंबी बात करने की गुंजाइश ही न रहे। उसे पता था कि कस्बे के लोग समय व्यतीत करने के लिए इस तरह के हथकंडे अपनाते हैं।

सुबह के समाचार पत्र को देर शाम के पढ़ने के बहाने, पान दुकान में देर तक अड्डा जमाये रहते हैं। दैनिक पैसेंजर ट्रेन को देखने के लिए रोज पैदल रेलवे स्टेशन चले जाते हैं और वहाँ घंटों बैठकर आने जाने वाले यात्रियों का हालचाल लेते हैं।

घर से सिर्फ टमाटर खरीदने निकलते हैं और पूरे सब्जी बाजार के हर दुकान और पसरा में जाकर तमाम सब्जियों का भाव पूछते हैं और आधा पाव टमाटर लेकर यह कहते हुए घर लौट जाते हैं कि ''बाप रे कितनी मँहगी हो गयी हैं सब्जियाँ।''

अलबरत को लग रहा था कि खेसराहा भी इसी तरह रविवार की सुबह अपना समय व्यतीत करने के लिए आया है, इसलिए आराम से लोहे की कुर्सी पर बैठा हुआ अपनी दाढ़ी के सफ़ेद बाल खोज रहा है। खेसराहा की इस लगन को तोड़ने की नीयत से अलबरत ने उससे पूछा, ''और कुछ?''

खेसराहा ने दीवार पर टंगे गिटार की ओर देखकर एक प्रतिसवाल किया, ''इसे ही गिटार कहते हैं ना?''

''हाँ, एकास्टिक गिटार।'' अलबरत ने फिर से संक्षिप्त सा जवाब दिया।

तब भी सफ़ेद झीना परदा हवा में लहरा रहा था, जिसके पीछे किसी की हलचल हो रही थी। एक धुँधली सी मानव आकृति परदे के पीछे आकर रूक गयी। उस परदे के पीछे से हल्की फुसफुसाहट की आवाज़ आयी। अलबरत धीरे से उठ कर परदे के पीछे गया। उस फुसफुसाहट के प्रत्युतर में उसने ज़ोर से कहा, ''हाँ दो कप।''

अलबरत की आवाज़ सुनकर दरवाज़े की चौखट पर बैठी पीले रंग की चिड़िया घबरा कर उड़ गयी, जिसे सिर्फ दरस ने देखा। वह उस चिड़िया की उड़ान को देखने के लिए लोहे की कुर्सी से उठकर सामने दरवाज़े की ओर भागा। उसने दरवाज़े की चौखट से खड़े होकर देखा, आकाश में कोई पीले रंग की चिड़िया नहीं थी। बल्कि सफाईकर्मी एक सुअर के हाथ पैर बांधकर उसे अपने कंधे पर टाँग कर, बाजू की गली से पीछे नाले की ओर जा रहे थे। उसने पहली बार सुअर को इस तरह लकड़ी के डंडे में लटका कर ले जाते हुए देखा। सुअर का मुँह लोहे की तार से बंधा हुआ था।

***

दरस वापस कमरे के अंदर आ गया। उसने देखा कि अलबरत और खेसराहा दोनों के हाथ में चीनी मिट्टी का सफ़ेद कप है, जिस पर नीले रंग की महीन फूल पत्तियाँ उकेरी गयी हैं। उन फूलों की महक से कमरा भर गया है। कप से चाय की भाप हवा में उठ रही है। दोनों एक दूसरे के साथ मुस्कुरा कर ऐसे बातें कर रहे हैं, जैसे वे बहुत पुराने परिचित हों और बहुत दिनों बाद मिले हों।

उनको बातों में इस तरह मशगूल देखकर दरस सफ़ेद परदे के पीछे झाँकने की कोशिश करता है। उसकी जिज्ञासा और अनमनेपन को देखकर खेसराहा पूछता है, ''अंदर जाना है क्या?'' दरस सहमति में अपना सिर हिला देता है। अलबरत भी उसे अंदर जाने की इजाजत देने का संकेत अपना सिर हिलाकर देता है।

''लेकिन चाची को देखकर रोने मत लग जाना।'' खेसराहा उसे चेताता है।

खेसराहा की बातों को अनसुना करते हुए दरस उस झीने परदे के पीछे की ठोस और सच्ची दुनिया में चला जाता है। वह देखता है कि परदे के पीछे एक लम्बा सा बरामदा है। बरामदे में दिन के समय भी पुराना बल्ब जल रहा है, जिससे बिना दूधवाले चाय के रंग की रोशनी निकल रही है। बरामदे में उस घर की एकदम अलग और अनोखी ख़ुशबू मौजूद थी, जो दरस के नथुनों में जाकर उत्पात मचाने लगी। उसकी नसिका रसायनों की गंध से भोथरा चुकी थी, जिसे इस नये गंध की आमद से ताज़गी महसूस हो रही थी।

बरामदा, अनंत खामोशी के भीतर से गुज़रने वाली सुरंग की तरह ठंडा और बेजार सा था, जिसमें आगे बढ़ते ही दरस को बरामदा के आजू बाजू दो कमरे दिखाई दिये। बरामदे के दाहिनी ओर का कमरा थोड़ा बड़ा था, जिसमें एक खाट रखी हुई थी। उस पर एक पुरानी चादर पड़ी थी। चादर को देखकर लग रहा था कि उस पर किसी ने बड़ी बेरूखी से सफ़ेद फूलों को छितरा दिया हो। चादर के तीखे लाल रंग में सफ़ेद फूलों का आकार उभर रहा था।

दरस बरामदा पार कर आगे बढ़ गया। सामने धूप से भरा आँगन था, जिसके ठीक बीच में एक नीम का पेड़ था। उस पेड़ की छाँव में बैठी जलपरी अपने पैरों के नाखून पर नेलपालिश लगा रही थी। जलपरी अपने पैर के पंजे की ओर झुकी हुई थी। उसकी उजली पीठ दरस की ओर थी। उस पीठ को देखकर दरस ठिठक गया।

दरअसल वह अपनी एकदम पुरानी याद में लौट गया, जहाँ न लौटने की हिदायत थोड़ी देर पहले उसे खेसराहा ने दी थी। वह सारी चेतावनियों और हिदायतों के बावजूद अपनी स्मृति की चपेट में आ ही जाता था। वह किसी भी स्त्री को पास देखकर रूआँसा हो जाता था। वह

रोने ही वाला था कि उसे सुगना के खिलखिलाने की आवाज़ आयी। वह अपनी अचेतन फंतासी से बाहर आ गया।

उसने देखा कि सामने एक हाथ में नेलपालिश पकड़ी सुगना, उसकी ओर देखकर ज़ोर ज़ोर से हँस रही है। सुगना ने दूसरे हाथ से अपने लटकते हुए बालों को, हथेली की धकेल से पीछे किया। वह इस तरह थोड़ा पीछे मुड़ी हुई थी, जैसे कोई पौराणिक पेंटिग की रूपसी, नदी में घुटनों भर पानी में उतर कर अपने जिस्म पर पानी की फुहार मारती हुई कुम्हला कर मुस्कुराने लगती हो। वह उसकी मुस्कुराहट से आहत हो गया। वह समझ गया कि उसके पैंट का बटन फिर से खुल गया होगा।

दरस ने झुककर अपनी पैंट की ओर देखा। सच में उसका बटन फिर से खुल गया था। तब तक सुगना अपनी हँसी समेट चुकी थी। वह नेलपालिश की शीशी बंद कर अपने हाथों के गीले नाखूनों में फूँक मारने लगी। उसकी हँसी से चोटिल दरस पथराया हुआ सा उसकी ओर ही देख रहा था। उसकी आँखों में ना पीड़ा थी और न ही पुकार। वह अपने बालपन की जकड़ में सहमा सा खड़ा था।

आँगन में कई जगह घास उग आयी थी। आँगन का जो हिस्सा पीछे की पतली गली की ओर था, उसकी चाहरदीवारी से सटकर स्नानगृह और शौचालय था। स्नानगृह के दरवाज़े के नीचे से एक छोटी नाली निकली थी, जो चाहरदीवारी से बाहर जाती थी। उस चाहरदीवारी पर इतना बड़ा छिद्र बनाया गया था ताकि स्नानगृह का गंदला पानी उसके ज़रिये बाहर निकल जाये। उस छिद्र से सुअर के पिल्ले आसानी से अंदर आ सकते थे, उस अतिक्रमण की आशंका को दूर करने के लिए उस छिद्र पर लोहे के तारों की एक जाली लगा दी गयी थी।

आँगन की एक दीवार से दूसरी दीवार तक रस्सी के कई फेरे बांधे गये थे, जिन पर सुगना और अलबरत के कपड़े सूख रहे थे। नीम पेड़ के सूखे पत्तों को झाड़ू से बुहार कर एक कोने में इकठ्ठा कर रख दिया गया था। पीछे बहने वाले गंदे नाले में प्लास्टिक की बोतलें और थैलियाँ बीनने वाले गरीब बच्चों की आवाज़ आ रही थी।

लेकिन आँगन उन बच्चों की आवाज़ से बेखबर था, जहाँ सुगना अपने नेलपालिश वाले हाथों से दरस की पीठ सहला रही थी। वह दरस के पास उकड़ूँ बैठ गयी। उसके पास बैठते ही सुगना के जिस्म, बालों, हथेलियों और उच्छ्वासों की ख़ुशबू तेज़ हो गयी। सुगना ने दरस की पैंट का बटन लगाते हुए कहा, ''माँ ध्यान नहीं देती क्या?''

यह सुनते ही अपनी आँखों का दरवाज़ा थामे खड़ा दरस भरभरा गया। स्त्री को पास देखकर रो पड़ने की अपनी आदत की बजाय इस बार वह सुगना के सवाल सुन कर रो पड़ा। उसने रोते हुए ही कहा, ''माँ नहीं है।''

उसके रोने में इतनी सच्चाई थी कि सुगना की आँखें भी भींग गयी। सुगना ने दरस को गले लगा लिया। वह उसकी आगोश में सिसकने लगा। वह देर तक रोना चाहता था। वह देर तक उस आगोश में धंसे रहना चाहता था। लेकिन ऐसा हो न सका। उसने सिसकते हुए खेसराहा के चिल्लाने की आवाज़ सुनी, ''चलो घर चलना है बेटा।''

दोनों अलबरत के मकान से बाहर आ गये। लेकिन दरस का मन सुगना के आँगन में ही ठहर गया सा था। वह बार बार पीछे पलटकर देख रहा था। अलबरत अपने दुआर पर बैठे कुकुर को भगा रहा था। फुसफुसाहट की पीली चिड़िया कहीं नहीं थी।

***

जब खेसराहा घर लौटा, तब उसे देखकर दरस खुशी से कूद पड़ा। यह खुशी खेसराहा के लौटने के लिए नहीं थी। यह ख़ुशी उसके अकेलेपन के ख़त्म होने के लिए नहीं थी। यह ख़ुशी खालिस ख़ुशी थी। वह दौड़कर खेसराहा के पास गया और उसके कंधे पर लटके नये गिटार को छूने लगा।

यह शाम इसलिए भी दरस के लिए खास थी कि वह पहली बार चैन वाली पैंट पहनकर बाहर जाने वाला था। उसके बटन न लगा पाने की बेबसी को जानकर ही खेसराहा ने यह नयी पैंट खरीद लायी थी ताकि वह गिटार सीखने के लिए जब जाये, तब उसे किसी तरह के मज़ाक का सामना न करना पड़े।

काले रंग की पैंट और सफ़ेद रंग की कमीज़ पहन कर दरस तैयार हुआ। उसने ख़ुद को आईने में निहारा और सोचने लगा, ''इस बच्चे को मैंने कहीं तो देखा है?''

जब आईने का बच्चा उसकी चमकीली परत से ओझल हुआ, तब दरस को आभास हुआ कि उसने बहुत पहले अपने पिता की ऐसी एक श्वेत श्याम तस्वीर किसी एलबम में देखी थी, जिसमें खेसराहा काले रंग की पैंट और सफ़ेद रंग की कमीज़ पहने खड़ा था। उसके हाथ में एक स्टेथेस्कोप और चेहरे पर नकली डाक्टर बनने का झोभ था। वह स्कूल की फैंसी ड्रेस प्रतियोगिता में वकील बनना चाहता था, लेकिन उसके माप का काला कोट नहीं मिलने के कारण, उस विचार को खारिज कर उसे डाक्टर बनाया गया, जो वह सच में बनने से रह गया।

दरस अपने पिता की तरह दरवाज़ा खटखटाना चाहता था, लेकिन उसे लगा कि अभी उसकी उम्र नहीं हुई है कि वह अपने पिता की तरह किसी का दरवाज़ा खटखटाये। वह अलबरत के मकान के बाहर खड़े

हुए सोचने लगा कि उसे भी अपने खटखटाने की एक अदा तय करनी होगी। वरना आगे चलकर लोग उसके बारे में क्या सोचेंगे कि इतना बड़ा हो गया है और इसके पास दरवाज़ा खटखटाने की अपनी कोई अदा ही नहीं है।

दरस अलबरत के मकान की सीढ़ी पर खड़ा हुआ और थोड़ा उचक कर उस दरवाज़े की फाँक से अपना मुँह सटाकर चिल्लाया, ''सर सर''। उसके चिल्लाते ही दरवाज़ा झट से खुल गया। अलबरत उसका ही इंतज़ार करते हुए सामने वाले कमरे में बैठा था। उसने नन्हें दरस को अपने सामने लोहे की कुर्सी पर बिठाया और देर तक उसे देखने लगा। नये कपड़े की गंध उस कमरे की नमी में ठहर गयी सी थी।

कमरे में बल्ब जल रहा था, उसकी रोशनी में अलबरत ने उसे गिटार के बारे में बताना शुरू किया, ''इसे फ्रेट कहते हैं, इसे स्ट्रिंग कहते हैं, इसे प्लैक्ट्रम कहते हैं, कॉर्ड ऐसे पकड़ते हैं, आदि आदि। गिटार के फ्रेट में अलबरत का नाम लाल रंग की नेलपालिश से लिखा था। गिटार के तारों से उंगलियों की पीड़ा गूँजने लगी। अलबरत ने गिटार पकड़कर सरगम बजाना शुरू किया। उसे देखकर दरस देखता रह गया। उसके देखने में देखना कम और सोचना ज़्यादा था।

दरस सोचने लगा कि गिटार की इसी धुन पर सुगना अलबरत पर मोहित हो गयी होगी। कुनकुरी के जंगलों में बाँसुरी और माँदर की थापों के बीच जब अलबरत के गिटार की टंकार गूँजती होगी, तब सारी युवतियाँ ठिठक जाती होंगी। उसे अपने लम्बे बालों को हिलाते और झूमते हुए देखकर ही सुगना भी चर्च से घर लौटती हुई कसमसा गयी होगी। फिर एक दिन मौका पाकर सुगना ने अलबरत को गाँव की ओर लौटती हुई पगडंडी में रोक कर कह दिया होगा कि....

"तुम्हारा ध्यान किधर है दरस?", अलबरत की आवाज़ से दरस चौंक गया।

"चलो अब तुम गिटार पकड़कर दिखाओ", अलबरत ने अपनी गोद में रखा गिटार दरस की ओर बढ़ा दिया। दरस ने अलबरत कर अनुकरण करते हुए, उसी तरह गिटार को अपनी गोद में लिटाकर रखा और अपना एक हाथ उसके ऊपर से ले जाते हुए प्लैक्ट्रम को तारों पर उस जगह टुंगटुंगाने लगा, जहाँ गिटार के दुख का छोटा सा छिद्र बना हुआ था।

गिटार के तारों से तमाम बेहूदी आवाज़ें बाहर आने लगीं। लेकिन दरस को लगा कि वह ऑक्टेव बजा रहा है, जैसा कि थोड़ी देर पहले उसे अलबरत ने बजाकर दिखाया सुनाया था। उसकी कोशिश को देखकर अलबरत मुस्कुराने लगा। तब ही उस सफ़ेद झीने परदे के पीछे से एक फुसफुसाती हुई आवाज़ आयी। अलबरत उस परदे के पीछे चला गया।

इस तरह सप्ताह में तीन दिन शाम के वक्त दरस अलबरत से गिटार सीखने जाने लगा। धीरे-धीरे वह गिटार से कुछ ऐसी आवाज़ें निकालने में सक्षम हो गया, जो सरगम की तरह सुनाई देती थी। धीरे-धीरे वह उन फुसफुसाहटों को सुनने में माहिर हो गया, जो सिर्फ ध्वनि के भ्रम की तरह झीने परदे के पीछे बरामदे में उड़ती रहती थी।

जब वह पहली बार सुगना की फुसफुसाहट को समझ पाया, तब वह चकित रह गया कि एक स्त्री कितने प्यार से अपने पुरूष से पूछती है, "चाय पियेंगे क्या?"

यह सुनकर दरस को अपने पिता पर तरस आ गया। वह सोचने लगा कि उसकी माँ होती, तो वह इतने ही प्यार से उसके पिता को चाय के लिए पूछती। उतनी ही नजाकत से उसके कंधे पर अपना सिर रख

देती। उतनी ही आत्मीयता से उसके पिता भी उसे अपनी बाँहों में भर लेते और वह भी खोरवी के कान के पास अपने होंठ ले जाकर धीरे से फुसफुसाते, ''ज़रूर।''

तब उसके चुम्बन की आस में खड़ी खोरवी लजाकर अपना गाल थोड़ा और ऊपर की ओर उठा देती, जैसा कि सुगना ने अलबरत की ओर किया। अलबरत ने धीरे से अपना चुम्बन सुगना के गालों पर धर दिया।

अलबरत के लौटने की पदचाप सुनकर दरस झट से उस झीने परदे की ओट से भाग कर, अपनी जगह पर आ गया और अपनी काँख में गिटार फँसाकर उसे बजाने लगा। अलबरत के लौटने में सुगना की ख़ुशबू थी। दरस के घर लौटने में सिर्फ लौटना ही था। वह अलबरत के मकान से बाहर आ गया।

***

शुरूआत के सात महीने तो सब ठीक चला, अलबरत पूरी तन्मयता और लगन से दरस को गिटार सिखाने की कोशिश करता रहा, लेकिन जब से शहर में धरम वापसी आंदोलन का माहौल बना, वह थोड़ा अनमना सा रहने लगा। उन दिनों के दौरान एक बार वह पंद्रह दिनों के लिए अचानक अपने गाँव चला गया। उसकी अनुपस्थिति में दरस सुगना के साथ बातें करता और उसकी चौकसी में गिटार बजाने का अभ्यास करता।

जब पहले दिन उसने अलबरत को घर में नहीं पाया, तब वह थोड़ा उदास हो गया और वह वापस अपने घर लौटने वाला था कि उसे सफ़ेद झीने परदे के पीछे से सुगना की आवाज़ सुनाई दी, ''अरे कहाँ जा रहे

हो, अपना अभ्यास तो करो।'' सुगना की आवाज़ सुनकर दरस ठिठक कर रूक गया।

हल्के पीले रंग की साड़ी पहनी हुई सुगना किसी नौसीखिये साध्वी की तरह लग रही थी, अल्हड़ और बेपरवाह। उसके गले में पवित्र क्रास वाली माला लटकी हुई थी। वह धीरे से उस परदे से बाहर निकली और दरस के पास आकर खड़ी हो गयी। उसे देखकर दरस गिटार बजाने की फूहड़ कोशिश करने लगा। फिर उसने गिटार किनारे रखकर सुगना की ओर देखा, जो अपने गीले बालों की लट को अपने हाथों से सहला रही थी।

''तुम चाहो तो हम हारमोनियम बजा सकते हैं क्योंकि वही बजाना मुझे आता है।'' सुगना ने बिना उसकी ओर देखे कहा जो सुगना को ऊपर से नीचे तक निहार रहा था। ''लेकिन वह तो उस टेबल ऊपर मरा पड़ा है।'', दरस का जवाब सुनकर सुगना हँसने लगी और उसके घुंघराले बाल सहलाते हुए बोली, ''छी ऐसा नहीं बोलते।''

कमरे के टेबल पर रखे हारमोनियम का चादर सुगना ने हटा दिया। उसकी धूल हवा में तैर गयी। उसने हारमोनियम नीचे ज़मीन पर उतार दिया और पालथी मारकर बैठ गयी। ''तुम सीखोगे?'' उसने दरस का हाथ पकड़कर अपने पास खींच लिया। दरस उसके पास बैठ गया। हारमोनियम की धौंकनी पर हवा का दाब बनाते हुए सुगना की उंगलियाँ हारमोनियम के 'की' पर दौड़ने भागने लगीं, मानो वह किसी गाने को जगा रही हो। अंदर की हवा अपनी पूरी ताकत से गाना बाहर धकेलने लगीं। सुगना उस गाने को साथ ही साथ गुनगुनाने लगी।

फिर वह अचानक थम गयी। उसने अपने कंधे को हिलाया, फिर उसने अपने हाथ उठाकर हवा में इधर उधर किया। फिर अचानक वह दर्द से चिहुंक उठी। उसका चेहरा एकदम से मुरझा गया। उसकी आँखों

की गीली चमक में लहू की महीन नसों में लाली बढ़ गयी। हारमोनियम की आवाज़ अचानक से बंद होने पर दरस ने उसकी ओर देखा और पूछा, ''क्या हुआ। कंधे में दर्द है?'' सुगना ने सहमति में सिर हिला दिया।

उसने हारमोनियम को वापस टेबल पर रख दिया और उसे पुरानी चादर से ढाँक कर अंदर चली गयी। उसके पीछे पीछे दरस भी चला गया। किसी स्त्री को रोते देखने का उसका यह एकदम पहला अनुभव था। उसे नहीं पता था कि रोती हुई स्त्री के साथ एक बच्चे को कैसे पेश आना चाहिए। उसे नहीं पता था कि एक अकेली रोती हुई स्त्री को कैसे चुप कराना चाहिए।

वह बरामदे के दाहिनी ओर के कमरे के दरवाज़े पर थोड़ी देर तक ठिठक कर खड़ा रहा। उसने देखा कि खाट पर छाती के बल लेटी सुगना सिसक रही है। उसकी साड़ी का पल्लू खिसक गया है। उसने अपने हाथों से अपना कंधा पकड़ रखा है।

दरस न चाहते हुए भी उसके पास चला गया और उसके कंधे पर अपनी हथेली रख कर पूछा, ''क्या यहाँ है दर्द?'' सुगना चुप रही। फिर दरस ने अपनी हथेली थोड़ी गर्दन की ओर फिराते हुए पूछा, ''क्या यहाँ है दर्द?'' सुगना तब भी चुप रही। मानो वह उसकी हथेली के अगले पड़ाव के इंतज़ार में खाट पर पड़ी हो। सच में ऐसा ही था। वह दरस की मुलायम हथेली की प्रतीक्षा अपने जिस्म के तमाम जगहों पर करने लगी।

दरस ने उसकी पीठ सहलाते हुए पूछा, ''क्या यहाँ है दर्द?'' सुगना दरस की सहानुभूति से पिघल गयी। वह अपने आँसू पोंछती हुई उठी और दरस को अपनी बाँहों में भर लिया, ''नहीं मेरे बच्चे, मुझे कहीं दर्द नहीं है।''

फिर वह देर तक उसे अपनी बाँहों में दबोचे हुए सिसकने लगी। उसकी आँसू की धार दरस के कंधे पर उतरने लगी। आँसू का पारा दरस के कंधे पर ठहर गया। वह चुपके से गिलहरी की तरह सुगना की छाती से चिपटे हुए खड़ा रहा। सुगना ने सिसकते हुए ख़ुद से फुसफुसाया, ''मुझे सब जगह दर्द है।''

सुगना की असीम बाँहों में दरस सहमा हुआ था। वह पहली बार किसी रोती हुई स्त्री के पास था और वह ख़ुद रूआँसा हो रहा था। वह भी सुगना की बाँहों में दुबके हुए रोने लगा। दोनों देर तक रोते रहे, फिर जब वह सुगना से अलग हुआ, तब उसे लगा कि उसके अंदर एक ताज़गी आ गयी है। वह सुगना से ना रोने का वायदा लेकर अपने घर चला गया।

***

फिर अगली बार वह इस डर से नहीं गया कि सुगना उसे देखकर रोने न लग जाये। कि वह अपने अकेलेपन में अलबरत को याद करने न लग जाये। कि वह उसे हारमोनियम सिखाने न लग जाये। कि कहीं उसका मन सुगना के दर्द के ठिकाने को टोहने की इच्छा से उफन ना जाये। सुगना को देखकर उसे अपनी माँ की याद आ जाती थी और वह न चाहते हुए भी रोने को तड़प उठता था। उसकी गोद में जाकर बैठ जाना चाहता था। उससे चिपट जाना चाहता था। लेकिन उसकी चाहत उसके नियंत्रण में नहीं थी और कोई दूसरा भी उसकी चाहत के चुम्बकत्व में नहीं था।

दरस करीब तीन दिन बाद इस उम्मीद में गिटार सीखने गया कि अलबरत लौट आया होगा। उसने अलबरत के मकान का दरवाज़ा खटखटाया। 'खट' फिर 'खट' उसकी इस नाज़ुक सी खटखटाहट की कोई प्रतिक्रिया अंदर से नहीं आयी। उसने ज़ोर से खटखटाया। 'खटाक

खटाक खटाक।' दरवाज़ा हल्का सा खुला ही था। वह पूरा खुल गया।

कमरे में सुगना पहले से बैठी हुई थी। दरस कोने में रखे टेबल की ओर गया और हारमोनियम पर पड़ा पुराना चादर हटा दिया। "मुझे हारमोनियम बजाना भी सीखना है।"

फिर उसने अधिकारपूर्वक सुगना का हाथ पकड़ा और उसे उठाकर कहा, "अब हारमोनियम टेबल से नीचे उतार दो।"

दरस को यह जानकर आश्चर्य हुआ गिटार का आक्टेव और हारमोनियम के सरगम की आवाज़ एकदम एक जैसी ही है। दुख और उदासी की तरह अपने आरोह अवरोह में बिंधी हुई ध्वनियाँ किसी भी मनुष्य के दुख और उदासी को उभारने में सक्षम। जबकि दरस अपनी सक्षमता पर भरोसा करने की स्थिति में नहीं था।

हारमोनियम बजाना तो दूर वह अभी तक अपनी पैंट के बटन लगाना सीख नहीं पाया था। वह दरवाज़ा खटखटाने की तमीज़ सीख नहीं पाया था। वह प्रयोगशाला में रखे रसायनों के नाम सीख नहीं पाया था। वह माइक्रोस्कोप में स्लाइड लगाना सीख नहीं पाया था। उसे बहुत सारी चीज़ें सीखनी थीं। वह उन बहुत सारी चीज़ों को सीखने के दबाव से एकदम मुक्त, सुगना की गोद में बैठे हारमोनियम बजाना सीख रहा था।

इस तरह बाकी के दिनों में दरस न गिटार बजाना सीख पाया और न ही हारमोनियम। वह जब भी जाता, तब सुगना उसे अपने पास बिठा लेती और देर तक उससे बातें करती। वह उसमें अपना बच्चा ढूँढती और दरस सुगना में अपनी माँ पा लेता। वह सुगना के साथ रह कर धीरे-धीरे बातें करना सीखने लगा। वह धीरे-धीरे व्यवहार करना सीखने लगा। वह धीरे-धीरे उन चीज़ों को समझने लगा, जिसे वह पहले न जानता था और न ही समझता था।

जब पन्द्रहवें दिन दरस सामने वाले कमरे में सुगना के साथ बैठे बातें कर रहा था, तब एक रिक्शा उस मकान के सामने आकर रूका, जिससे अलबरत किसी तरह उतरा और अंदर आते ही ज़मीन पर गिर गया। उसकी कमीज़ फटी हुई थी। उसके बाल बिखरे हुए थे। उसके गले में रहने वाली क्रास की माला ग़ायब थी। उसके गाल पर खरोंच के निशान थे। वह किसी तरह बस स्टैंड से अपने घर लौट पाया था। उसे उठाकर सुगना अंदर ले गयी। तब तक बाहर खड़ा रिक्शावाला अलबरत का बैग लेकर अंदर आ गया। उसने दरस की ओर देखकर कहा, ''ये लो तुम्हारे पिता का बैग।''

बैग फटा हुआ था। उसे देखकर लग रहा था कि किसी ने उसे खींचने की कोशिश की थी। रिक्शावाला बिना पैसे लिए ही चला गया। यह सब देखकर दरस सहम गया। वह कुछ समझ नहीं पाया। वह सफ़ेद परदे से अंदर झाँकने की कोशिश करने लगा। अंदर से सिर्फ फुसफुसाहटों और सिसकियों की आवाज़ें आ रही थीं। दरस चुपचाप अपने घर लौट गया।

दरस ने देखा कि उसके घर के बाहर लोगों की भीड़ लगी हुई है। वह भीड़ से रास्ता बनाकर अंदर जाता है। घर के अंदर सामने वाले कमरे में खिड़की के पास रखी चारपाई पर रामलाल चारमीनार और खेसराहा बैठे हैं। दो अन्य व्यक्ति भी पास ही खड़े हैं। सब दरस को देखकर चुप हो जाते हैं। खेसराहा उसे अंदर जाने का इशारा करता है। दरस चुपचाप अपने कमरे चला जाता है और खाट पर पसर कर अलबरत के बारे में सोचने लगता है।

उसे अलबरत के चेहरे पर बने खरोंच के निशान से बहते लहू की गर्मी ईसा के लहू के समान लग रही थी। ईसा की मूर्ति की तरह ही

अलबरत का चेहरा नीचे की ओर लटक गया था। उसकी आँखें मुँद सी गयी थीं। उसकी कमीज़ कई जगहों से फटी हुई थी और उसकी पैंट की पिछली जेब का कपड़ा भी लटक गया था। उसके घुंघराले बालों में धूल उलझी हुई थी। दरस इस उलझन को समझ ही नहीं पाया कि आखिर अलबरत को किसने मारा और क्यों वह बिना किसी प्रतिरोध के चुपचाप अपने घर आ गया।

***

उसकी सोच को सामने कमरे से आने वाली फुसफुसाहट की आवाज़ तोड़ने लगी। वह खाट पर उठ बैठा। उसने देखा कि आँगन की दीवार पर पीले रंग की चिड़िया बैठी फड़फड़ा रही है। वह उड़ना चाह रही है, लेकिन उड़ नहीं पा रही है। दरस कमरे की चौखट के पास दुबक कर खड़ा हो गया।

उसने आवाज़ की नीचता से अंदाज़ लगाया कि यह रामलाल चारमीनार की आवाज़ है, जो कह रहा था, ‘‘इस बार तो मैं किसी तरह उसे बचा पाया, लेकिन आगे नहीं बचा पाऊँगा क्योंकि इलाके का माहौल गरम है। बाहर से भी लोग आकर धर्म वापसी का आंदोलन तेज़ करने वाले हैं। तुम्हारा उससे परिचय है इसलिए कह रहा हूँ कि उसे कस्बा छोड़ने के लिए कह दो। वह चाहे तो अपने लोगों के बीच दूर राआमभांठा वाले इलाके में जाकर रह सकता है। वहाँ से चर्च भी पास है और उसके लोगों की संख्या ज़्यादा है, इसलिए किसी विवाद की आशंका भी कम है।’’

जब वे लोग घर से जाने लगे, तब दरस अपने कमरे लौट कर चुपचाप बैठ गया। उसने खेसराहा को देखकर भी कोई प्रतिक्रिया नहीं दी, जैसे उसने कुछ भी नहीं सुना हो। लेकिन दरस की चुप्पी के

नकलीपन को भाँप कर खेसराहा उस कमरे के दरवाज़े पर ठिठक कर ठहर गया। उसने दरस की ओर देखा जो बिना कारण ही कमरे की छत की ओर लगातार देखे जा रहा था, जैसे उसे पता ही न हो कि दरवाज़े पर खेसराहा खड़ा है।

''तुम आज गये थे क्या?'' खेसराहा की आवाज़ सुनकर दरस उसकी ओर पलटा और सहमति में सिर हिला दिया।

''अलबरत आया था?'' खेसराहा उसकी खाट के पास पहुँच गया। दरस ने फिर से सिर हिला दिया।

''बताओ वहाँ क्या देखा?''

दरस खाट पर उठ बैठा।, ''वो अलबरत गाँव से आया तो उसकी कमीज़ फटी हुई थी। उसके चेहरे पर चोट के निशान थे और वह ठीक से चल भी नहीं पा रहा था।'' दरस ने एक साँस में अपनी पूरी बात कह दी।

''अच्छा।'' यह कहकर खेसराहा रसोई चला गया।

अगले दिन जब दरस शाम को अलबरत के घर पहुंचा, तब सुगना ने ही दरवाज़ा खोला और उसे लोहे की कुर्सी पर बैठने को कहा। दरस ने अपनी जेब से तीस रूपये निकाल कर उसे दे दिये। सुगना अपनी हथेली में नोट दबा कर चुपचाप अंदर चली गयी। सफ़ेद झीने परदे के पीछे से किसी आदमी के कराहने की हल्की आवाज़ आ रही थी। उस कराहने की मार्मिकता से दरस की त्वचा में सरसराहट होने लगी।

वह नहीं चाहते हुए भी उस सफ़ेद झीने परदे के पीछे चला गया। बरामदे में बर्फ जैसी फिसलन और ठंडक महसूस हो रही थी। वह किसी तरह अंधेरे में धीरे-धीरे आगे बढ़ा और दाहिनी ओर के कमरे के दरवाज़े के पास जाकर ठहर गया। उसने देखा कि सुगना अलबरत को अपनी

गोद में उठाये हुए है। वह उसका माथा सहला रही है। अलबरत का शरीर पसीने से भीगा हुआ है। उसके चेहरे पर किसी दवा की परत लगी हुई है। उसकी पलकें सूजन के कारण मुंदी हुई सी लग रही थीं।

अलबरत की देह को काँपने से रोकने के लिए सुगना ने उसे ज़ोर से अपनी बाँहों में भर लिया। वह अपनी देह की गर्मी से उसके कंपन को रोकने की कोशिश करने लगी। अलबरत की कराह से पूरा कमरा पीड़ा से भर गया। सुगना उसे बीच बीच में चूम लेती थी। उन्हें इस तरह इस ब्रम्हांड में अकेला रोता बिलखता देखकर दरस सन्न रह गया। फिर अचानक सुगना चीख पड़ी, ''उस हरामी सेठ को मैं देख लूंगी!'' उसकी चीख से कमरे में बिजली की तरंग सी कौंध गयी, जिसके उजाले में सुगना ने दरवाज़े के पास खड़े दरस को देख लिया और इशारे से उसे अपने पास बुलाया।

अपने गिटारिस्ट को इस तरह बेसुध देखकर दरस सहम गया। वह चुपचाप उस खाट के पास जाकर खड़ा हो गया जो अलबरत के लिए दोजख की तरह था। सुगना ने अपनी साड़ी के पल्लू से अलबरत के माथे का पसीना पोंछा और उसे धीरे से खाट पर लिटा दिया ताकि वह अपनी गहरी नींद में देह की पीड़ा को भूल जाये।

अलबरत को उस कमरे में सोता छोड़कर दोनों सामने वाले कमरे में आकर बैठ गये। थोड़ी देर में चर्च से कुछ लोग आये। उनके पीछे राआमभांठा के साथी और अलबरत के परिचित भी आ गये। सुगना उनके साथ बातचीत करने लगी। सफ़ेद लबादे में जो व्यक्ति था, उसके गले में बड़ा सा क्रास लटका हुआ था। उसके गाल की झुर्रियाँ लटक गयी थीं। वह थोड़ी थोड़ी देर में उस क्रास को छू लेता था, मानो वह उससे कोई शक्ति प्राप्त कर रहा हो। उसे बोलने में काफी दिक्कत हो रही थी। वह बोलने से पहले अपने जबड़े को हिलाता फिर उससे कुछ अस्पष्ट

से वाक्य बाहर आते, जैसे कि उसने पूछा, ''धरम वापसी वाले?'' सुगना ने असहमति में अपना सिर हिला दिया।

राआमभांठा से आये अलबरत के साथी यह जानने के इच्छुक थे कि फिलहाल अलबरत की तबियत कैसी है। वो उसे देखना चाहते थे। वे अलबरत से मिलना चाहते थे। वे ख़ुद उससे बातें करना चाहते थे क्योंकि उन्हें सुगना की बात पर भरोसा नहीं था। उन्होंने गुस्से में अपने हाथ में रखा अखबार सुगना की ओर कर दिया, जिसके मुख्य पृष्ठ में प्रकाशित समाचार में लिखा था, ''धरम वापसी वालों के हमले से एक ईसाई युवक घायल, शहर में तनाव का माहौल।'' उस अखबार को ज़मीन पर फेंकते हुए सुगना ने फिर से कहा, ''सब झूठ। ये सब सेठ का किया धरा है।''

उनके जाने के बाद पुलिस आयी, जिसने अलबरत के जागने का इंतज़ार किया और देर तक उससे सवाल जवाब करने के बाद जब घर से बाहर जाने लगे, तब एक पुलिसवाले ने दरस की गाल पर चिकोटी करते हुए कहा, ''और जार्ज?'' तब दरस अचरज में पड़ गया। वह धीरे से फुसफुसाया, ''नहीं मैं जार्ज नहीं हूँ। मेरा नाम दरस है।'', तब तक सारे पुलिस वाले अपनी जीप में बैठ कर चले गये।

पुलिस की सक्रियता और अखबारों के दबाव के चलते कुछ लोगों की गिरफ्तारी हुई, जिसे बाद में रामलाल चारमीनार और सेठ ने अपनी तिकड़मों से छुड़वा लिया। लेकिन शहर में जो तनाव का माहौल बना था, वह फिलहाल समाप्त हो गया सा लग रहा था।

इस दौरान अलबरत भी ठीक हो गया। इस दौरान दरस भी गिटार सीखने नहीं आया। इस दौरान खेसराहा के घर की कामवाली नौकरी छोड़कर चली गयी। इस दौरान बहुत कुछ हो गया। जैसे दरस अब अपने मुहल्ले में बाहर निकल कर दोस्तों के साथ खेलने लग गया। वह मुहल्ले के बारे में जानकारी रखने लग गया।

उसने टैक्स बाबू की छह लड़कियों को एक साथ देख लिया था। उसने बाजू के चउबे के मकान के महंगे दरवाज़े पर चुपके से मूतने का सुख ले लिया था।

इस दौरान वह दो बार घर के सामने के खरपतवार की मायावी दुनिया में जा चुका था। हालाँकि दरस वह मजा नहीं पा सका, जिसे देखने के लिए वह अपने दोस्तों के साथ देर तक खरपतवार में दुबक कर बैठा रहा था। जब उस खरपतवार के बीच बनी खाली जगह में कोई भी प्रेमी युगल मनुहार करने नहीं पहुँचा, तब उसने ख़ुद से झल्ला कर कहा भी था, ''साले आजकल के प्रेमी कितने डरपोक हो गये हैं।''

इस दौरान वह अलबरत और सुगना को भूल ही जा रहा था कि एक दिन खेसराहा ने उसे एक बड़ा सा लिफाफा देते हुए कहा, ''जा ये रिपोर्ट अलबरत को दे आ।'' वह तुरंत अलबरत के पास चला गया। तब घर में अलबरत नहीं था। सिर्फ सुगना थी, जिसका पेट थोड़ा फूला हुआ सा दिख रहा था। उसकी आँखों में बुखार वाली थकान दिख रही थी। वह दरस को देखकर मुस्कुराना चाह रही थी लेकिन ना मालूम क्यों वह मुस्कुरा नहीं पायी।

दरस ने वह लिफाफा सुगना को दे दिया। सुगना अपना कमर पकड़ कर लोहे की कुर्सी पर बैठ गयी और ध्यान से उस रिपोर्ट को पढ़ने लगी। लेकिन उसके चेहरे से साफ़ दिख रहा था कि जो वह पढ़ रही थी, उसे समझ नहीं पा रही थी। उसने अपना मुँह बिचकाते हुए धीरे से कहा, ''ये डाक्टरों की भाषा भी ना!''

***

सुगना की ज़िद के चलते दरस भी रिक्शा पर सवार हो गया। दोनों सदर बाजार के आगे बने सरकारी अस्पताल पहुँच गये। अस्पताल के पास आते ही दवाईयों की गंध आने लगी। अस्पताल के मुख्यद्वार पर बड़ा सा लोहे का गेट था, जिसके नीचे नाली पर लोहे की कई पाइप लगा दी गयी थी, ताकि मवेशी अंदर ना आ सकें। अस्पताल के साइकिल स्टैंड के आगे प्रवेश था, जहाँ दोनों रिक्शा से उतर गये।

अस्पताल के प्रवेश पर एक काउंटर बना था, जहाँ मरीजों को अपने नाम की पर्ची बनवानी पड़ती थी, लेकिन सुगना के पास पहले की पर्ची थी, इसलिए उसे नयी पर्ची बनाने की ज़रुरत नहीं थी। वह सीधे अस्पताल का बरामदा पारकर पीछे बने जच्चा बच्चा वार्ड की ओर जाने लगी। उसके पीछे दरस भी चलने लगा। जब सुगना डाक्टर के कमरे के पास पहुँच गयी, तब उसने कमरे के सामने बनी सीमेंट की कुर्सी पर दरस को बिठा दिया और ख़ुद अंदर चली गयी। फिर करीब आधे घंटे बाद वह कमरे से बाहर आयी। उसका चेहरा पहले की ही तरह भावशून्य लग रहा था।

अस्पताल के प्रवेशद्वार के बाजू में खड़े रिक्शे पर सवार होकर दोनों घर लौटने लगे। जब वे सदर बाजार के मुख्य रास्ते से लौट रहे थे, तब दरस ने देखा कि सड़क के दोनों ओर दुकानों की लाइन है। कपड़ा, जूता, बर्तन, दवाई, फर्नीचर आदि की दुकानों में इक्का दुक्का लोग खरीदारी कर रहे हैं।

जैसे ही उनका रिक्शा एक सुनार दुकान के सामने पहुँचा, वैसे ही उसने ध्यान से देखा कि सुनार की दुकान में कोई आदमी सड़क की ओर पीठ किये हुए बैठा है। उसके लम्बे घुंघराले बाल पीठ पर लटके हुए हैं। जैसा कि अलबरत के बाल उसकी पीठ पर लटक कर बिखर जाते थे।

वह जब तक उस व्यक्ति को पहचान पाने की कोशिश करता उसके पहले ही रिक्शा आगे बढ़ गया।

रिक्शा धीरे-धीरे मंगला क्लाथ स्टोर, वाधवा स्टील्स, फैशन हाउस को पार आगे बढ़ने लगा। अचानक सुगना ने उसे गांधी पुतला चौक की ओर चलने को कहा। रिक्शावाले ने सुभाष चौक से रिक्शा गांधी पुतला की ओर मोड़ दिया। करीब दस दुकान के बाद सेठ की बड़ी सी दुकान थी, जिसके बाहर दो बजाज स्कूटर और एक काले रंग की राजदूत मोटरसाइकिल खड़ी थी। वह मोटरसाइकिल रामलाल चारमीनार की थी।

सुगना को आता देखकर दुकान की गद्दी पर बैठे सेठ का चेहरा खिल गया। उसने दुकान के नौकर से दो कुर्सियाँ लाने को कहा लेकिन सुगना चुपचाप सामने खड़ी रही और सेठ की कुटिल मुस्कान को देखकर उसका चेहरा लाल हो गया। गुस्से में सुगना ने दरस का हाथ ज़ोर से पकड़ लिया और चीखते हुए कहा, ''साले गरीब हैं, लेकिन वेश्या नहीं कि तुम्हारे आर्केस्ट्रा में रहने के लिए साथ सोने चले आयें।''

वह अपने पैर का चप्पल निकालने के लिए झुकी ही थी कि पीछे से रामलाल चारमीनार आ गया और मामले को रफा दफा करने की कोशिश करने लगा। सेठ घबरा कर दुकान के पीछे भाग गया। उसके दुकान के सारे नौकर खुशी से झूम जाना चाहते थे लेकिन उन्होंने मुस्कुराने को ही सही विकल्प माना। सुगना ने अपने पैर का चप्पल ठीक से पहना और दरस के साथ दुकान से बाहर आ गयी। रिक्शा घड़ी चौक की ओर बढ़ चला।

सुगना का यह रूप देखकर दरस चकित हो गया। वह सुगना से बहुत सी बातें पूछना चाहता था लेकिन वह पूछ ना सका। क्योंकि सुगना की साँसे तेज़ तेज़ चल रही थी। उसकी देह का ताप बढ़ गया था। उसका

मुँह सूख गया था। वह इतना थक गयी थी कि वह बड़ी मुश्किल से रिक्शे से उतर पायी थी। उसके उतरने को देखने के लिए पास की इमारतों से लोग झाँकने लगे थे। उसके पीछे दरस उतरा। दोनों रिक्शेवाले को पैसे देकर अंदर आ गये। सुगना अपने शयनकक्ष की खाट पर जाकर लेट गयी। उसके पीछे दरस भी गया।

उसने धीरे से पूछा, ''अलबरत कहाँ है?''

सुगना ने ज़ोर से जवाब दिया, ''गाँव गया है।''

''तबियत को क्या हुआ?''

''तुम नहीं समझोगे।''

''और सेठ ने?''

''अभी तुम जाओ बाद में आना।'' यह कहकर सुगना ने करवट बदल ली।

सुगना की इस बेरूखी से दरस आहत हो गया। कभी किसी स्त्री ने इस तरह उससे बेरूखी से बातें नहीं की थी। उसने पहली बार एक स्त्री को इस तरह चीखते चिल्लाते और नाराज़ होते देखा था। वह स्त्री के इस लहजे से सहम गया। उसकी सारी कल्पनाओं की चिंदी उड़ गयी। वह पैदल अपने घर की ओर लौटने लगा। लेकिन उसके अपने पैर पत्थर के लग रहे थे। वह पहली बार अपने पिता के दुख को समझ पा रहा था कि जब खोरवी इस तरह उससे बेरूखी से आखिरी बार भिड़ी होगी तो उसे कैसा लगा होगा।

***

जब दरस घर लौटा, तब उसने देखा कि खेसराहा अपनी प्रयोगशाला में लगे बल्ब की रोशनी में एक परखनली को हिला हिलाकर देख रहा है। वह बार बार उस परखनली को हिलाता और फिर उसे बल्ब की रोशनी में देखता। अंत में खेसराहा ने थोड़ी दूर से उस परखनली को सूँघा, फिर उसे परखनली स्टैंड में रख कर अपने रजिस्टर में कुछ लिखने लगा। फिर एक काग़ज़ के छोटे से पुर्जे में कुछ लिख कर उसे एक छोटी काँच की शीशी में चिपका दिया, जिसमें पहले से वैसा ही पीले रंग का द्रव भरा हुआ था। दरस आँगन की ओर चला गया और वाश बेसिन में अपना रूआँसा चेहरा धोने लगा। उसने देखा कि वाश बेसिन में नमक के महीन दाने उभर आये हैं।

फिर दरस कभी उधर नहीं गया। उसे कभी सुगना और अलबरत की याद नहीं आयी। वह उस अंधेरे और ठंडे बरामदे को भूल गया। सुगना के आँगन में आने वाली पीली चिड़िया को वह भूल गया। वह सुगना के जिस्म, उच्छवासों और नज़दीकी की ख़ुशबू को भी भूल गया। वह गिटार और हारमोनियम को भूल गया। उनकी आवाज़ें भी उसे प्रेतों की चीत्कार की तरह लगने लगी थीं, इसलिए उसने अपना गिटार घर के पटाव में छिपाकर रख दिया था।

वह घर लौटने से घबराने लगा था। दरस का मन देर तक घर से बाहर रहना चाहता था। वह देर तक कस्बे की सड़कों और गलियों में घूमते रहना चाहता था। वह अपने मुहल्ले के दोस्तों के साथ देर तक खेलना चाहता था। वह अपने पड़ोस के मैदान में दौड़ना भागना चाहता था। उसके पास ढेर सारी चाहतें थी। उन ढेर सारी चाहतों के ढेर में पड़ा वह चुपचाप सोचने लगा कि आखिर खेसराहा उसे अन्य बच्चों की तरह सामान्य क्यों नहीं रहने देना चाहता है? वह अपनी सोच में डूबा ही था कि प्रयोगशाला के

वाश बेसिन के नल से पानी गिरने की आवाज़ आने लगी। पानी बहने की आवाज़ को वह अपने मन की आवाज़ समझ रहा था।

पास खड़े खेसराहा ने चिल्लाकर कहा, ''अरे नल तो बंद कर दे!'' उस जानी पहचानी चीख का झपट्टा अपने कानों पर पड़ते ही दरस अपनी सोच से बाहर आ गया। उसने देखा कि वाश बेसिन का नल बह रहा है। उसके अंदर रखी तमाम परखनलियों में पानी भर गया है। एक परखनली पानी के घुसते ही तड़क कर टूट गयी है, क्योंकि उसमें सांद्र अम्ल की कुछ बूँदें रह गयी थीं।

खेसराहा, उसे परखनली की सफाई और प्रयोगशाला में मौजूद तमाम रसायनों के नाम, उनके बरतने की आवश्यकता, प्रक्रिया और उनके रखने के तौर तरीकों के बारे में बुनियादी जानकारी देने की कोशिश कर रहा था, ताकि वह इन चीज़ों को जान समझ सके और आगे चलकर बेहतर इस्तेमाल कर सके। हालाँकि खेसराहा यह भी जानता था कि अभी दरस पैथोलॉजी के बारे में कुछ नहीं जानता है। बस इतना ही जानता है कि काँच की छोटी शीशियों में बंद रसायनों के परीक्षण से देर रात चीखने की आवाज़ आती है। इसलिए दरस रात में अकेले कभी भी उस प्रयोगशाला में नहीं आता था।

जब खेसराहा माइक्रोस्कोप पर नज़र जमाये हुए था, तब दरस प्रयोगशाला की दीवार पर टँगे एक फोटोफ्रेम को देख रहा था, जिसमें कोई प्रशस्ति पत्र लगा हुआ था। उसकी लिखावट सुनहरी स्याही से चमक रही थी।

प्रयोगशाला की निरीह शांति में अजीब सी बेचैनी थी। दरस का मन सुअर के पिल्लों की तरह मचल रहा था लेकिन वह एकदम चुप खड़ा अपने पिता की बातों को सुन रहा था। हालाँकि वह नहीं सुन रहा था।

उसका मन दीवार के उस पार खाली मैदान में खेल रहे बच्चों की आवाज़ की तरफ था। बच्चें गेंद फेंकने का खेल खेल रहे थे। वे जानबूझकर चिल्ला रहे थे ताकि दरस को यह पता चल जाये कि सब मैदान में खेलने आ गये हैं।

खेसराहा ने माइक्रोस्कोप में सटा अपना चेहरा हटा लिया और दरस की ओर देखने लगा, जो चुपचाप खड़ा ध्यान से उसकी बातें नहीं सुन रहा था। बच्चों की आवाज़ प्रयोगशाला की बंद खिड़की पर गेंद के टप्पे की तरह पड़ रही थी। उसने दरस की अनिच्छा को पकड़ लिया था। उसने दरस की पीठ सहलाते हुए कहा, ‘‘जा तू भी खेल आ।’’

***

पड़ोस में खेल का मैदान किसी अज्ञात व्यापारी का खाली आवासीय भूखंड था, जिसमें वह बाड़बंदी करना भूल गया था। उस जगह मुहल्ले के बच्चे क्रिकेट खेलते थे। सरकंडा की सूखी लकड़ियों को तोड़कर स्टम्प बनाया जाता था। टेनिस गेंद के लिए सब मिलकर सहयोग राशि देते थे। बढ़ई से मिन्नतें कर दो लकड़ी के बैट बनवाये गए थे, जिसमें से एक बैट का हत्था हिलने लगा था। दरस के अलावा सारे बच्चे उससे उम्र में बड़े थे। इसलिए उम्र की वरीयता के अनुसार उसकी बैटिंग अक्सर अंत में आती थी और कभी कभी तो नहीं भी आती थी क्योंकि तब तक अंधेरा घिर आता था।

दूर के खेत तक उस क्रिकेट मैदान की सीमा रेखा तय की गयी थी और सीमा रेखा पर दरस को गेंद रोकने के लिए खड़ा किया जाता था, यह कहकर कि तुम्हारी दूर से गेंद फेंकने की प्रतिभा अद्भुत है। हालाँकि दरस यह जानता था कि उसे इस खेल में सिर्फ गेंद फेंकने के लिए शामिल किया गया है। वह यह भी जानता था कि गली के उस पार

टैक्स बाबू के बंगले में यदि गेंद चली जाये तो फिर उसे ही भेजा जाएगा, क्योंकि उस बंगले में जाने से बड़े बच्चे डरते थे। छोटे घबराते थे और दरस को कुछ पता ही नहीं था।

दरस अपने नहीं जानने की अक्षमता पर बिल्कुल भी हताश नहीं होता था, क्योंकि उसे खेसराहा ने पहले ही समझा दिया था कि 'हर चीज़ मनुष्य पहले नहीं जानता है, फिर पहली बार उसे जानता है। फिर उसे जानने के बाद जानने लगता है।' इसी तरह दरस पहले पीले रंग की चिड़िया को नहीं जानता था लेकिन जब उसने यह जाना कि वह उसके आसपास ही रहती है, तब वह उस चिड़िया को दाना चुग्गा देने लगा, ताकि वह उसकी हथेली पर आकर बैठ जाये और बार बार उसके पास आने का मंतव्य बता जाये।

लेकिन वह पीली चिड़िया न दाना चुगती और न ही दरस की हथेली पर बैठती थी। वह बस दूर फुदकती और जब दरस नींद के मुहाने पर पहुँच जाता, तब वह उसके सपने के कंधे पर जाकर बैठ जाती थी। उसने दरस के कान में जाकर धीरे से चहचहाया, ''मैं चिड़िया नहीं फुसफुसाहट हूँ।''

''तो कुछ कहो मेरे कान में धीरे से।'', दरस ने भी धैर्य और पर्याप्त तमीज़ से कहा, ताकि वह नाज़ुक जान, उसके कहे से घायल न हो जाये। क्योंकि बहुत दिनों पहले जब वह अलबरत के मकान से गिटार सीख कर लौट रहा था, तब वह चिड़िया उसके कंधे पर आकर बैठ गयी थी। वह चिड़िया से फुसफुसाहट में बदलने ही वाली थी कि दरस ने अपनी हथेली से उसे उड़ा दिया था।

उसके बाद से ही वह पीली चिड़िया दरस से दूर रहने लगी थी और दरस के पास आते ही फुसफुसाहट में बदल कर ग़ायब हो जाती थी।

जब वह पहली बार ग़ायब हुई थी, तब वह सुगना की फुसफुसाहट में बदल कर ग़ायब हो गयी थी। तब सुगना ने धीरे से अलबरत के कान में फुसफुसाया था, "अजी मकान का किराया देना है।"

उसकी फुसफुसाहट की आवाज़ इतनी धीमी थी कि दरस अपने आँगन में उसे फुदकते तो देख रहा था लेकिन उसकी फुसफुसाहट को सुन नहीं पाया और जैसे ही फुसफुसाहट ख़त्म हुई पीली चिड़िया हवा में ग़ायब हो गयी।

अगली बार पीली चिड़िया दरस को खरपतवार के पास दिखी थी, जब उसने रामलाल चारमीनार को कुछ लोगों के साथ खरपतवार के पीछे जाते देखा था, तब चिड़िया चीखने लगी थी, "भड़वा है ये चारमीनार!"

चिड़िया के चीखते ही उसके परखच्चे उड़ गये और खरपतवार के ऊपर उसके परों और पंखों की बारिश होने लगी। लेकिन खरपतवार के इस पार दरस इससे बेखबर घास पर बैठी रंग बिरंगी ड्रैगनफ्लाई को पकड़ने की कोशिश में उकड़ू बैठा हुआ था।

ना मालूम क्यों इस रात दरस को उस पीली चिड़िया की याद बेतरह आने लगी थी। वह बिस्तर पर पड़े हुए उसके बारे में सोच रहा था। वह दरस के सामने आती और कुछ ही देर में अचानक ग़ायब हो जाती। पिछले आठ महीने से वह चिड़िया दरस को कहीं नहीं दिखी। न स्कूल से लौटते हुए, न खरपतवार के पास, न खेल के मैदान में और न ही घर के आँगन में। दरस की सोच में दरवाज़े पर दस्तक की घुसपैठ हुई। दस्तक की अदा से ही लग रहा था कि किसी ने हड़बड़ी में दरवाज़े पर दस्तक दी है।

***

दरवाज़ा पीटने की आवाज़ सुनकर खेसराहा अपनी नींद से हड़बड़ा कर उठ गया। लगातार आ रही आवाज़ से दरस भी अपनी झीनी नींद से बाहर आ गया। वह भी खेसराहा के पीछे सामने दरवाज़े की ओर चला गया। दरवाज़े के बाहर भोर की हल्की रोशनी फैल रही थी। आकाश में सैकड़ों गौरेया मंडरा रही थीं। उनकी चहचहाहट से सुबह की मिठास बढ़ गयी थी।

दरवाज़ा खुलते ही अंदर ठंडी हवा का झोंका आया। दरस उसकी ठंडक से सिहर उठा और खेसराहा के पीछे दुबक कर खड़ा हो गया। बाहर खड़े हलवाई ने देखते ही बताया, ''मिसरा ने बताने भेजा है कि वो आर्केस्ट्रा वालों की मौत हो गई है।''

खेसराहा ने सिर्फ इतना ही कहा, ''ठीक है।'' हलवाई वापस चला गया।

उसकी सूचना से खेसराहा तनिक भी परेशान नहीं हुआ बल्कि वह सीधे अपनी प्रयोगशाला के भीतर गया। वह आलमारी में रखा रजिस्टर निकाल कर पढ़ने लगा। तब तक दरस पीछे आँगन चला गया और वाश बेसिन में अपना चेहरा धोने लगा। रजिस्टर पढ़कर खेसराहा आश्वस्त सा हो गया। उसने ख़ुद से ही फुसफुसाया। ''ये तो होना ही था। नारपिनेफ्रिन की मात्रा ही इतनी ज़्यादा थी उसके नमूने में। और सौंफ जैसी गंध भी।''

खेसराहा के जाने के थोड़ी देर बाद जब कामवाली बाई आयी, तब दरस भी उसे यह कहकर बामहनपारा गली की ओर चला गया कि घर की चाबी सामने वाले दरवाज़े के पास रखे गमले के नीचे दबाकर चली जाना।

दरस ने देखा कि मुहल्ले के कुछ आवासीय भूखंडों में मकान बनने लगे हैं। बाजू के चउबे के मकान का बड़ा सा दरवाज़ा बदरंग होने लगा है। उसकी दीवार से लटक रही बोगनवेलिया की डाली सूख गयी है। आगे टैक्स बाबू के मकान के बाद एक बड़ा नया बंगला अपने निर्माण के एकदम अंतिम मुकाम पर पहुँच गया है, जो एक महिला अधिकारी बनवा रही है।

दरस कस्बे के मुख्य सड़क पर आ गया, जहाँ किनारे पर कुछ ठेले और खोमचे वाले खड़े हैं। पास ही ज़मीन पर ढेर लगाकर सब्जी बेचने वाला सब्जी की ढेर लगा रहा है। आगे छोटू पान भंडार के पास गायें जुगाली करती हुई खड़ी हैं। वह तेज़ कदमों से बामहनपारा की ओर जाने लगा। उसे अहसास हुआ कि अब उसके कदम तेज़ और भरोसेमंद से हो गये हैं। अपने पदचाप की एक हल्की सी धमक उसे ख़ुद सुनाई देने लगी है।

घड़ी चौक पर लोगों की भीड़ है। लोगों का छोटा छोटा समूह गोल घेरा बनाकर बातें कर रहा है। सब आपस में धीरे-धीरे बात कर रहे हैं। उनकी फुसफुसाहट को नज़रअंदाज़ कर दरस बामहनपारा की ओर मुड़ा, तब उसने देखा कि मिसरा और खेसराहा होटल के सामने खड़े हैं। सुगना और अलबरत के मकान के पास लोगों की भारी भीड़ है। राआमभांठा के दर्जनों युवक खड़े हैं। सफ़ेद लबादा पहने साँवला पादरी भी उनके पास खड़ा है।

अलबरत के मकान का दरवाज़ा अंदर से बंद है। बगल की गली में भी लोग खड़े हैं। दूर की इमारतों की छत पर महिलायें खड़ी इस ओर ही देख रही हैं। दरस उस भीड़ से रास्ता बनाते हुए बाजू की गली में गया और अलबरत के मकान से बाहर निकलने वाली नाली के छिद्र से अंदर झाँककर देखा।

अंदर ज़मीन पर पीठ के बल सुगना पड़ी है। उसका कपड़ा अस्त व्यस्त है। उसके बाल तितर बितर हैं जो धूल से सराबोर हैं। नीम के कुछ सूखे पत्ते उसके जिस्म पर गिर गये हैं। उसके मुँह से झाग निकलकर सूख गया है। उसके पास ही अलबरत ज़मीन पर छाती के बल पड़ा है। उसका हाथ सुगना के हाथ पर धरा हुआ है, मानो दोनों किसी अनंत यात्रा पर साथ जाने के लिए हाथ पकड़कर आगे बढ़ रहे हों।

दरस को एक साथ गिटार और हारमोनियम बजने की आवाज़ आने लगी। दुख, पीड़ा और हताशा की सारी धुनें तेज़ आवाज़ में बजने लगीं। नाली की गंध और मृत देह की बदबू से उसका नथुना सुन्न होने लगा। उसे मितली आने लगी। वह लगभग चीखते हुए नाली के छिद्र से दूर हुआ, ''लाश!''

दरस की आवाज़ सुनकर पास खड़े लोग भी जिज्ञासावश उस नाली के छिद्र से बारी बारी से अंदर झाँकने लगे। दरस चुपचाप उस गली से निकल कर बाहर आ गया। वह घड़ी चौक से कलेक्टर बंगला जाने वाली सड़क के किनारे बने मंदिर की सीढ़ियों पर जाकर बैठ गया। गिटार और हारमोनियम की आवाज़ की जगह सुगना और अलबरत के चीखने की आवाज़ दरस को सुनाई देने लगी। वह अपनी हथेलियों से अपने कान बंद कर बैठ गया।

उसने देखा कि पुलिस के आते ही मकान के सामने खड़े लोग इधर उधर हो गये। सफ़ेद लबादा वाले अधेड़ ने देर तक पुलिसवालों से बात की। फिर पुलिस के सामने लोगों ने उस मकान का दरवाज़ा तोड़ दिया। गंदे नाले के उस पार रहने वाले कुछ सफाईकर्मियों को लाश उठाने के लिए पुलिस ने बुलाया था। जब पूरा पंचनामा हो गया, तब पुलिस ने उन सफाईकर्मियों को आंगन से लाश उठाने का आदेश दिया।

चूँकि कस्बे के अस्पताल की एम्बुलेंस खराब थी और नगर पालिका में शव वाहन की आवश्यकता पर कभी विचार ही नहीं किया जा सका, इसलिए सफाईकर्मी लाशों को डंडे में फँसाकर ले जाने वाले थे। लेकिन लोगों के विरोध के बाद हाथ ठेला पर उन लाशों को पोस्टमार्टम घर ले जाया गया। उनके साथ राआमभांठा के कुछ मित्र और रामलाल चारमीनार भी गये। सेठजी की पुरानी जीप कुनकुरी भेज दी गयी ताकि उन दोनों के परिजन अंतिम संस्कार में शामिल होने के लिए कस्बा आ सकें।

पुलिस ने घर से कोई चिट्ठी तो बरामद नहीं की लेकिन उसे ज़हर की दो छोटी खाली शीशियाँ आंगन में पड़ी मिलीं। पुलिस के जाने के बाद मकान के सामने की भीड़ भी धीरे-धीरे छँट गयी। बाजू की गली में सुअरों की दौड़ भाग शुरू हो गयी। बामहनपारा की ओर लोग लौटने लगे।

मंदिर की सीढ़ियों पर बैठा दरस स्तब्ध सा ऊपर खाली आकाश की ओर देख रहा था, जहाँ किसी भी रंग की कोई भी चिड़िया नहीं थी। पीछे मंदिर का पुजारी दरवाज़ा खोल रहा था। पास के मुहल्ले की गरीब लड़कियाँ हाथ में ढेरों फूलमालायें लिये उसे बेचने आ गयी थीं। उसे अचानक खेसराहा की आवाज़ सुनाई दी, ''चलो घर चलो दरस।''

***

घर पहुँचते ही दरस अपनी खाट पर जाकर लेट गया। वह उस हादसे को भूलना चाह रहा था। लेकिन वह उसे भूल नहीं पा रहा था। उसे लग रहा था कि वह सुगना और अलबरत को पूरी तरह भूल चुका है, लेकिन ऐसा नहीं था। दोनों उसकी जेहन में रह गये थे, जो फिर बार बार लौट आ रहे थे।

खाट पर दरस ने करवट बदल ली। तब ही उसे सुगना के खिलखिलाकर हँसने की आवाज़ आने लगी। सुगना की हँसी के मंद होते ही उसे लगा कि उसके आसपास अलबरत गिटार ट्यून कर रहा है। वह चौंक कर उठ गया। उसने अलबरत को सुगना की गोद में कराहते सुना। उसे सुगना की सिसकियाँ सुनाई देने लगी। उसे लगा कि सच में मन सुअर का पिल्ला है जो बार बार उसे स्मृति के कीचड़ में घसीट ले जा रहा है।

उसे अलबरत का मकान, अंधियारा बरामदा, दीवार पर लटका गिटार, आले में रखी ईसा की मूर्ति, टेबल पर धूल खाता हारमोनियम, बरामदे के मुहाने पर लटका झीना सफ़ेद परदा याद आने लगा। दरस को भ्रम होने लगा कि सफ़ेद परदे पर आग लग गयी है। दीवार पर रखी मूर्ति की सारी लोहे की कीलें उसकी आग में पिघल गयी हैं और ईसा सूली से उतरकर कहीं चले गये हैं। खून के धब्बे आसमान की ओर जाते दिख रहे हैं।

दरस को लगा कि वह उस आँगन की हल्की धूप में नीम पेड़ के चबूतरे पर बैठा है और सुगना उसके पास आकर खड़ी हो गयी है। वह उसे देखकर मुस्कुरा रही है। वह उसकी ओर झुक गयी है। सुगना की नज़दीकी की ख़ुशबू और मुस्कुराने की ताप को वह फिर से महसूस करने लगा। उसे लगा कि उसकी हँसने की आवाज़ प्रयोगशाला से आ रही है।

वह धीरे से उठा और बिना घबराये प्रयोगशाला के अंदर गया। अंदर सल्फर की हल्की बू थी। उसने कमरे का पुराना बल्ब जला दिया। बल्ब की पीली रोशनी में कमरा उदास सा दिख रहा था।

दरस ने आलमारी में रखा रजिस्टर निकाला और उसमें सुगना संबंधी दर्ज जानकारी को पढ़ने लगा। फिर वह प्रयोगशाला से बाहर आ गया।

''आपको पता थी ये बात?'', दरस ने धीरे से पूछा।

खेसराहा ने जवाब दिया, ''हाँ, नारपिनेफ्रिन हार्मोन आत्महत्या करने वालों में ज़रूर पाया जाता है।''

''लेकिन आपने तो सौंफ की गंध लिखा है?'' दरस की जिज्ञासा पर खेसराहा थोड़ी देर चुप रहा।

उसने वाश बेसिन के ऊपर लगे आईने में अपने चेहरे की दाढ़ी के सफ़ेद बाल नोचते हुए कहा, ''वो मेरा तरीका है।''

लोहे की कुर्सी पर बैठे दरस ने अपनी जूतों का तसला बाँधा और स्कूल जाने के लिए उठ खड़ा हुआ। उसने तिरछी नज़रों से प्रयोगशाला की ओर देखा और अपना स्कूल बैग कंधे पर टाँग कर घर से बाहर निकल गया।

बाहर न आँसू की सांद्रता थी और न ही किसी स्मृति की चीत्कार। सामने खरपतवार के भीतर कुत्तों का झुंड बैठा हुआ था। घर के सामने की गली के दोनों ओर घास की दूब पर ओस सूख चुकी थी। उसने देखा कि घास पर ढेर सारी रंग बिरंगी डैगनफ्लाई बैठी हुई हैं। उन्हें अपनी मुट्ठी में दबोचने की बजाय दरस स्कूल की ओर चला गया। उसे पूरे रास्ते सौंफ की भीनी ख़ुशबू आती रही।

—

दरस स्त्री देह और उसकी निकटता के अभिशाप को जानने समझने लगा था। वह यौवन के मोहपाश को समझने लगा था। वह भी अपने स्वप्नों में कई बार मांस की झूठी गलियों में फिसल चुका था। लेकिन वह अभी स्वप्न में नहीं था। एकदम सच्चे प्रस्ताव के निकट। इतना निकट कि वह बिना लजाये और घबराये उसे छू सकता था। उसे सहला सकता था। उसे देर तक महसूस कर सकता था। वह अपनी कल्पना में कमीना होने की हद पर जाकर ठहर गया। उसने धीरे से कहा, "मुझे नहीं आता।"

अध्याय – दो

सुगना की बेरूखी से दरस की इच्छा के सारे पत्ते झर गये थे। वह यह जान कर सहम गया था कि स्त्री की बेरूखी कितनी तीखी और धारदार होती है। वह अपनी मायूसी से बचने के लिए अपने मित्र चिरपोटी के साथ साइकिल की लापरवाह सवारी पर निकल जाता। उन दिनों उसने अलबरत के पास गिटार सीखने जाना छोड़ ही नहीं दिया वरन वह उस बात को भूल भी गया था। साइकिल की कैरियर पर बैठ कर वह कस्बे की गलियों और सड़कों में भटकने का आनंद लेने लगा।

जब पहली बार वह कस्बे की सँकरी और पुरानी गलियों से गुज़र रहा था, तब उसे लगा कि वह किसी जानी पहचानी याद में विचर रहा है। उन गलियों की ठंडी उपस्थिति और उनके दोनों ओर बहती छोटी नालियों की बदबू से उसका बदन सिहर उठा था। गली में मौजूद मकानों के दरवाज़े बंद थे। करीब चालीस मकानों की उस भूतहा गली से बाहर निकलते ही दरस ने ज़ोर की साँस ली और नाक से अपनी हथेली हटा ली। गली से बाहर निकलते ही चिरपोटी ने उसे बताया, ''ये विधवा गली कहलाती है।''

गली के बाहर चौड़ा सा रास्ता था, जिससे थोड़ी दूर आगे मुस्लिमों का क़ब्रिस्तान था। उस क़ब्रिस्तान की चाहरदीवारी जर्जर हो चुकी थी, जो कई जगह से टूट गयी थी। चाहरदीवारी के किनारे नीम के असंख्य पेड़ लगे थे, जिन पर जिन्नों के आकर बैठ जाने की कहानी पूरे कस्बे में तैरती रहती थी।

चिरपोटी ने दरस से पूछा, ''चलेगा अंदर?''

तब दरस उस क़ब्रिस्तान के भीतर दूर दूर तक फैले क़ब्रों को देख रहा था, जिनके आसपास घास उग आयी थी और झाड़ियों की आड़ में बैठे हुए कुछ लोग गाँजा फूँक रहे थे। तमाम क़ब्रों का धैर्य उसकी मिट्टी में मिला हुआ था। नीचे सिर्फ अस्थियाँ बची थीं या फिर उम्मीद, यह किसी को भी पता नहीं था। फिर भी कस्बे के मुस्लिम साल में एक दिन अपने पुरखों की करवट बदलने आ जाते थे। तब वे उन क़ब्रों पर फूल चढ़ाते और हाथ जोड़कर प्रार्थना बुदबुदाते थे।

दरस ने भी बुदबुदाते हुए कहा, ''नहीं। फिर कभी।''

चिरपोटी ने साइकिल आगे बढ़ा दी। साइकिल के आगे बढ़ते ही दरस को ऐसा अहसास हुआ कि कोई बूढ़ा दूर से धीमी आवाज़ में उसे पुकार रहा हो, ''अरे बेटा गुब्बारे तो खरीदते जाओ।'' दरस ने डर कर पीछे नहीं देखा। उसे मालूम था कि जिन्न और प्रेतों की पुकार पर पीछे पलटकर नहीं देखना चाहिए वरना वो भी पीछे पड़ जाते हैं।

सड़क के दायीं ओर दुध डेयरी का पिछवाड़ा था, जहाँ आसपास के किसान और दूधवाले अपनी साइकिल लेकर खड़े थे। यह सड़क आगे ढिमरापुर चौक की ओर जाती थी। उस चौक से तीन रास्ते निकलते थे। एक जशपुर के जंगल की ओर जाने वाली सड़क। दूसरी कस्बे की ओर लौटने वाली सड़क और तीसरी बेलासपोर जानी वाली सड़क। चिरपोटी ने उस चौक से साइकिल कस्बे की ओर मोड़ दी।

सड़क के एक ओर व्यापारियों के बड़े और वीरान बंगलेनुमा मकान थे, जिसके दरवाज़े हजारों सालों से बंद लग रहे थे। उसके बाद तेंदूपत्ता गोदाम था, जिसमें हर साल गर्मी के मौसम में आग लग जाती थी। तब कस्बे के लोगों को अग्निशामक वाहन देखने का मौका मिलता था। उस

गाड़ी की तेज़ गति और उस पर लगी बड़ी सी घंटी के बजने की आवाज़ से ही लोगों के रोएँ खड़े हो जाते थे।

उस गोदाम के बाद थोड़ी सी खाली जगह थी, जिसके पीछे एक पहाड़ी नाला बहता था। उसके बाद कस्बे का सबसे पुराना पेट्रोल पंप था। उस पंप के पास बनी पानी की टंकी में कुछ सिक्ख ट्रक ड्राइवर स्नान कर रहे थे। उस पानी की टंकी के ठीक बगल में पंजाबी ढाबा था, जो सिर्फ नाम का ही पंजाबी था, खाना पूरी तरह छत्तीसगढ़िया मिलता था। दार, भात, चटनी और मौसमी सब्जी। उस ढाबा के पीछे छिपकर लोग शराब पीते थे। उस सुविधा के लिए ढाबा मालिक अतिरिक्त शुल्क लेता था।

उसके ठीक विपरीत दिशा में एक गली थी, जो राआमभांठा की तरफ जाती थी। चिरपोटी ने साइकिल उस गली में उतार दी। उस गली की ढलान में साइकिल तेज़ी से भागने लगी। दरस ने ज़ोर से साइकिल को पकड़ लिया। उसने भागती हुई साइकिल में बैठे हुए देखा कि आगे एक विशाल सा चर्च है। चर्च से लगकर ही ईसाइयों का क़ब्रिस्तान है।

क़ब्रिस्तान को देखते ही दरस को झट से यह ख़याल आया कि इस क़ब्रिस्तान में सुगना और अलबरत भी धैर्य की मिट्टी में मिल गये होंगे। वो भी किसी का इंतज़ार करते होंगे, कि कोई आये और उनकी करवट बदल दे। उनकी क़ब्रों पर फूल रख दे। उनके लिए खड़े होकर कोई प्रार्थना बुदबुदाये। उसने देखा कि उसकी त्वचा में सनसनी के दाने उग आये हैं। उसने चिरपोटी को ज़ोर से पकड़ लिया।

क़ब्रिस्तान की शांति में मोंगरा फूल की ख़ुशबू मिली हुई थी। क़ब्रिस्तान व्यवस्थित और साफ़ सुथरा लग रहा था। ज़्यादातर क़ब्रों के सिराहने पर संगमरमर का शिलापट्ट लगा हुआ था। क़ब्रों तक पहुँचने के

लिए पत्थरों का रास्ता बना हुआ था। खाली ज़मीन में घास की हरियाली फैली हुई थी। क़ब्रिस्तान का माली फूलों की क्यारियों को पानी दे रहा था, जिसके पीछे पीछे एक बड़ा सा कुत्ता चल रहा था। दूर चाहरदीवारी के पास पीपल और कदंब के कई पेड़ थे। उन पेड़ों की फुनगियों पर लौटते हुए पक्षी आराम कर रहे थे।

चिरपोटी ने चर्च के सामने साइकिल रोक दी। दरस साइकिल की कैरियर से उतर गया। उसकी त्वचा से सनसनी के दाने उतर गये। दोनों सड़क किनारे खड़े हो गये। चर्च का विशाल गुम्बद देखकर दरस चकित हो गया। उसने इससे पहले कभी कोई चर्च नहीं देखा था। गुम्बद के ऊपर बड़ा सा क्रास बना हुआ था, जिस पर चढ़ा सोने का मुलम्मा धूप में चमचमा रहा था। नीचे रंग बिंरगे काँच से बनी खिड़कियाँ थीं। उसके ठीक नीचे एक बड़ा सा झरोखा था, जिसके अंदर हवा में लटका विशाल घंटा था। उस घंटे के बीच में अंडकोश जैसी आकृति से मोटी रस्सी बंधी हुई थी, जिसे ज़ोर ज़ोर से खींच कर वह घंटा बजाया जाता था।

चर्च के दोनों ओर तीन मंज़िला इमारतें थीं। हरेक मंज़िल के सामने की ओर बरामदा था। उस बरामदे में कोई हलचल नहीं थी। नीचे लगे अशोक के पेड़ दूसरी मंज़िल तक पहुँच गये थे। उस दूसरी मंज़िल पर कुछ आदिवासी महिलायें मौजूद थीं। उनके पास ही सफ़ेद लबादे में एक महिला नन भी खड़ी थी। पहली मंज़िल चाहरदीवारी की ऊँचाई के कारण नहीं दिख रही थी। सामने एक लोहे का बड़ा सा दरवाज़ा था, जिसे टीन से ढक दिया गया था, ताकि कोई बाहर से अंदर न झाँक पाये। उस दरवाज़े के पीछे बंधे दर्जनों अलसेशियन कुत्तों के भौंकने की आवाज़ आ रही थी।

''चलो चलते हैं देर हो रही है।'', चिरपोटी की आवाज़ सुनकर दरस फिर से साइकिल की कैरियर पर सवार हो गया। दोनों राआमभांठा

की गलियों से होते हुए वापस घड़ी चौक आ गये। घड़ी चौक के मंदिर पर लोगों की भीड़ थी। फूल बेचने वाली लड़कियाँ वहां नहीं थी। कुछ रिक्शेवाले मंदिर के अहाते में ताश खेल रहे थे। दूसरी ओर बामहनपारा जाने वाली गली के पास मिसरा होटल बंद था। गली में दूर कुछ गायें खड़ी थी, जिनकी पीठ सहलाते कुछ बूढ़े धूप का आनंद ले रहे थे।

चिरपोटी थोड़ा हाँफने लगा था। साइकिल डगमगाने लगी थी। दरस कैरियर से कूद कर उतर गया और ज़ोर से बोला, ''मैं पैदल चला जाता हूँ।'' दरस के उतरते ही चिरपोटी की साइकिल तेज़ हो गयी और वह देखते ही देखते बामहनपारा की गली के अंदर गुम हो गया।

चिरपोटी दरस का सहपाठी था। चिरपोटी एकदम दुबला पतला और अकड़ू लड़का था। उसके शरीर की हड्डियाँ अकड़ कर बाहर आने को बेताब सी लगती थी। उसकी दुबली काया में उसका पेट फूला हुआ दिखता था। इस कारण ही उसे सारे बच्चे चिरपोटी कहकर बुलाते थे।

***

दरस धीरे-धीरे अपने घर की ओर लौटने लगा। सूरज पश्चिम में उतरने लगा था। उसकी नारंगी किरणें बादलों के झुरमुट में उलझ गयी थीं, जिसकी पतली धार उन बादलों के किनारों से निकल कर ज़मीन पर गिर रही थी। छोटू पान दुकान में कुछ लड़के खड़े होकर सिगरेट फूँक रहे थे। उनकी पुरानी स्कूटर पास ही खड़ी थी, जिस पर बैठा लड़का स्कूटर के आईने में अपना चेहरा देख रहा था और बार बार अपनी कोमल मूँछों को सहला रहा था।

वह जैसे ही मुख्य सड़क से अपने घर जाने की गली की ओर मुड़ा, उसने देखा कि दूर एक खाली खेत में कुछ बच्चे किसी आदमी को घेर कर खड़े हैं। उसके लगा कि कोई मदारी अपना खेल दिखा रहा है और

बच्चे उसका खेल देखने के लिए झूम पड़े हैं। ऐसे ही एक मदारी का खेल देखने के लिए जब वह स्कूल से लौटते हुए रूका था, तब वहाँ मौजूद बड़ों ने उसे यह कहकर भगा दिया था कि 'यह बड़ों का खेल है, चलो जाओ यहाँ से।'

उस दिन के बाद से दरस के मन में यह बात बैठ गयी थी कि उसे जब भी मौका मिलेगा, किसी भी तरह मदारी का वह खेल ज़रूर देखेगा, जिसे सिर्फ बड़े ही देख सकते हैं। उसे अभी बड़ा होने में काफी वक्त था और उसके पास धैर्य थोड़ा भी नहीं था। इसलिए दरस को जब भी लोगों का हुजूम कहीं पर खड़ा दिखता था, वह ज़रूर उस हुजूम के बीच रास्ता बनाकर जाता और देखता कि वहाँ चल क्या रहा है।

मदारी का खेल देखने की जिज्ञासा में दरस खेत की ओर चला गया, जहाँ उसने देखा कि बच्चों के हुजूम के बीच में उसका पड़ोसी चउबे खड़ा है। उसने अपने हाथ में एक बड़ा सा नक्शा पकड़ा हुआ है, जो उनकी भूगोल की किताब से एकदम अलग है।

उसने बिना दरस की ओर देखे कहा, "ये है हमारा अखंड नक्शा, जिसे हमें वापस ऐसा ही बनाना है।"

सारे बच्चे उस नक्शे को ध्यान से देख रहे थे। हालाँकि सब ध्यान से उस पोटली को देख रहे थे, जिसे चउबे ने पकड़ रखा था। उस पोटली में कई जादुई चीज़ें बंद थी। ऐसा एक बच्चे ने धीरे से दरस के कान में कहा।

चउबे को देखकर दरस ज़ोर से ठठाकर हँसना चाहता था। भूरे रंग का निक्कर और सफ़ेद कमीज़ पहने हुए वह किसी जोकर की तरह लग रहा था। जोकर सिर्फ इतिहास ही नहीं भूगोल के साथ भी मज़ाक कर रहा था। उसकी भाव भंगिमायें और हाथ हिलाकर बात करने की अदा

से साफ़ पता चल रहा था कि वह जिन बातों को कह रहा था, वह ख़ुद भी उन पर भरोसा नहीं करता था। उसकी सारी गंभीरता इसलिए भी हास्यास्पद लग रही थी क्योंकि वह बच्चों की स्कूल की किताबों से अलग ही बातें कर रहा था।

''उसे देखो ईसाई बनने चला था।'', चउबे अचानक दरस की ओर इशारा करते हुए बच्चों से कहने लगा।

''ईसाई क्या होता है?'', किसी बच्चे के सवाल पर चउबे झुंझला गया, फिर बच्चों के बीच अपनी वैधता बनाये रखने के लिए उसने अपने गाल पर हाथ फिराते हुए जवाब दिया, ''जो लोग चर्च जाते हैं और माँस खाते हैं और पैसा देकर हमारे लोग को भी ईसाई बनाते हैं।''

''लेकिन दरस चर्च नहीं जाता।'', बच्चे ने फिर से सवाल किया, जिसे चउबे ने अनसुना कर दिया और दरस की ओर मुखातिब होकर बोला, ''आओ तुम भी सामने खड़े हो जाओ। धरम की रक्षा के लिए सबको आगे आना होगा।''

दरस ने पास पहुँचते ही सवाल दागा, ''लेकिन आपके हाथ का नक्शा तो गलत है चचा?''

''क्यों?'', चउबे ने अपनी खीझ को दबा लिया।

''क्योंकि यह पूरब में वियतनाम और पश्चिम में ईरान तक फैला दिख रहा है।'', दरस की बात सुनकर सारे बच्चे हँसने लगे।

''इरादा नेक हो तो नक्शा भी बदल सकता है बच्चे।'', चउबे की आवाज़ तेज़ हो गयी। मानो वह समूची पृथ्वी को संबोधित कर रहा हो। उसके तेवर से लग रहा था कि उसके जूते की नोंक पर सभ्यतायें पलती मिटती हैं। जबकि उसके जूते की नोंक फट गयी थी, जिससे उसका बदबूदार जुराब झलक रहा था।

चउबे अपनी छाती पीटकर अपनी बातें कहने लगा, जिनके अर्थ, आशय और आवश्यकता पर विचार किये बिना सारे बच्चे शोर करने लगे। अपने ओजस विचारों से लथपथ चउबे जब अपने वक्तव्य के नशे से बाहर आया, तब उसने देखा कि सारे बच्चे उसकी पोटली की ओर कूद पड़े हैं। उसने सभा समाप्ति की घोषणा की और सब बच्चों को यह वायदा लेकर एक एक संतरा गोली दी कि कल सब को फिर आना है। सारे बच्चे संतरा गोली चूसते हुए मुहल्ले की ओर लौटने लगे। दरस भी उनके पीछे चलने लगा।

टैक्स बाबू के मकान के बाजू में बन रहे बंगले के पास दरस रूक गया और वह उसे ध्यान से देखने लगा। बंगले के सामने बड़ा सा बगीचा था, जिसमें कई तरह की फूलों की क्यारियाँ थी। उसके पीछे कार खड़ी करने का पोर्च था। उसके ठीक बगल में एक अलसेशियन कुत्ता बंधा था।

कुछ मजदूर बंगले की दीवारों पर पुताई कर रहे थे। बंगले के सामने बड़ा सा लोहे का दरवाज़ा लगा हुआ था, जिसकी फूलदार आकृतियों से अंदर झांका जा सकता था। उस लोहे के दरवाज़े की दीवार पर एक नेमप्लेट लगा था, 'मिसेज बेनगाली'। दरस आगे बढ़ गया।

दरस ने देखा कि घर के पास क्रिकेट खेलने वाले बच्चे मायूस खड़े हैं। उनका चेहरा किसी मसीहा के इंतज़ार में थमा हुआ सा दिख रहा था। ज़मीन पर सरकंडा से बना स्टम्प और लकड़ी का कामचलाऊ बैट रखा हुआ था। सब दरस को पास आता देखकर मुस्कुराने लगे। उन्हें लगा कि सही वक्त पर सही खेवनहार आ रहा है।

खेवनहार के पास आते ही एक बच्चे ने दरस से पूछा, "तुम भी जाते हो वहाँ!"

"आज पहली बार।", यह कहकर दरस ने अपने मुँह में बची संतरा गोली ज़मीन पर थूक दी। उसे अहसास हुआ कि धरम को बचाने और उसका गौरव वापस दिलाने की जो बातें उसके दिमाग में कौंध रही थी, वह संतरा गोली थूकते ही ग़ायब हो गयी। उसने अपने दिमाग में ठंडक महसूस की।

"तुम ही हमारा काम कर सकते हो।", बड़े लड़के ने दरस का कंधा पकड़ कर कहा। मानो वह उसे किसी बड़े मोर्चे पर भेजने के लिए तैयार कर रहा हो। दरस ने उस लड़के की ओर देखा, जिसके चेहरे पर मूँछ की आमद होने को दिख रही थी। वह अपने चेहरे के कमीनेपन के बावजूद मासूम दिख रहा था।

वह मिन्नत करते हुए रो देने की हद तक जा सकता था, क्योंकि फेंटा की वह टेनिस गेंद, जो सबके आर्थिक सहयोग से बारह रूपये में खरीदी गयी थी, वह गेंद टैक्स बाबू के मकान के पीछे चली गयी थी। उस गेंद को छक्का कहने की बजाय ननकू को आउट करार दिया था। ननकू बैट पकड़े हुए उन दोनों को बातें करते देख रहा था।

"ठीक है।", इतना कहकर दरस टैक्स बाबू के मकान के पीछे चला गया।

***

उसने पास के खरपतवार के बीच बने संकरे रास्ते का इस्तेमाल किया, जिस रास्ते से कामवाली बाईयाँ आना जाना करती थी। टैक्स बाबू के मकान के पीछे उनके निस्तारी जल की निकासी वाली नाली थी, जिसका गंदला पानी पास में फैल गया था। उस कीचड़ भरे स्वर्ग में सुअरों का दो कुनबा पसरा हुआ था। सुअरों के पिल्ले अपनी माताओं के थनों से चिपके पड़े थे। माता सुअरों ने दरस को उस ओर आते देखा, तो वे

थोड़ा सतर्क हो गयीं, जिससे उस कीचड़ में थोड़ी खदबदाहट हो गयी। थनों से चिपके सुअर के पिल्ले वहीं रह गये। माता सुअर की आक्रामक होने की आशंका को देखते हुए दरस ने पास पड़ा पत्थर का टुकड़ा उठा लिया, जिसे देखते ही सुअरों के दोनों कुनबे खरपतवार के और अंदर भाग गये।

इन्हीं सुअरों के चलते कोई बच्चा इधर नहीं आता था। क्योंकि जब एक बार तोतवा गेंद लेने आया था, तब माता सुअर ने उस पर हमला कर दिया था और उसकी पैंट को चबा लिया था। तोतवा चीखते चिल्लाते हुए खरपतवार से बाहर निकला। वह इतना डर गया था कि उसे पता ही नहीं चला कि पैंट सुअर के मुँह में ही रह गयी है और वह नंगा ही बाहर आ गया है।

उसे देखकर तब दरस ने कहा था, ''सुअरों के साथ भी तमीज़ से पेश आना होता है। उनके पिल्लों को 'च् च् च्' कहकर पुचकारना होता है।''

लेकिन उस वक्त तोतवा अपने नितम्ब पर आये खरोंच को देखकर और दहाड़ मार कर रोने लगा। वह रोते हुए नंगा ही अपने घर की ओर दौड़ पड़ा। तब बाकी बच्चे उसे नंगा भागता हुआ देखकर हँसने लगे।

ऐसी गलती दरस ने बिल्कुल भी नहीं की थी। कीचड़ में धंसे उन सुअरों को देखकर वह रूक गया था ताकि वह उनके रूख को भाँप सके। उसका अनुमान एकदम सही था। उसके पत्थर उठाते ही सारे सुअर और उनके पिल्ले भाग गये। उनके भाग जाने के बाद कीचड़ से तेज़ दुर्गंध आने लगी थी।

लेकिन वह गेंद लेने आया था। वह चुपके से टैक्स बाबू के पिछले दरवाज़े के पास गया और धीरे से उस दरवाज़े को धक्का देकर देखा। दरवाज़ा खुला हुआ था। वह दबे पाँव मकान के पीछे के आँगन में चला गया।

आँगन के बीच में तुलसी चौरा था, जिस पर बुझी हुई अगरबत्तियों की बची सींक मिट्टी में धंसी दिख रही थी। सामने वाले हॉल का दरवाज़ा अधखुला था। उस हॉल के दरवाज़े के ठीक बगल से सीढ़ी थी, जिससे ऊपर की मंज़िल में जाने का रास्ता था। टैक्स बाबू की छह लड़कियों का अलग अलग कमरा ऊपर ही था।

दरस ने ऊपर की मंज़िल की ओर देखा, जिसके बरामदे में रस्सी पर ढेर सारे कपड़े सूख रहे थे, जिन्हें वह देखने का आदी नहीं था। वहीं गैलरी में एक कतार में गमले रखे हुए थे, जिनकी पत्तियाँ नीचे से काली दिख रही थीं। मकान के पीछे की दीवार का रंग धीरे-धीरे उतर रहा था। मकान में अजीब सी चुप्पी थी।

आँगन के कोने में दीवार से लगकर दो स्नानगृह बने हुए थे। एक स्नानगृह का दरवाज़ा अंदर से बंद था, जिससे किसी के गुनगुनाने की एकदम हल्की आवाज़ आ रही थी। उस आवाज़ को बाल्टी पर गिरती पानी की धार काट रही थी। इसलिए दरस उन दोनों आवाज़ों को सुन नहीं पा रहा था। उसे लगा कोई धीरे-धीरे रो रहा है। उस विलाप में पीड़ा की चुभन मिली हुई सी लग रही थी।

उसने इस विचार से अपना ध्यान हटाने के लिए आँगन के गीलेपन में गेंद के टप्पे की छाप को देखा। गेंद के दो टप्पे के बाद उसकी छाप कहीं नहीं थी। वह अनुमान लगाने लगा कि आखिर गेंद टप्पा खा कर किस दिशा में गयी होगी।

अचानक बाल्टी पर गिरती पानी की धार की आवाज़ बंद हो गयी। अचानक अपनी पीड़ा को गुनगुनाने की आवाज़ बंद हो गयी। दरस ने देखा कि उस बंद दरवाज़े वाले स्नानगृह में सन्नाटा छा गया है, जिसके दरवाज़े पर कुछ कपड़े लटके हुए हैं, जिसे टावेल से ढँकने की अनमनी कोशिश की गयी है।

स्नानगृह का बंद दरवाज़ा खुलता देखकर दरस घबरा गया। घबराहट में वह भाग निकलने की बजाय पथरा गया। उसने देखा कि एक युवती उसे दरवाज़े की आड़ से अपनी ओर बुला रही है। उसके बुलाने की अदा में अपनापन था। लेकिन अपने पथराये पैर में आगे बढ़ने की ताकत न पाकर दरस और सहम गया।

उसे लगा कि अब युवती उसे चोरी करने का आरोप लगाकर पीटेगी। या फिर उसे पुलिस को सौंप देगी, जो कॉलर पकड़कर उसे घसीटते हुए थाने ले जाएगी। वह डर गया। डर ने उसे ताकतवर बना दिया। वह भागने में सफल हो ही जाता। लेकिन युवती ने उसे धीरे से कहा, ''डरो मत। तुम्हारी गेंद इधर है।''

दरस उस आवाज़ की मिठास पर बहक गया। उसने पलट कर देखा। युवती दरवाज़े की आड़ से झाँकते हुए उसे बुला रही थी। उसके बुलाने की धौंस में मासूमियत भी थी और धमक भी। उसकी गोरी गीली बाँह में काले रंग का धागा बंधा हुआ था। उसकी उंगलियों में तमाम रंग बिरंगे पत्थरों वाली उंगठियाँ थीं। दरस ने धीरे से पीछे के दरवाज़े में फँसा अपना आधा धड़ निकाला और वह पूरे धड़ के साथ उस स्नानगृह की ओर बढ़ने लगा, जहाँ उनकी बारह रूपये की टेनिस गेंद चली गयी थी।

दरस जैसे ही उस स्नानगृह के दरवाज़े के पास आया, उसे युवती ने अंदर खींच लिया। स्नानगृह में दुख और लक्स साबुन दोनों की मिलीजुली बू थी। अंदर के गीलेपन में युवती के खुले बदन की चमक से दरस की आँखें चुंधिया गयीं। वह देखकर भी युवती के खुले बदन को देख नहीं पा रहा था। उसे लगा कि वह देर तक उस युवती को इसी तरह देखता रहा, तो वह अंधा हो जाएगा। उसने अपनी नज़रें नीची कर पूछा, ''कहाँ है गेंद?''

दरस के सवाल पर युवती ज़ोर ज़ोर से हँसने लगी। उसकी इस बेखौफ हँसी से मकान की चुप्पी के चूरे बन गये। लेकिन दरस का ध्यान गेंद पर था। बाल्टी के पीछे, मग के अंदर, साबुन रखने के डिब्बे सब तरफ उसने नज़र मार ली। लेकिन उसे गेंद कहीं नज़र नहीं आयी।

''नहीं दिखी गेंद!'', युवती की चुनौती के सामने दरस का पुरूष जाग गया। उसने ध्यान से उसकी ओर देखा। उसने देखा कि गेंद युवती ने अपनी छाती के बीच में धँसा कर रख ली है। वह ध्यान से गेंद को देखने लगा। वह ध्यान से युवती की छाती को देखने लगा, जिससे माँस से भरे दो उज्ज्वल लालच लटक रहे थे।

दरस के अंदर प्राचीन काल से सोई हुई एक व्याकुलता जाग उठी। उसे महसूस हुआ कि वह काँप रहा है। उसे महसूस हुआ कि जो सरसराहट उसके अंदर दौड़ने को तैयार बैठी है, उसके लिए वह अभी तैयार नहीं है। उसने बड़ी मुश्किल से अपनी नज़र उसकी छाती के बीच में धंसी टेनिस गेंद पर स्थिर की।

वह पूरी विनम्रता और शालीनता से युवती की ओर झुका। युवती की देह से जवानी की तेज़ गंध आ रही थी। उसके काले लम्बे बालों की भीगी लटें पीठ पर उतर गयी थीं। उसकी आँखों में प्रतीक्षा की अजब सी चमक थी। लेकिन उन सब बातों से बेपरवाह दरस ने धीरे से अपने मतलब की गेंद निकाल ली और तेज़ी से दौड़ते हुए पीछे के दरवाज़े से बाहर चला गया।

अपने खेवनहार को बारह रूपये की गेंद लेकर आता देखकर सारे बच्चे नाचने लगे। बड़े लड़के ने गीली गेंद ले ली और उसे अपनी पैंट से पोंछने लगा। तोतवा और चिरपोटी स्तब्ध से दरस को देख रहे थे।

वे जानते थे कि खरपतवार के पास कीचड़ में सुअरों का हिंसक और आक्रामक कुनबा रहता है, जिससे बचकर निकल पाना आसान नहीं है। जबकि बड़ा लड़का जानता था कि टैक्स बाबू की सबसे बड़ी लड़की से बचकर गेंद ले आना कोई आसान काम नहीं है। लेकिन सब को गेंद वापस मिल जाने से मतलब था। सब गेंद के मिल जाने पर ख़ुश थे।

लेकिन दरस थोड़ा सहमा हुआ था। उसकी कंपकपी उसके अंदर मौजूद थी। उसके कपड़े गीले हो गये थे। उसका मन गीला हो गया था, जिसे सुखाने की प्रतिभा अभी उसके अंदर मौजूद नहीं थी। वह डर रहा था कि वह देर तक गीले कपड़े में रहा, तो उसे बुखार हो जाएगा। वह बिना क्रिकेट खेले ही घर लौट आया।

***

घर में कामवाली बाई रात का खाना पका रही थी। वह सीधे आँगन गया और अपने गीले कपड़े और गीला मन उतार कर दीवार की खूँटी पर टाँग दिया। उसने लोहे की आलमारी से निकाल कर सूखे कपड़े पहन लिये। अपनी कँपकपी दूर करने के लिए उसने कम्बल ओढ़ ली और खाट पर पसर गया। उसे नींद ने धीरे से दबोच लिया, जिसके भीतर वह फिर से गेंद लेने टैक्स बाबू के आँगन चला गया।

उसने देखा कि आँगन एकदम साफ़ और सूखा है। तुलसी चौरा की पुताई कर दी गयी है और आसपास की उग आयी घासों को भी साफ़ कर दिया गया है। मकान के अंदर की चुप्पी इस बार पहले से भी ज़्यादा ठोस और नम थी। मकान की पहली मंज़िल के बरामदे में कोई कपड़ा नहीं सूख रहा था। उस पर लगी लोहे की जाली पर एक परदा लगा दिया गया था। उसने आँगन में गेंद के टप्पे की छाप को ढूँढने की कोशिश की, लेकिन वह कहीं नहीं दिखी। वह चुपचाप इधर उधर देखता खड़ा रहा।

उसने देखा कि स्नानगृह का दरवाज़ा धीरे से खुला और अंदर से युवती ने उसे आवाज़ दी, ''इधर है गेंद आओ!''

उस युवती की आवाज़ सुनकर दरस के अंदर बैठी व्याकुलता की तितलियाँ उड़ने लगीं। सारी तितलियाँ किसी टहनी, किसी पत्ती, किसी फूल पर बैठने को मचलने लगीं। लेकिन देह की ज़द और उम्र की हद ने उन तितलियों के पंखों को अंदर ही झरा दिया।

''आओ दरस!'', इस बार युवती की आवाज़ से दरस भरोसे से भर गया। उसे यह जानकर आश्चर्य हो सकता था कि युवती को उसका नाम कैसे पता। लेकिन वह जानता था कि कस्बे के लोग उसके पिता खेसराहा के कारण उसे अच्छी तरह जानते हैं।

युवती की पुकार पर दरस के पाँव आगे बढ़ गये। स्नानगृह का दरवाज़ा हल्का सा खुला हुआ था। दरस गेंद लेने की गरज से अंदर घुस गया। अंदर दीवारों पर सफ़ेद रंग की टाइल लगी हुई थी, जिन पर गुलाबी रंग के फूल बने हुए थे। बाजू की दीवार पर एक आला बना था, जिसमें दो प्रकार के साबुन थे और एक शैम्पू की बोतल रखी हुई थी।

युवती लकड़ी के पीढ़े पर बैठी हुई अपने बदन पर मग से धीरे-धीरे पानी डाल रही थी। सामने लोहे की बाल्टी में गुनगुना पानी भरा हुआ था, जिसकी सतह से हल्की भाप उठ रही थी। युवती के बदन से भी उसी तरह की भाप उठ रही थी। उसने दरस का हाथ पकड़ कर अपनी ओर खींच लिया, ''इस तरह देखता क्या है। चल पीठ पर साबुन लगा।''

दरस उसकी कामना और पुकार को तोड़ना नहीं चाहता था। दरस अपनी कामना और पुकार को भी नहीं तोड़ना चाहता था। उसने पास रखा लक्स साबुन उठा लिया और अपनी नाज़ुक हथेली से उसकी पीठ

पर उस साबुन को इधर उधर फिराने लगा। उसने देखा कि युवती की पीठ पर उसके स्पर्श की महीन कोंपलें उभरने लगी हैं।

वह दरस की मुलायम उंगलियों के छू जाने पर सिहर जाने लगी है। इतनी पवित्र त्वचा और इच्छा की मालकिन को छूने की लालसा तनिक भी दरस के अंदर नहीं जागी। बल्कि वह सोच रहा था कि जल्दी से इसका नहाना हो जाये, तो वह अपनी गेंद लेकर बाहर भाग जाये, जहाँ उसके मित्र उसका इंतज़ार कर रहे हैं।

''थोड़ा और नीचे।'', युवती की आवाज़ पुकार से निवेदन में बदलने लगी। दरस उसकी इच्छा के बेजा आशयों को समझ कर भी समझ नहीं पा रहा था। वह सोचने लगा कि युवती अपनी बहनों से भी तो यह सहयोग ले सकती थी। वह सोचने लगा कि युवती दिन के इस वक्त ही स्नान क्यों करती हैं। वह सोचने लगा कि युवती स्नान करते हुए रोती क्यों है?

यह प्रश्न दरस के मुँह से निकल ही गया। दरस का सवाल सुनकर युवती सिसकने लगी, ''तुम पहले पुरूष हो जो मेरे विलाप को देख पाये!''

यह कहकर युवती ने दरस के हाथ से साबुन ले लिया और उसे बाहर जाने को कहा। उसने स्नानगृह का दरवाज़ा बंद कर लिया और देर तक स्नान करने के बाद वह बाहर आयी। उसने अपने जिस्म को सिर्फ टॉवेल से ढँका हुआ था। उसके गीले बाल फैले हुए थे। उसके पैरों की ठोस पिंडलियों से पानी की धार टपक रही थी।

''लेकिन मेरे पिता मेरा विलाप नहीं देख पाते।'', युवती ने दरस की ओर गेंद फेंकते हुए कहा।

“लेकिन रोने का कारण?”, दरस ने अपनी जिज्ञासा जाहिर की।

“वो तुम अभी नहीं समझोगे बच्चू।”, युवती ने गीले बालों को झटका दिया और अपने मकान के अंदर चली गयी। दरस ने ऊपर की मंज़िल की ओर देखा। युवती की पाँचों बहनें उसकी ओर ही ताक रही थी। दरस तेज़ कदमों से आँगन के पीछे के दरवाज़े से बाहर आ गया। बाहर आते ही उसने देखा कि वह अपने कमरे की खाट पर कम्बल ओढ़कर पड़ा हुआ है। उसका बदन बुखार से तप रहा है। वह करवट बदल कर सो गया। लेकिन नींद कहीं नहीं थी। नींद में भी नहीं।

***

तीन दिन बाद जब उसका बुखार उतरा, तब वह थोड़ा बेहतर महसूस करने लगा। उसने महसूस किया कि उसके मुँह में पैरासिटेमॉल का स्वाद बस गया है। बुखार की कड़ुवाहट जीभ की नोंक पर ठहर गयी है। खून की रगों और माँसपेशियों को आराम करने से ताज़गी मिल गयी है।

इन तीन दिनों वह स्कूल नहीं जा सका। इन तीनों दिनों वह खेलने नहीं जा सका। इन तीन दिनों वह चिरपोटी के साथ साइकिल यात्रा पर नहीं जा सका। इन तीन दिनों वह घर पर ही रहा।

इन तीनों दिनों में वह टैक्स बाबू की बड़ी लड़की के ख़याल से कभी नहीं उबर पाया। वह उसकी आँखों की थकी हुई पुतलियों के पीछे दुबके ठंडे सपनों के बारे में सोचता रहा। वह उसके अबोले दुखों और आशाओं में बारे में सोचता रहा। वह जानता था कि उसकी पीठ पर करवटों की काई पड़ी हुई थी, जिसे वह देर तक साबुन लगाकर धोने की कोशिश में असफल रहा था। यह बात वह युवती भी जानती थी। लेकिन वह दरस को देखकर फूट पड़ी थी। वह अपने ना ख़त्म होने वाली प्रतीक्षा से टूट पड़ी थी।

चौथे दिन जब दरस स्कूल से लौट कर घर के पास के मैदान में क्रिकेट खेलने के लिए पहुँचा, तब उसने देखा कि मैदान में कोई नहीं है। उसका पड़ोसी चउबे अपनी छत पर खड़ा उसकी ओर देखकर मुस्कुरा रहा है। दरस ने अपनी नज़रें घुमा लीं। वह अपनी हाफ पैंट की जेब में हाथ डालकर नयी गेंद के रोएँ को सहलाने लगा, जिसे उसने स्कूल से लौटते हुए सिंधी की दुकान से खरीदा था।

दरस ने तिरछी नज़रों से चउबे की छत की ओर देखा। चउबे वहाँ नहीं था। उसने गली के दोनों ओर देखा। उसने खरपतवार से निकलने वाली सँकरी गली की ओर देखा। उसने टैक्स बाबू के मकान के दरवाज़े की ओर देखा। कहीं कोई भी नहीं था। दरस ने अपनी जेब से नयी गेंद निकालकर टैक्स बाबू के मकान के पीछे उछाल दी।

वह दबे पाँव टैक्स बाबू के मकान के पीछे चला गया। वहाँ कीचड़ में कोई सुअर मौजूद नहीं था। खरपतवार की डंगालें सूख कर पीली हो गयी थीं। उसकी बारीक पत्तियाँ भूरी होकर अकड़ गयी थीं। हवा के सरसराने पर उन खरपतवारों से अजीब सी आवाज़ आती थी। दरस ने धीरे से पीछे का दरवाज़ा खोला। उसने देखा कि आँगन में कामवाली बाई बर्तन माँज रही है। बाई ने तिरछी नज़रों से उसे देखकर कहा, ''गेंद रज्जो ऊपर ले गयी है।''

दरस ने पहली मंज़िल की ओर नज़र उठायी। उसने देखा कि बरामदे में लगे परदे के पीछे से वह युवती नीचे देख रही है। उसने इशारे से दरस को ऊपर बुलाया। उसके बुलाने की अदा में मालिकाना हक सा कुछ था। दरस इन सब बातों की परवाह किये बिना सीढ़ियों से ऊपर पहुँच गया। उसने देखा कि बरामदे के दोनों बाजू तीन-तीन कमरे बने हुए हैं। उन के दरवाजों के पास फूलों के गमले रखे हुए हैं। बरामदे के आखिर में परदा लगा है, जिसके नीचे वही आँगन है, जहाँ कामवाली बाई घुटनों तक साड़ी चढ़ाकर बैठी बर्तन धो रही है।

“इधर आओ।”, रज्जो ने उसे लगभग पुचकारते हुए कहा।

युवती की इस पुचकार भरे निमंत्रण पर दरस गड़बड़ा गया। उसके कदम आगे बढ़ गये। दीवारों पर युवती के रोने की चुप गवाही चिपकी हुई थी। सभी कमरों का दरवाज़ा बंद था। सारी गिलहरियाँ अपने बाड़े में दुबकी हुई थीं। उस सन्नाटे में युवती की ‘हुस’ ‘हुस’ की फुसफुसाहट गूँज उठी। दरस उस फुसफुसाहट की ओर लपक पड़ा, जहाँ उसकी नयीं गेंद लिए रज्जो बुला रही थी।

कमरे में एक पुराना पलंग रखा हुआ था, जिस पर करीने से कपास का चादर बिछा हुआ था। दोनों तकिये पर कवर किसी दूसरे चादर का लगा हुआ था। पलंग पर रज्जो के बैठते ही वह थोड़ा सा हिल गया। वह झेंपते हुए दरस को देखने लगी। उसने गुस्से को अपनी आवाज़ में लपेट कर कहा, “मुझे सब पता है?”

दरस उसकी बात सुन न सका क्योंकि वह उस समय दीवार के कोने में रखी लोहे की पुरानी आलमारी की ओर देख रहा था। उस आलमारी के दरवाज़े पर कई देवी देवताओं की तस्वीर लगी हुई थी। उन सबके नीचे मंत्रों का स्टीकर लगा हुआ था। कमरे में अजवाइन की तीखी गंध मौजूद थी।

“यहाँ आने के लालच में ही तुमने यह नयी गेंद खरीदी है और इधर फेंक दी, जबकि मैदान पर तो कोई क्रिकेट नहीं खेल रहा है। सारे बच्चे तो अभी स्कूल गये हुए हैं। क्या मैं नहीं समझती यह सब।”, यह कहते हुए रज्जो पलंग से उठ खड़ी हुई और दरस के पास आकर उकड़ू बैठ गयी।

रज्जो के पास आते ही कमरे में पहले से ही मौजूद अजवाइन की ख़ुशबू घनघोर हो गयी। दरस के नथुने में उसकी ख़ुशबू भर गयी।

रज्जो की आँखों की थकान धुली हुई सी दिख रही थी। उसकी भौहों की भंगिमाओं से बेपरवाह दरस युवती के विलाप को टटोल रहा था, जिसे उसने अपनी छाती में दबा कर रख लिया था। वह दुखी औरत के स्वांग को अच्छे से समझता था। उसने यह पाठ सुगना की धुकधुकी से सीखा था। युवती का मन उसके वाक्यों का साथ नहीं दे रहा था। उसे इस तरह पुलिसिया सवाल करते देख दरस चुप रह गया।

''नहीं।'', दरस ने ठोस जवाब दिया। दरस की आवाज़ से कमरे में मौजूद धूल के कण खिड़की से अंदर आ रही रोशनी की धार में फड़फड़ाने लगे। रज्जो की आँखों के झरोखे से बाहर झाँककर देख रहा छोटा सा समुद्र वहीं अटक सा गया, जिसकी नमी उसके चेहरे पर साफ़ नज़र आने लगी। पीछे बरामदे में किसी के पदचाप और दरवाज़ा खुलने की आवाज़ आ रही थी, लेकिन उसने अपनी बात कहना जारी रखा, ''मैं तुम्हारी चुप्पी के लालच में आया हूँ।''

दरस की इस धौंस के सामने रज्जो बेबस सी हो गयी। वह अपने बालों के लटों को अपने कान के पीछे ले जाने लगी। वह अपनी छाती में छिपे ढेरों वाक्यों और उनके चीत्कार को ज़ोर से दबा कर बैठी रही। दरस ने उसके कंधे पर अपना हाथ फिराते हुए बहुत धीमे से कहा, ''अपने विलाप का अनुवाद उगल दो। मैं इस दुख के वमन को लेकर चुपचाप चला जाऊँगा।''

बच्चे के जवाब से रज्जो चौंक गयी, जो बहुत पास से दरस की त्वचा फोड़ती मूँछों के भूरे रोएँ को ध्यान से देख रही थी। वह बार बार अपने हाथ हवा में हिलाते हुए बात कर रहा था। उसके धौंसभरे अपनापे से रज्जो की आत्मा ढीली पड़ गयी। उसने सच में ध्यान से देखा। दरस चुप खड़ा था। उसने कुछ भी नहीं कहा था। उसने कुछ भी नहीं पूछा था। रज्जो को लगा कि वह ख़ुद अपने ही सवाल की अनुगूँज दरस के होठों से निकलने की कल्पना करते हुए बैठी है।

‘‘क्या कहा?’’, उसने अपना भ्रम तोड़ने की गरज से दरस से पुनः सवाल किया।

‘‘मैंने कहा, तुम उस दिन रो क्यों रही थी?’’, दरस ने बहुत धीरे से कहा ताकि उसकी बातों के नुकीले सिरों से रज्जो की दुख की शिराएँ खून फेंकना शुरू न कर दें। लेकिन रज्जो के अंदर खून ही नहीं था। वह ऊर्जा और ऊर्वरता दोनों की कमी से जूझ रही थी। उसके शरीर की धमनियों और शिराओं का रंग सफ़ेद सा हो गया था। वह दुख में दुबली होती जा रही थी। वह दुबली थी इसलिए दुखी होती जा रही थी।

दरस की चिंताओं और सजगता की ताप रज्जो तक पहुँच रही थी। वह किसी बच्चे के सामने ढह नहीं जाना चाहती थी। वह इस बार रोने की तबाही से बच जाना चाहती थी। वह दृढ़ थी। वह ज़मीन पर पसर गयी और दरस को अपने पास बिठा लिया और उसके कंधे पर हाथ रख कर कहा, ‘‘तुम्हारे पिता तो यूरिन एनालिसिस से सब कुछ बता देते हैं!’’

दरस ने सहमति में सिर हिला दिया। वह तो यह कहने ही वाला था कि बहुत कुछ तो वह ख़ुद ही बता सकता है, लेकिन वह बड़बोलेपन से बचना चाहता था। रज्जो अपनी साड़ी के पल्लू को कमर में लपेटने लगी। वह देर तक असमजंस भाव से दीवारों की ओर देखती रही।

‘‘डाक्टर कहते हैं कि मुझे एमेनोरिया है।’’, रज्जो ने किसी परिचित देव की ओर देखते हुए शिकायती लहजे में अपनी बात कही, जिसे दरस भी महसूस कर सका।

‘‘हाँ ज़रूर बता सकते हैं। बस नमूना देना होगा।’’, दरस ने उसकी बात काटते हुए कहा। वह देर तक दुख और पीड़ा के माहौल में रह नहीं पाता था। वह देर तक किसी भी गंध को बरदाश्त नहीं कर पाता था।

उसे अपना सिर भारी लगने लगा। वह उस कमरे से भाग जाना चाहता था। लेकिन वह भाग न सका। दरवाज़े पर रज्जो की चार बहनें खड़ी उनकी बातों को सुन रही थीं। उन्हें देखकर दरस सहम सा गया।

''ठीक है।'', यह कहते हुए रज्जो उठ खड़ी हुई। उसके पीछे पीछे दरस भी सीढ़ियों से नीचे उतर गया। रज्जो काँच की एक छोटी शीशी लेकर स्नानगृह में चली गयी। उसने दरवाज़ा अंदर से बंद कर लिया। तब तक कामवाली बाई बर्तन साफ़ कर पीछे के दरवाज़े से चली गयी थी। तब तक उसकी सारी बहनें पहली मंज़िल के बरामदे से नीचे आँगन की ओर ताक रही थीं। दरस दरवाज़े से थोड़ा दूर हो गया।

थोड़ी देर में रज्जो काँच की शीशी लेकर बाहर निकली। काँच की शीशी में हल्के पीले रंग का नमूना भरा हुआ था, जिसे लेकर दरस चुपचाप पीछे के दरवाज़े से बाहर निकल गया। वह उस शीशी को सम्हाल कर ले जा रहा था। उसे शीशी से अजवाइन की तेज़ गंध आ रही थी। उसने हथेली में रखी शीशी को अपने से दूर कर दिया। पीछे से आवाज़ आयी, ''अपनी गेंद भी तो लेते जाओ!'' दरस तेज़ कदमों से अपने घर की ओर चला गया।

खरपतवार के बीच से निकल कर जैसे ही वह गली में आया, उसने देखा कि छत पर खड़ा चउबे उसे देखकर मुस्कुरा रहा है। उसकी मुस्कुराहट में उलाहना और जिज्ञासा दोनों भाव मिला जुला था। पास पहुँचते ही उसने अपनी छत से ज़ोर से कहा, ''मजे हैं बच्चू!''

दरस चुपचाप अपने घर के अंदर चला गया। उसने देखा कि घर में खेसराहा गहरी नींद में सो रहा है। कामवाली बाई आँगन साफ़ कर रही है। वह रज्जो का मूत्र नमूना प्रयोगशाला में रखकर बाहर आ गया। बाहर आते ही उसके नथुने में भरी अजवाइन की गंध ग़ायब हो गयी।

***

बाहर कोई नहीं था। मुहल्ले के बच्चे स्कूल से लौटे नहीं थे। दरस पैदल ही मुख्य सड़क से होते घड़ी चौक पहुँच गया। चौक में स्थित मंदिर में फूल माला बेचने वाली लड़कियाँ खड़ी थीं। पास एक ठेले में एक अधेड़ नारियल और अगरबत्ती बेच रहा था। कुछ गायें थोड़ी दूर में ज़मीन पर बैठी जुगाली कर रही थीं। मिसरा होटल का चूल्हा आग की लपटें बाहर फेंक रहा था। हलवाई उसकी ओर देखकर मुस्कुराने लगा। दरस ने अपनी नज़र हटा ली और वह बामहनपारा जाने वाली गली की ओर बढ़ गया।

वह सुगना और अलबरत के मकान के सामने ठिठक कर खड़ा हो गया। उसने देखा कि दरवाज़े का रंग उड़ चुका है। उसकी कुंडी पर लगे ताले के आसपास मकड़ी का जाला बन गया है। वह उसकी बाजू वाली गली से पीछे चला गया। उसने देखा कि सुअर के चौदह पिल्ले उसे देखकर बिदक गये और पीछे गंदे नाले की ओर भागने लगे। वह भी उनके पीछे भागने लगा। नाले पर बने अस्थायी पुल से वह भी सफाई कर्मियों के मुहल्ले की ओर जाने लगा।

पुल के उस पार की दुनिया देखकर वह रूक गया। उसने उस मुहल्ले का दूर से ही मुआयना किया। चारों ओर बेतरतीब कच्चे मकान और झोपड़ियाँ थी। रास्ता भी कच्चा था, जिसके बीचोंबीच मुहल्ले का निस्तारी जल बह रहा था। रास्ते पर कीचड़ और कूड़ा का ढेर पड़ा था, जिससे किसी को कोई फर्क नहीं पड़ रहा था। सब उसे लाँघकर आगे बढ़ जा रहे थे।

कुछ झोपड़ियों के सामने टूटे खाट पर बूढ़े बैठे हुए बीड़ी पी रहे थे। खाँस रहे थे। थूक रहे थे। कुछ मुर्गियाँ रास्ते के बीचोंबीच बह रहे गंदे पानी में पूँछवाली सफ़ेद इल्लियों को चोंच मार कर खा रही थीं। कच्ची मिट्टी की दीवारों पर सरकंडे की छत बनाई गयी थी, जिसके ऊपर

प्लास्टिक की मोटी चादर बिछा दी गयी थी, ताकि अंदर बारिश का पानी न आ सके। उन प्लास्टिकों पर ईंट रख दी गयी थी, जो कई जगहों से फटी हुई दिख रही थी।

दूर औरतों का एक झुंड खड़ा हुआ था, जो ज़ोर ज़ोर से किसी अनजान भाषा में बातें कर रहा था, जिसे दरस न सुन पा रहा था और न ही समझ पा रहा था। औरतों ने मोटी कपास की साड़ियाँ पहनी थीं लेकिन वे घुटने तक ऊपर उठी हुई थीं। उनकी काली और सांवली पिंडलियों की नसें उभरी हुई दिख रही थीं। एक झोपड़ी के पीछे से धुआँ और भाप उठता दिख रहा था, जिससे महुआ की तीखी गंध आ रही थी।

सुअर के पिल्लों का झुंड एक बूढ़े की खाट के नीचे दुबक कर दरस की ओर देख रहा था, मानो उसे चुनौती दे रहा हो कि अब आगे बढ़कर दिखा बच्चू। बच्चू उन पिल्लों को देखकर उनकी ओर दौड़ पड़ा। सारे पिल्ले खाट के नीचे से निकल कर आगे गली में तेज़ी से भागने लगे। उनके पीछे दरस भी दौड़ने लगा। वह दौड़ते हुए एक झोपड़ी के पास रूक गया। उसने देखा कि दूर बामहनपारा के लड़के किसी औरत को एक झोपड़ी से निकाल कर ले जा रहे हैं। उस औरत का चेहरा उसकी सफ़ेद साड़ी से ढँका हुआ है और वह लड़खड़ाते हुए उन लड़कों का सहारा लेकर आगे बढ़े जा रही है।

उन सबको अपनी ओर आता देखकर दरस झोपड़ी की आड़ लेकर छिप गया। जब वे लोग पास से गुज़र गये, तब दरस बाहर आया। उसने देखा कि उस औरत के पैरों से खून की महीन धार बह रही है। उसकी धार उस रास्ते के बीचोंबीच बह रहे गंदले पानी में फैल गयी है। वह उन्हें ओझल होते तक देखता रहा। वह उनके ओझल होते तक, उनके बारे में सोचता रहा। उसे अचानक याद आया कि उसने बहुत पहले उन लड़कों

और उस सफ़ेद साड़ी वाली युवती को सँकरी गली में देखा था, जिसे चिरपोटी ने विधवा गली बताया था।

दरस ने महसूस किया कि कोई उसके पीछे आकर खड़ा हो गया है। उसने पलट कर देखा। पीछे एक काला लड़का हाफ पैंट पहने खड़ा है, जिसके गले में काले रंग का धागा बँधा हुआ है। उसकी ताबीज के कपड़े का रंग उड़ गया सा लग रहा था। उसकी ठुड्डी में चोट का निशान था, जिसे वह अपने हाथों से सहला रहा था।

''इधर कइसे।'', उसने दरस से सवाल किया। दरस चुप रहा।

''तू ही गिटार सीखता था ना उन चिरई लोग से।'', लड़के ने उपहास की मुद्रा बनाते हुए कहा। वह दरस से उम्र में बड़ा था और कद काठी में मजबूत। उसने अपनी काँख में दबोचे हुए सुअर के पिल्ले को ज़मीन पर उतार दिया। वह पिल्ला तेज़ी से पीछे भाग गया। यह देखकर दरस चकित रह गया। वह भी सुअर के पिल्लों को दबोचने का खेल खेलना चाहता था, लेकिन खेसराहा की चेतावनी के कारण वह ऐसा कर नहीं सका था।

''पिल्ला पकड़ेगा मेरे साथ।'', उसके आग्रह पर दरस ने हाँ कर दिया। दोनों उस पिल्ले के पीछे भाग गये।

अंधेरा होने के पहले ही दरस उस गंदे नाले पर बने अस्थायी पुल को पारकर अपने घर लौटने लगा। पीछे खड़ा काला लड़का और उसके साथी उसकी ओर देखकर चिल्ला रहे थे, ''कल फिर आना!''

लेकिन उनकी बातों को अनुसना कर दरस दौड़ते हुए घड़ी चौक आ गया। उसने पीले रंग की स्ट्रीट लाइट में ख़ुद को देखा। उसके कपड़ों पर कीचड़ लग गया था। उसके घुटनों तक कीचड़ लगा हुआ था। उसे ख़ुद

से गंदे नाले की बदबू आ रही थी। मक्खियों ने उसकी पिंडलियों को घेर लिया था। दूर बैठे कुत्ते उसे अचरज से देख रहे थे। उन कुत्तों को देखकर दरस सहम गया। मिसरा होटल में बैठा हलवाई ज़ोर से चीखा, ''अरे छोटू डाक्टर नइ बनना का!''

उसे कीचड़ में सना देखकर खेसराहा आगबबूला हो गया। लेकिन वह बिना माँ के बच्चे को दुखी नहीं करना चाहता था। उसने शालीनता से पूछा, ''कहाँ से आ रहे हो?''

दरस ने साफ़ बता दिया, ''गंदे नाले के उस पार से।''

खेसराहा ने अपनी मुट्ठी भींच ली। अपनी आँखें मूँद लीं और अपनी आवाज़ दबाते हुए कहा, ''सुअर पालोगे कि पैथोलॉजिस्ट बनोगे?''

दरस कहना चाहता था कि सुअर पालन का व्यवसाय करूँगा। लेकिन उसके मुँह से निकल गया, ''पैथोलॉजिस्ट।''

घर के बाहर एक बाल्टी पानी से दरस ने स्नान किया और अपना सारा गंदा कपड़ा वहीं छोड़ दिया। उसे नंगा नहाता देखकर छत पर खड़ा चउबे ज़ोर ज़ोर से हँसने लगा। उसकी हँसी से शाम के अंधियारे में उड़ने वाले पतिंगे धराशायी होकर ज़मीन पर गिरने लगे।

रात जब खेसराहा और दरस खाना खा रहे थे, तब दरस के मन में उस काले लड़के की बात कौंध रही थी। दरस ने खेसराहा से पूछा, ''क्या सुगना के पेट में बच्चा भी था?''

''हाँ।'', खेसराहा ने बस इतना कहा और हाथ धोने पीछे आँगन की ओर चला गया।

''तुम्हें किस ने बताया?'', खेसराहा ने पानी से कुल्ला करने के बाद पूछा।

''बस ऐसे ही।'', दरस अपने मुँह में बचे कौर को धीरे-धीरे चबाने लगा।

रात के भोजन के बाद दरस भी खेसराहा के साथ उस प्रयोगशाला में चला गया। उसने बड़े से टेबल पर रखी काँच की शीशी की ओर इशारा कर कहा, ''वो टैक्स बाबू की बड़ी बेटी का नमूना है।''

''तुम्हें किसने दिया?''

''उसी ने। आज घर बुलाया था मुझे।''

''ठीक है लेबलिंग कर दो। आती है ना!''

दरस ने सहमति में सिर हिला दिया और उस काँच की शीशी पर लेबलिंग करने लगा। शीशी पर काग़ज़ का पुर्जा चिपकाने के बाद दरस कुर्सी पर चुपचाप बैठ गया और खेसराहा की ओर देखने लगा, जो अपनी डिस्पेंसरी से लाये गये नमूनों का परीक्षण और आंकलन कर रहा था। कमरे में अजवाइन की गंध धीरे-धीरे फैल रही थी। दरस कमरे की दीवारों को देखने लगा, जिसके प्लास्टर कई जगह से उखड़ने लगे थे। दूर की दीवार पर एक प्रशस्तिपत्र टँगा हुआ था।

दरस उस दीवार के पास पहुँच गया और उस प्रशस्तिपत्र को पढ़ने के बाद खेसराहा से पूछा, ''ये उसी महिला विधायक का दिया हुआ प्रमाणपत्र है ना!'' खेसराहा ने परखनली की ओर देखते हुए कहा, ''हाँ।''

''आपने उसके मूत्र नमूने से कैसे पता लगा लिया था कि वह दो बार चुनाव जीत जाएगी?''

दरस के इस सवाल पर खेसराहा थम गया और उसकी ओर देखने लगा। कमरे में मौजूद पीले रंग की रोशनी में कंपन हो गयी। खामोशी

दोनों के बीच देर तक छायी रही। फिर खेसराहा ने धीरे से कहा, ''उस समय के सारे अखबारों में यही आंकलन छप रहा था ना!'' वह मुस्कुराते हुए परखनली को फिर से देखने लगा।

दरस प्रयोगशाला से बाहर आ गया। वह अपने कमरे में खाट पर जाकर लेट गया। वह टैक्स बाबू और उसकी बेटियों के बारे में सोचने लगा।

***

जब वह पहली बार सामने के दरवाज़े से अंदर गया था, तब उसने देखा कि बैठक कक्ष में सागौन की लकड़ी का बना बड़ा सा सुंदर सोफा रखा है, जिस पर गद्दा और गावतकिया रखा हुआ है। ज़मीन पर कश्मीरी कालीन बिछी हुई है। उस कालीन पर ईरानी डिजाइन की फूल पत्तियाँ बनी हुई हैं। दीवार पर भूसा भरा हुआ बाघ का सिर लटका है।

उस बैठक कमरे के ठीक बाद एक बड़ा कमरा था, जिसका दरवाज़ा हल्का सा खुला हुआ था। उसने झाँककर अंदर देखा, तब पीछे चल रही रज्जो ने उसे बताया कि भीतर पलंग पर लेटी उसकी माँ है, जो पिछले सात साल से बिस्तर पर अचेत पड़ी है। उसके कमर के नीचे का हिस्सा सीढ़ी से फिसलकर गिरने के कारण बेजान हो गया है। तब रज्जो की तीसरे नंबर की बहन सावतरी अपनी माँ को गोद में लेकर उसे गिलास से पानी पिला रही थी।

उस कमरे में पलंग के बाजू में एक पुराना कूलर रखा हुआ था, जो कि फिलहाल बंद था और उसे पुरानी चादर से ढक दिया गया था। उस कूलर के ऊपर दवाईयों की बोतलें और पीतल का लोटा रखा हुआ था। पलंग के सिरहाने पर एक टॉवेल लटका हुआ था, जिससे सावतरी बार बार अपनी माँ का मुँह पोंछ रही थी। बूढ़ी माँ का चेहरा पथराया हुआ

सा दिख रहा था, जिस पर कोई भाव नहीं था। उसकी झुर्रियों की धारियाँ गहरी हो गयी थीं। उसका एक हाथ छाती पर चिपक सा गया था, जिसे वह चाह कर भी नहीं हिला पा रही थी।

दरस उस कमरे से आगे बढ़ गया। आगे सीढ़ी थी, जिससे वह पहली मंज़िल पहुँच गया। सामने बड़ा सा बरामदा था। उस बरामदे के दोनों ओर कमरे थे। जो पहला कमरा दायीं ओर था, उससे किसी के बुदबुदाने की आवाज़ आ रही थी। दरस ने देखा कि कमरे में रज्जो की दूसरी बहन लमचोंचवी टेबल पर झुक कर कुछ पढ़ रही थी। पीछे की खिड़की तक नीचे से नीम पेड़ की डंगाल आ पहुँची थी, जिस पर चिड़िया के फुदकने की हरकत से वह अनजान अपने मन के फुदकने को रोके बैठी थी।

लमचोंचवी ने जब पीछे पलट कर देखा, तब वह दरस को देखकर मुस्कुराने लगी। उसके चेहरे पर साधक सा भाव दिख रहा था। वह किताब की ओर झुक कर उसे ध्यान से पढ़ रही थी और धीरे-धीरे वह झूम भी रही थी। उसके गोरे चेहरे पर बेहद लम्बी नाक थी, जो थोड़ी सी मुड़ी हुई सी दिख रही थी। नाक के ठीक नीचे दो स्ट्राबेरी की फाँकें रखी थीं, जिसे वह बीच बीच में अपने दाँतों से दबा ले रही थी। वह कुर्सी पर पालथी मारकर बैठी हुई थी। उसने दरस की ओर ज़्यादा ध्यान नहीं दिया।

दरस को उस दरवाज़े के बाहर खड़ा देखकर सबसे छोटी लड़की हओ दौड़ते हुए आयी और दरस का हाथ पकड़कर उसे अपने कमरे में ले गयी। हओ की नाज़ुक और गर्म हथेली में दरस की हथेली दबी हुई थी। वह उसे अपनी ओर खींच रही थी। वह उसकी ओर खिंचा जा रहा था।

हओ के माथे पर लगी बिंदी सरक कर उसकी भौंह के ऊपर टिक गयी थी। उसके हल्के भूरे बालों से कपूर की हल्की बू आ रही थी। उसने हरे रंग का फ्रॉक पहना हुआ था, जिसके नीचे के किनारे मुड़कर ऊपर की ओर पलट गये थे। टेरीकॉट का उसका फ्राक हवा में बीच बीच में उड़ जा रहा था, जिसे वह अपने दूसरे हाथ से नीचे दबा देती थी। उसने दरस को अपने कमरे के भीतर धकेलते हुए पूछा, ''खेलोगे मेरे साथ?''

हओ की आवाज़ दरस के कान पर आकर चिपक गयी। उसके उच्छ्वास की महक दरस के नथुने में भर गयी। उसने तिरछी नज़रों से देखा, हओ उसके कान के पास आकर फुसफुसाने लगी। वह उसकी फुसफुसाहट को समझ नहीं पाया। उसने पूछा, ''क्या?''

तब तक हओ ने अपने पलंग के नीचे से रसोई के सामान से भरा डिब्बा बाहर निकाल लिया, जिसमें कड़ाही, करछुल, थाली, कटोरी, चम्मच, चिमटा, तवा, गिलास, ढक्कन आदि तमाम रसोई के छोटे छोटे बर्तन रखे हुए थे। उसके बाद हओ ने दूसरा डिब्बा निकाला, जिसमें तीन गुड़िया रखी हुई थीं। उन गुड़ियों का चेहरा उसकी बहनों से मिलता जुलता दिख रहा था, क्योंकि उसने अपनी बहनों की तरह उन गुड़ियों को भी लाल रंग की बिंदी लगा दी थी।

हओ ज़मीन पर पसर कर बैठ गयी और दरस की ओर देखते हुए बोली, ''इन खिलौने के साथ!'' दरस को कुछ समझ नहीं आया। वह चुपचाप खड़ा वहाँ से भागने की फिराक में था। उसे रज्जो के चिल्लाने की आवाज़ आयी, ''अरे दरस तुम्हारे पिताजी आये हैं!'' दरस तेज़ी से सीढ़ियों से होता हुआ नीचे तल में आ गया, जहाँ बैठक कमरे में खेसराहा और टैक्स बाबू बैठकर बातें कर रहे थे।

दरस को देखकर खेसराहा उठ खड़ा हुआ। वे दोनों मकान से बाहर निकले थे कि पीछे से तेज़ कदमों से चलते हुए टैक्स बाबू भी बाहर आ

गया और उसने धीरे से कहा, ''रिपोर्ट आप मुझे ही देना। उसे बिल्कुल भी नहीं।''

''ठीक है।'', यह कहकर दोनों अपने घर की ओर जाने लगे। तब उन्होंने देखा कि चउबे अपने मकान के बाहर के चबूतरे पर बैठा हुआ है और दर्जनों लोग उसके पास खड़े हैं। दूर से उनकी आवाज़ अस्पष्ट सुनाई दे रही थी। वे जैसे जैसे उनके करीब पहुँचने लगे, वैसे वैसे ही उनकी आवाज़ और नीयत साफ़ होती गयी। लोगों के चेहरे का आवेग चढ़ उतर रहा था। उनके हाथों में अदृश्य हथियार थे, जिसे वे बीच बीच में लहराने लग जाते थे। वे अपनी जोश में हाँफने लगे थे। उनकी व्याकुल उपस्थिति से लग रहा था, मानो वे किसी ऐतिहासिक घोड़े पर सवार हों।

खेसराहा और दरस जैसे उनके पास पहुँचे, वैसे ही चउबे ने उनकी ओर देखकर कहा, ''डाक्टर साब भी अपना बेटा धरम के लिए सौंप देंगे, क्यों?'' उसने अपनी मुस्कान की धारदार कमीनेपन को छिपाने की बिल्कुल भी कोशिश नहीं की।

''तब इस देश के मूत्र का परीक्षण कौन करेगा?'', खेसराहा के सवाल पर पास खड़े लोगों के पैरों के नीचे से सारे ऐतिहासिक अदृश्य घोड़े निकल भागे। वे अपनी जाँघों को खुजाते खेसराहा को देख रहे थे। उनके चेहरे के भाव से लग रहा था कि वे सारे धर्मरक्षक सैनिक भी खेसराहा की इस चिंता से सहमत थे। एक सैनिक ने साफ़ साफ़ कह दिया, ''ठीक कहते हैं डाक साब।''

खेसराहा वहाँ से आगे बढ़ गया। दरस उन भाग गये अदृश्य घोड़ों और हथियारों को देख पाने की लालच में वहीं रूक गया। चउबे अपने साथियों से कहने लगा, ''मालूम है पिछली रात चर्च में दो ट्रक ब्रेड और एक ट्रक पाम आयल उतरा है। उन पर अमेरिका के राष्ट्रपति का फोटू लगा है।''

चउबे की बात सुनकर सारे साथी भौंचक होने का नाटक करने लगे। कुछ लोग दो ट्रक ब्रेड की कल्पना से चकित हो रहे थे, तो कुछ लोग अमेरिका के राष्ट्रपति का फोटू देखने की सदिच्छा से हैरान थे। वे उस फोटू को देखना चाहते थे, जिसके पास गेहूँ की करोड़ो टन बोरियाँ रखी थीं।

सबसे पीछे खड़े दो लोग बीड़ी निकाल कर सुलगाने लगे। कुछ लोग चउबे के साथ उस चबूतरे पर पसर गये। मानो वे इस कहानी की अगली कड़ी जानने के लिए बेताब हों। हालाँकि सब सात रूपये का सांस्कृतिक सहयोग पाने के लिए खड़े थे, जिससे महुआ की तीन बोतलें खरीदी जा सकें।

कस्बे का सबसे सच्चा और कच्चा महुआ गंदे नाले के उस पार मिलता था, जिसे रोगहा की झोपड़ी के पीछे अवैध तरीके से आसवित करके तैयार किया जाता था। रोगहा दिन के समय कस्बे की नगर पालिका में सफाई कर्मी का काम करता था और शाम के वक्त महुआ बेचा करता था। उसके हाथ का बना महुआ इतना टन्न और सटाक होता था कि पैसे की तंगी के चलते कस्बे के सभ्रांत शराबी भी कभी कभार उसके महुआ का सेवन करने को मजबूर हो जाते थे।

''ये लोग भी गजब हैं। एक पैकेट ब्रेड के बदले चर्च से बपत्जिमा करवा कर आ जाते हैं।'' चउबे की चिंता से धर्म रक्षक सहमत था, उसने सवाल किया, ''ये बपत्जिमा क्या होता है?''

''नहलाकर धरम बदल देना।''

''लेकिन सिर्फ ब्रेड के बदले धरम बदलना कुछ सस्ता नहीं है!'', बीड़ी का धुआँ मुँह के कोने से निकालते हुए युवक ने पूछा।

“सुना है एक ट्रक कम्बल भी आने वाला है!”, किसी ने कहा जिसे किसी ने भी नहीं सुना। सब चउबे की ओर ध्यान से देख रहे थे। अपने बदन से चिपका जनेऊ अपने हाथ से सहलाते हुए चउबे आकाश की ओर देख रहा था। आकाश में तारे कुछ मंद से लग रहे थे, क्योंकि पृथ्वी के इस भूखंड में कोई भी धरम भ्रष्ट के पाप को गंभीरता से नहीं ले रहा था। न जनता और न ही सरकार।

“ये गंदे नाले के उस पार वाले सब साले चर्च जाने लगे हैं। उनके घरों में ईसा मसीह की तस्वीरें लग चुकी हैं। उनकी छातियों पर क्रास की माला चिपक चुकी है। पादरी उन्हें बाइबिल छुआ कर धरम बदलवा रहा है। आखिर हमें भी तो कुछ करना होगा।”, चउबे का चेहरा तमतमा उठा था। उसके माथे का त्रिपुंड सूखकर चरमरा गया था। उसके मकान के भीतर पुरानी कार के नीचे सो रहा मरियल सा कुत्ता घबरा कर उठ गया और लोहे के दरवाज़े की फाँक से बाहर देखने लगा।

कुत्ता भी अपने मालिक के दुख से दुखी लग रहा था। उसकी पसलियाँ उभर आयी थीं। वह मटन के लालच में पालतू बना था, लेकिन पंडिताइन की ज़िद के चलते उसे सूखी रोटी और घर के बचे हुए बासी खाने में गुजारा करना पड़ रहा था। कुत्ता वापस अपनी जगह पर जाकर लेट गया।

कुत्ते के उस अंदाज़ से दरस घबरा गया। वह चुपचाप वहाँ से खिसक लिया। उसे देर तक कुत्ते के गुर्राने की आवाज़ आने लगी। वह तेज़ कदमों से अपने घर की ओर जाने लगा। उसने देखा कि घर के सामने की खरपतवार की मायावी दुनिया से एक जोड़ा बाहर निकल रहा है। पुरूष ने इधर उधर देखा फिर दोनों विपरीत दिशा में आगे बढ़ गये। महिला बार बार पीछे पलट कर देखती रही। दरस दरवाज़ा खोलकर घर के अंदर आ गया।

***

अंदर खेसराहा प्रयोगशाला में माइक्रोस्कोप में स्लाइड लगा कर देख रहा था। टेबल पर रखी काँच की शीशियाँ आलमारी की गुमनामी में चली गयी थीं। उसमें रज्जो के नमूने की भी शीशी थी, जिसे टोहने की कोशिश में दरस इधर उधर देख रहा था। उसने ध्यान से खेसराहा को देखा। वह माइक्रोस्कोप में लगी स्लाइड को देखकर चौंक गया। स्लाइड में खून की बूँद सहेज कर रखी हुई थी। उस रक्त की लालिमा बुझने को थी, इसलिए खेसराहा उसे गौर से देख रहा था।

खून में पुरखों की कत्थई लाली चमक रही थी। माइक्रोस्कोप के ज़रिये उस रक्त के नमूने में डूबी सारी स्मृतियों को खदबदाता हुआ देखकर खेसराहा मुस्कुराने लगा। मानो वह मनुष्य की पूरी वंशावली की श्रृंखला को देख पढ़ रहा हो। दरस की जिज्ञासा जाग उठी। वह पहली बार खेसराहा को रक्त नमूने का परीक्षण करते देख रहा था। खेसराहा ने स्लाइड निकाल कर उसे थोड़ा हिलाया और वापस माइक्रोस्कोप में लगा दिया। मानो वह किसी दुबकी हुई प्रजाति को जगा रहा हो।

खून और अस्तित्व का सवाल दरस के मन में कई दिनों से घुमड़ रहा था। वह रज्जो की बात याद कर रहा था। वह उसकी व्याधि को याद कर रहा था। वह उसके दुख को याद कर रहा था। दरअसल वह रक्त को याद कर रहा था। उसने धीरे से खेसराहा से पूछा, ''खून कितने प्रकार का होता है?''

खेसराहा अपनी डायरी में कुछ नोट कर रहा था। वह बीच बीच में उस पेन से अपने कान खुजाने लग जाता था। उसने पास की आलमारी से दो रसायनों की बोतल निकाली और फिर उसे परखनली में डालकर हिलाने लगा। दरस ने अपना सवाल दोहराया, ''खून कितने प्रकार का होता है?''

''हाँ हाँ सुन लिया मैंने।''

दरस उसकी साधना में खलल नहीं डालना चाहता था। खेसराहा कमरे की छत की ओर देखने लगा। मानो वह दूर अंतरिक्ष में किसी से कोई मदद माँग रहा हो। फिर वह परखनली को देखने लगा। फिर वह रजिस्टर में कुछ लिखकर दरस की ओर मुखातिब हुआ, ''खून दो प्रकार का होता है। अपना और पराया।'' यह कहकर वह मुस्कुराने लगा।

''लेकिन किताब में तो!'', दरस ने अनमने मन से कहा। लेकिन उसकी आवाज़ उसके मुँह से बाहर निकल नहीं पायी। वह चुपचाप बाहर जाना चाहता था। लेकिन खेसराहा की आवाज़ सुनकर वह रूक गया।

''उस लड़की की रिपोर्ट तैयार हो गयी है।''

''किसकी?

''अरे वो टैक्स बाबू की बड़ी लड़की की। क्या नाम है उसका रज्जो। हाँ वही रज्जो।''

''क्या हुआ है उसको?''

''नाम है रज्जो और रजोधर्म का संकट।'', खेसराहा ने स्लाइड उतार कर उसे एक डिब्बे में रख दिया।

''वो तो कुछ एमेनोरिया कह रही थी।''

''हाँ वही। एमेनोरिया। उसका मतलब ही है मासिक नहीं आना। अपने समय पर भी नहीं। सही उम्र पर भी नहीं।''

दरस समझने की कोशिश कर रहा था। उसकी समझने की

असफलता को देखते हुए खेसराहा ने कहा, '' सुअर के पिल्लों और दूसरे के दुखों को समझने के खेल से बाहर आओ। ठीक है।''

खेसराहा की हिदायतों से दूर दरस अपनी खाट पर लेटकर रज्जो के बारे में सोचने लगा। वह उसकी बहनों के बारे में सोचने लगा। लमचोंचवी, सावतरी, चंदैनी, लबरी और हओ उसकी सारी बहनें एकदम दुबली पतली थीं। सबकी देह देखकर लगता था कि उनमें रक्त की कमी है।

जब वह पहली बार हओ के साथ गुड़िया का खेल बेमन से खेल रहा था, तब उसने देखा कि हओ के शरीर पर त्वचा की एक पतली सी परत चढ़ी हुई है, जिसके नीचे हरे रंग की शिरोंओ और धमनियों का महीन सा जाल बिछा हुआ है। उसने हओ की हथेली को ध्यान से देखा एकदम सूखी और सफ़ेद हथेली। हओ ने दरस की ओर देखकर कहा, ''सुना है तुम डाक्टर बनने वाले हो!''

दरस उसकी उलाहना पर मुस्कुराने लगा। हओ ने अपना सवाल दोहराया, ''सच में बताओ ना तुम डाक्टर बनने वाले हो?''

''बनूँगा। अभी नहीं हूँ।''

''तो फिर उस दिन रज्जो दीदी का इलाज कैसे कर रहे थे?''

''इलाज नहीं था वो। उसे रोने में मदद कर रहा था।''

हओ उसके जवाब से रूष्ट हो गयी। उसने झटके से दरस की हथेली में दबा अपना हाथ छुड़ा लिया। उसने गोद में रखी अपनी गुड़िया पलंग पर फेंक दी और तेज़ कदमों से कमरे से बाहर चली गयी।

दरस दौड़कर बरामदे में उसके पीछे गया और उसे खींचते हुए कमरे में ले आया। तब लमचोंचवी अपने कमरे में पढ़ाई कर रही थी।

उसकी पीठ कमरे के दरवाज़े की ओर थी और वह खिड़की से आती रोशनी की ओर मुँह कर टेबल पर झुककर पढ़ रही थी। कमरे में इधर उधर पत्रिकाएँ और किताबें बिखरी हुई थी।

दरस ने हओ को लमचोंचवी के बगल वाले कमरे के अंदर धकेल दिया और दरवाज़ा बंद कर दिया। हओ उसकी इस हरकत पर मन ही मन ख़ुश हो गयी। वह चाहती ही थी कि दरस उस पर अपनी धौंस जमाये जैसा कि रज्जो दरस पर जमाया करती थी। वह चाहती थी कि यह रूठने मनाने का खेल दरस के साथ खेलती रहे। वह जानती थी कि दरस को किस तरह उकसाना है। उसे किस तरह मनाना है।

''देखो गुड़िया के सिर पर चोट लग गयी है।'', दरस ने उसकी पीठ सहलाते हुए कहा। हओ अपनी पीठ पर सिमट गयी। वह कम उम्र की बड़ी लड़की थी। वह मनुष्य के आदिम खेल को महसूस करने की दहलीज़ पार कर रही थी। वह पुरूष देह की ताप को अपनी त्वचा पर बटोर लेने की आकांक्षा में धँसने लगी थी। उसने दरस का हाथ अपनी पीठ पर दबोच लिया और धीरे से कहा, ''मेरा भी इलाज करो ना डाक्टर।''

हओ अपनी लालसा में काँपने लगी। वह दरस को इतने पास और कमरे के एकांत में देख कर व्यग्र हो गयी थी। उसे समझ नहीं आ रहा था कि क्यों वह इस तरह उसके सामने अपनी देह खोलकर पसर जाना चाहती है। वह यह भी नहीं समझ पा रही थी कि उसमें इलाज करवाने जैसी कोई बात थी भी या फिर वह अपनी देह की तात्कालिक मस्ती की गिरफ्त में पगला चुकी थी। उसने दरस को ज़ोर से पकड़ लिया।

दरस स्त्री देह और उसकी निकटता के अभिशाप को जानने समझने लगा था। वह यौवन के मोहपाश को समझने लगा था। वह भी अपने

स्वप्नों में कई बार मांस की झूठी गलियों में फिसल चुका था। लेकिन वह अभी स्वप्न में नहीं था। एकदम सच्चे प्रस्ताव के निकट। इतना निकट कि वह बिना लजाये और घबराये उसे छू सकता था। उसे सहला सकता था। उसे देर तक महसूस कर सकता था। वह अपनी कल्पना में कमीना होने की हद पर जाकर ठहर गया। उसने धीरे से कहा, ''मुझे नहीं आता।''

हओ अपनी छाती पर दरस की हथेली चिपका कर रोने लगी, ''नहीं तुम्हें आता है। तुमने दीदी का इलाज किया था उस स्नानगृह में। उसके बाद से वह ख़ुश रहने लगी है। मुझे भी ख़ुश रहना है।''

हओ रोते हुए पलंग पर पसर गयी। उसे देखकर दरस को तरस आ गया। उसे लगा कि वह प्रयोगशाला में किसी खरगोश की चीरफाड़ करने के लिए खड़ा है। खरगोश ख़ुद अपनी तबाही की गुहार लगा रही है। खरगोश की नाज़ुक सी देह की हड्डियाँ उभर गयी थीं। हओ की तेज़ साँस से मंत्रोच्चार सा आभास हो रहा था। वह रोते हुए सिसकने लगी थी। वह किसी स्पर्श के इंतज़ार में तड़पने लगी थी।

दरस पलंग पर उसके पास बैठ गया और धीरे से उसने हओ की कलाई को पकड़ लिया। उसकी रगों की धुकधुकी दरस की उंगलियों के पोर से उतरने लगी। उसने महसूस किया कि हओ की धमनियों में बहुत पुरानी पुकार की अनुगूँज फड़क रही है। उसकी कलाई दबोचे हुए दरस ने पूछा, ''मसला क्या है?''

हओ ने कोई जवाब नहीं दिया। उसने धीरे से अपनी फ्राक उतार दी। कमरे के कम उजाले में देह का अंधेरा घना हो गया। दरस ने उसके हृदय की गति को समझने के लिए अपना कान उस पर टिका दिया। वह देर तक उसकी धुकधुकी को सुनता रहा। फिर उसने कहा, ''यहाँ तो सब ठीक है।''

हओ ने उसका सिर अपने पेट की ओर धकेल दिया। उसकी पतली सी कमर के बीच में आँतों की हलचल कमज़ोर थी। दरस ने कहा, ''यहाँ भी सब ठीक है।''

हओ ने उसका सिर अपने पेट से और नीचे धकेल दिया। दरस का पन्द्रह वर्षीय संयम ध्वस्त होने लगा। वह अपनी बेचैनी और व्यग्रता को समझ नहीं पाया। उसने हओ की जाँघों के बीच से अपना सिर हटा लिया और दूर से खरगोश के सुनहरे बालों का मुआयना करने लगा। खरगोश चुप पड़ी रही। उसने भी धीरे से कहा, ''तकलीफ यहीं है।''

''कैसी तकलीफ?'', उन सुनहरे बालों से अपनी हथेली हटाते हुए दरस ने पूछा।

''वही एमेनोरिया!'', हओ की आवाज़ में भरोसा था। वह देर तक उसी तरह खुली पड़े रहना चाहती थी, लेकिन कभी भी कोई भी ऊपर आ सकता था इसलिए वह झट से उठ गयी। उसने तेज़ी से अपना फ्राक पहन लिया और कमरे का बंद दरवाज़ा खोलते हुए दरस से कहा, ''कल फिर आना डाक्टर साब।''

अपनी हथेली में उन सुनहरे बालों की ख़ुशबू लिये दरस चुपचाप लौट गया। वह धीरे-धीरे जानने लगा था कि हर देह की अलग गंध होती है। हर अंग की अलग गंध होती है। वह गंध की विभिन्नताओं और विशेषताओं को अपने नथुने में सम्हाल कर रखने लगा था।

वह उन सारे गंधों को याद करने लगा, जिनसे वह अब तक जूझ चुका था। लेकिन सुनहरे बालों की गंध से वह उन्मत हो चुका था। उसकी शिराओं और धमनियों में उत्पात मचा हुआ था। घर पहुँच वह आँगन में खुले नहाने लगा। तब घर में कोई नहीं था। सिर्फ वह था अपनी हथेलियों और जिस्म से खरगोश की गंध को उतारता हुआ।

***

लेकिन खून की गंध कस्बे में फैल रही थी। लोग सच से ज़्यादा अफवाह पर भरोसा करने लगे थे। उन्हें पूरा भरोसा था कि उनका धरम खतरे में आ रहा है। दूसरे धरम के लोग अपने धर्म का विस्तार कर रहे हैं। चउबे अलग अलग मुहल्ले की ठलहा बैठकों में लोगों को उकसाते रहता था कि अब तो मदरसा वाले भी शुरू हो गये हैं। वो लोग तो अपने घरों में असलहा भी इकट्ठा करने लगे हैं। चर्च वाले पैसे से ललचा रहे हैं। आखिर कब तक हम चुप रहेंगे। लेकिन सब चुप ही थे। क्योंकि खुफिया विभाग के लोग कस्बे में अपनी नज़र बनाये हुए थे।

ऐसी ही एक शाम चउबे की कोने वाली बैठक में दरस को बुलाया गया। वहाँ मुहल्ले के किशोर होते बच्चे और कुछ युवा लड़के भी मौजूद थे। चउबे की बात सुनकर उनकी मुट्ठियाँ भिंच गयी थीं, जो अंदर से खाली थीं। चउबे सबकी जिम्मेदारी तय कर चुका था। दरस के पास पहुँचते ही सब चुप हो गये। चउबे दरस को देखकर मुस्कुराने लगा और उसका कंधा पकड़ कर बोला, ''इस कंधे पर बहुत बड़ी जिम्मेदारी है।''

यह कहकर वह दरस के कान के पास झुका और अपना मुँह सटाकर फुसफुसाया। दरस की प्रतिक्रिया जाने बिना ही चउबे ने सभा समाप्ति की घोषणा की और बड़े लड़के को सात रूपये देकर कहा, ''जाओ ऐश करो।'' दरस के कान में चउबे की फुसफुसाहट के ओले देर तक गिरते रहे। वह देर तक स्तब्ध रहा। चउबे ने जो जिम्मेदारी चुपके से उसके कान में उतार दी थी उसकी तपिश से वह घबरा गया। भय और उबकाई ने उसे देर तक घेरे रखा।

दरस के कान में गंदे नाले के उस पार रहने वाले काले लड़के की आवाज़ गूँजने लगी, ''कल फिर आना।'' चउबे की दी हुई जिम्मेदारी में वह काला लड़का ही मदद कर सकता है, यह सोचकर दरस मुस्कुराने लगा। वह घर से जैसे ही बाहर निकला, उसने देखा कि चउबे की बेटी

बेनदरी अपने मकान की छत पर खड़ी होकर खरपतवार की ओर इशारे कर रही थी। खरपतवार की पत्तियाँ धूप से झुलस कर ज़मीन पर गिर गयी थीं और उनकी ठूँठ ही खड़ी रह गयी थी। उनके बीच में एक साइकिल के पास खड़ा लड़का बेनदरी को हाथ हिलाकर कुछ संकेत दे रहा था।

खरपतवार के बीच में खड़े सांवले लड़के ने टेनिस गेंद चउबे की छत की ओर उछाल दी, जिसे लपकने की कोशिश में बेनदरी छत पर लड़खड़ा गयी और नीचे गिरने से किसी तरह बच पायी। उसे देखकर सांवला लड़का घबरा गया और अपनी साइकिल छोड़ कर तेज़ी से बेनदरी की ओर लपका। चउबे के मकान में जंजीर से बंधे कुत्ते ने बेमन से अपनी आँखें खोलीं और फिर से बंद कर लीं।

कुत्ते को अनदेखा कर दरस आगे बढ़ गया। टैक्स बाबू के मकान के पास पहुँचते ही उसके कदम थम गये। उसका मन खरगोश के कमरे की ओर भागने लगा। उसे चउबे की जिम्मेदारी का भार अपने कंधे पर महसूस हो रहा था। वह चाहता तो इस जिम्मेदारी से इंकार भी कर सकता था, लेकिन न जाने क्यों वह ऐसा कर नहीं सका।

घड़ी चौक पहुँचकर उसने देखा कि मंदिर की सीढ़ियों पर कुछ कौव्वे फुदक रहे थे। मंदिर के गुम्बद पर कबूतरों का समूह बैठा था। कुछ रिक्शेवाले सवारी के इंतज़ार में बैठे बीड़ी पी रहे थे। पास के मकानों की दीवारों पर दोपहर की नारंगी रोशनी झर रही थी। दूर पेट्रोल पम्प पर एक ट्रक खड़ा था। उसके आगे सदर बाजार जाने का रास्ता था। उसके सामने से गुज़रते हुए दरस दाहिनी ओर की गली में मुड़ गया। फिर कोने से गंदे नाले की ओर जाने वाली बेहद सँकरी गली में चला गया।

सँकरी गली पहुँचते ही उसे गंदे नाले की बदबू आने लगी, जिसमें कुछ लड़के बह कर आने वाली प्लास्टिक की बोतलों और पन्नियों को

बटोर रहे थे। नाले पर बने पुल के बीच का सीमेंट उखड़ गया था, जिस पर बने सुराख से नीचे नाले में बहता काला पानी साफ़ नज़र आ रहा था। दरस पुल पारकर सफाईकर्मियों के मुहल्ले की ओर चला गया।

मुहल्ले की नामुराद गंध और गली के बीचोंबीच बहती बजबजाती नाली से बचते हुए वह उस काले लड़के को ढूँढने की कोशिश कर रहा था। गली के दोनों ओर एकदम पास पास बनी झोपड़ियाँ थी। उन झोपड़ियों की चौखट पर दरवाज़े की जगह बोरियाँ लटक रही थीं। आगे एक बच्चा बीच गली में बैठ कर मल उत्सर्जन कर रहा था, जिसके आसपास सुअर के पिल्ले मंडरा रहे थे। उन मंडराते पिल्लों को बच्चे की माँ डंडे से हुरस कर दूर भगा रही थी।

गू के लिए लालायित सुअर के पिल्लों को देखकर दरस को पहली बार घृणा का अहसास हुआ। इस घृणा और नफरत का आवेग उसकी रगो में फैलने लगा। उसके अंदर बदला लेने की तीव्र इच्छा जागृत हो गयी। वह किसी गुमनाम शत्रु को लेकर चौकस हो गया। उसे आक्रांताओं के अट्टाहास की एकदम प्राचीन आवाज़ सुनाई देने लगी।

पिल्लों की उधम से बचकर दरस एक झोपड़ी के पीछे से निकलने लगा। उसने देखा कि झोपड़ी की दीवार की मिट्टी कई जगहों से उखड़ गयी है, जिससे दीवारों के बीच की बाँस उसकी पसली की तरह दिख रही है। बाँस की पसलियों के बीच से किसी महिला के कुहरने की एकदम हल्की आवाज़ आ रही थी, जैसे कि कुहरने की वह आवाज़ कोई भ्रम हो।

दरस के पैर ठहर गये। वह स्त्रियों की भंगिमओं और संवेदना व्यक्त करने के तौर तरीकों के वाकिफ हो चुका था। उसने बाँस की पसलियों के बीच बन आये खामोश छिद्र से भीतर झाँककर देखा। अंदर

देखते ही उसकी रगों में बवंडर उठ खड़ा हुआ। खून के कतरे तेज़ी से बिखर गये।

वह अपनी साँस की उबाल को किसी तरह रोक पाया। उसकी आँखों के भीतर पड़ी पुरानी कल्पनाओं के पन्ने फड़फड़ाने लगे। दो नग्न देहों को एकदूसरे में गुँथा हुआ देखकर उसने अपनी नज़र उस छिद्र से हटा ली। वह तेज़ी से आगे बढ़ गया।

उस झोपड़ी के ठीक बाद रोगहा की झोपड़ी थी, जिसके पीछे खड़े लोग एक बड़े से चूल्हे पर महुआ की देशी शराब बनाने में मशगूल थे। इसलिए उन लोगों का ध्यान दरस की ओर नहीं आया। कुछ झोपड़ियाँ खाली पड़ी थीं, शायद उसके रहवासी रोजी करने बाहर गये थे। उन झोपड़ियों के खालीपन में कोई प्रतीक्षा नहीं थी। टूटे बर्तन, रस्सी पर लटके गंदे कपड़े और कोने में रखी पानी की मटकी के पास बैठी बिल्ली सब उदास से लग रहे थे।

दूर थोड़ी खाली जगह थी, जिसके किनारे एक पीपल का बड़ा सा पेड़ था। उस पेड़ के नीचे चबूतरे पर कुछ बच्चे बैठे थे और वे काले लड़के को एक बाड़े के अंदर इधर से उधर झपटते हुए देख रहे थे। दरस जैसे जैसे उस ओर आगे बढ़ने लगा, उसे सब कुछ साफ़ साफ़ दिखाई देने लगा।

उसने देखा कि पीपल पेड़ के नीचे लकड़ियों का घेरा बना हुआ है, जिसे लोहे की जाली से घेर दिया गया है ताकि उसके अंदर मौजूद सुअर और उनके पिल्ले बाहर भाग न पायें। काला लड़का तेज़ी से झपटा और लगभग लोटते हुए एक सुअर के पिल्ले को दबोच लिया। उसके दबोचते ही पास खड़े सारे बच्चे हर्ष और उल्लास में चिल्लाने लगे। लड़के की कुहनी छिल गयी थी। वह अपनी कुहनी से रिसते खून पर ज़मीन की मिट्टी चुपड़ने लगा।

दरस को देखकर उसने सुअर के पिल्ले को ज़मीन पर सम्हाल कर रख दिया मानो वह मिट्टी के नाज़ुक खिलौने को धर रहा हो। दरस उसे देखकर चुप रहा मानो वह किसी ग्लैडियेटर को विजय पदक ज़मीन पर रखते देख रहा हो। दोनों एक दूसरे को देखकर मुस्कुराने लगे।

तब ही पास खड़े एक बच्चे ने ज़ोर से चिल्लाया, ''अरे आगीमुता देख तेरा दोस्त आया है!'' बच्चे की इस सहानुभूति मिली आवाज़ से पीपल के पत्ते सरसराने लगे। सारे बच्चे दरस के पास आ गये। आगीमुता भी सुअर के बाड़े से बाहर आ गया। उसने मिट्टी सना अपना हाथ अपनी पैंट पर रगड़कर पोंछ लिया और गले में लटकी ताबीज को ठीक करते हुए दरस से बोला, ''इतने दिनों बाद आये।''

''हाँ बहुत ज़रूरी काम है तुमसे।''

''बोलो।'', आगीमुता उसके एकदम नज़दीक आ गया। सारे बच्चे दरस को देख रहे थे। वे दरस की उजली कमीज़ और पैंट को देखने लगे। वे दरस के बाटा की चप्पल को ध्यान से देखने लगे। वे दरस के सिर से आ रही बादाम तेल की ख़ुशबू में व्याकुल से होने लगे। उन्हें इस तरह ख़ुद को घूरता देखकर दरस उनसे थोड़ा दूर हो गया। आगीमुता भी उसके पीछे चला गया।

''मुझे सुअर के पिल्ले की मुंडी चाहिए।'', दरस ने लगभग फुसफुसाते हुए कहा।

''मिल तो जाएगा लेकिन पैसे लगेंगे।'' आगीमुता ने दूर तुरकारीपारा जाने वाली गली की ओर देखते हुए जवाब दिया।

''कितने?''

''अस्सी रूपये।''

‘‘ठीक है। लेकिन किसी से कहना नहीं।’’

‘‘क्यों?’’

‘‘चउबे ने मना किया है।’’

‘‘वो चउबे।’’, यह कहकर आगीमुता ज़ोर ज़ोर से हँसने लगा।

आगीमुता के ज़ोर ज़ोर से हँसने और उसके चीख पड़ने की संभावना को भाँपकर दरस तेज़ कदमों से उस मुहल्ले से आगे तुरकारीपारा की ओर बढ़ गया, जहाँ कस्बे के लोग जाने से घबराते थे। लेकिन दरस आगीमुता से घबरा गया था। वह डरने लगा कि कहीं वह अपने पिता रोगहा को न बता दे। वह डरने लगा कि कहीं खेसराहा को यह बात पता न चल जाये। वह डरने लगा कि कहीं चउबे की समिति के लड़के यह बात ख़ुद ही न फैला दें।

डर ने उसे बेखौफ कर दिया। उसने अपने बेखौफ इरादे के उन्माद में ख़ुद से कहा, ‘‘धरम के लिए तो इतना करना ही होगा।’’

***

तुरकारीपारा की गलियों में सारे मकान कच्चे थे। बस एक मकान ही पक्का दिख रहा था, जिसकी मुंडेर पर हरे रंग का झंडा हवा में लहरा रहा था। मकान की दीवार पर चाँद और सितारे की आकृति सीमेंट में उकेरी गयी थी, जिसे नीले रंग से पोता गया था। गली में इधर उधर बकरियों का झुंड टहल रहा था। कुछ मकानों से लोबान की ख़ुशबू आ रही थी।

आगे एक चबूतरे के पास बैठे लोग दरस को अचरज भरी निगाह से देख रहे थे। वह उनकी नज़रों की अनदेखी कर आगे बढ़ गया। उनके साथ बैठा बूढ़ा पास खड़े लड़कों को कुछ समझा रहा था। बूढ़े की सफ़ेद दाढ़ी लम्बी और सलीके से नीचे नुकीली की गयी लग रही थी। गाल

पिचकी हुई थी। सिर पर जालीदार टोपी पहने हुए वह किसी फकीर की तरह लग रहा था।

उनकी फुसफुसाहट और नज़रों की पकड़ से जब दरस दूर हो गया, तब उसने पीछे पलट कर देखा। पीछे सलवार कमीज़ पहनी लड़कियाँ उसे देखकर अपने दरवाज़े पर ठिठक गयी थीं।

उन लड़कियों को देखकर दरस रूक गया क्योंकि उसे स्त्रियों से डर नहीं लगता था। उसकी निडरता को देखकर लड़कियाँ भी निडर हो गयीं और वे दरस के पास आ गयीं।

''तुमको पहली बार इधर देखा है।'', पीले रंग की सलवार कमीज़ पहनी लड़की ने उससे कहा। लड़की के भूरे बाल सूरज की रोशनी में उसमें छिपी मेंहदी के रंग को और उजागर कर रहे थे। लड़की की आँखों में काजल का घेरा था, जिसे उसकी लालची निगाह बार बार तोड़ रही थी। दूसरी लड़कियाँ चुप खड़ी मुस्कुरा रही थीं।

''हाँ। पहली बार।'', दरस ने धीरे से कहा।

''तुम्हें पता नहीं कि इधर तुम्हारे लोग नहीं आते?''

''हाँ पता है। लेकिन मुझे काम है इसलिए इधर आया।'', दरस ने ठोक कर जवाब दिया।

''क्या काम?''

''लाल स्याही की दुकान किधर है?''

''उधर।'', लड़की ने गली के आगे की ओर इशारा करते हुए कहा, जिधर मस्जिद की मीनार की फुनगी दिख रही थी। दरस तेज़ी से आगे बढ़ गया।

उसने देखा कि मस्जिद के पास लोगों की भीड़ खड़ी है। अधिकांश ने सफ़ेद रंग की जालीदार टोपी पहन रखी है। मस्जिद का बड़ा सा तुर्की दरवाज़ा आधा खुला था, जिसके किवाड़ से चिपक कर लोग अंदर जा रहे थे। उस मस्जिद के गुम्बद पर बनी नक़्क़ाशी के उभारों पर धूल की परत जम गयी सी दिख रही थी।

दरस उस मस्जिद को देखकर सहम गया। दरस अपनी जिम्मेदारी के बोध से घबरा गया। उसके माथे पर पसीना आने लगा। मार्च महीने की हल्की तीखी धूप थोड़ी कमज़ोर हो चुकी थी फिर भी भय से वह सिहर उठा। उसने अनुमान लगाया कि चउबे ने जो जिम्मेदारी दी है उसका अंजाम कितना भयानक हो सकता है। वह पहली बार इतना डर गया कि उसे चक्कर आने सा हुआ। उसकी आँखों की पुतलियों में सूरज की तेज़ रोशनी उभरी फिर अंधेरा छा गया।

जब दरस ने आँखें खोली, तब उसने देखा कि लोगों की भीड़ उसे घेरे खड़ी है। लम्बी दाढ़ी वाले कई चेहरे उसे देह पर टंगे हुए से दिखे। उसने अपनी आँखें मिचमिचाईं। ''लगता है होश आ गया!'', किसी ने सब्र की साँस छोड़ते हुए कहा। दरस चौंक कर उठ बैठा। सफ़ेद दाढ़ी वाले बुज़ुर्ग ने धीरे से कहा, ''कैसे बेहोश हो गये थे बेटा?'' उस बुज़ुर्ग ने धीरे से दरस की पीठ सहलायी और पानी का गिलास उसकी ओर बढ़ा दिया।

''पता नहीं।'', दरस बस इतना ही कह सका।

''जाओ इसे साइकिल पर घर तक छोड़ आओ करीम।'', बुज़ुर्ग के आदेश पर करीम ने दरस को अपनी साइकिल पर बिठाया और तुरकारीपारा की सँकरी गलियों से होता हुआ दरस को उसके घर छोड़ आया। दरस जब करीम की साइकिल से उतरा, तब उसने चारों तरफ

देखा। कहीं कोई नहीं था। चउबे भी नहीं था। मुहल्ले के लड़के भी नहीं थे। वह तेज़ी से अपने मकान के अंदर चला गया।

जब वह करीम की साइकिल की कैरियर पर बैठकर अपने घर लौट रहा था, तब उसने देखा कि तुरकारीपारा के कच्चे मकानों के बाहर बच्चे खेल रहे थे। कुछ लोग बकरियों को दौड़ा रहे थे। बूढ़ी औरतें खाट पर बैठी कमीज़ पर रेशमी धागों से कसीदा कर रही थी। एक मकान के बाहर पुरानी जीप की मरम्मत करते हुए युवक दिखे। फिर सड़क पर आने से पहले उसने देखा कि खाट पर सेवईयां सुखायी गयी थीं। उसकी रखवाली करने के लिए बच्चे हाथ में डंडा लेकर खड़े थे।

गली जहाँ पर सड़क से मिलती थी, ठीक वहीं पर रंगरेज की पुरानी दुकान थी, जिसके सामने कई सारे रंग बिरंगे दुपट्टे हवा में सूखने के लिए रस्सी से लटके हुए थे। दुकान पर बैठा अधेड़ उसकी ओर देखकर मुस्कुराया भी था, जैसे वह दरस को पहले से जानता हो। उस दुकान की टेबल पर कई रंगों की बोतलें रखी हुई थी। दरस को लाल रंग की ज़रुरत थी। उसने करीम को साइकिल रोकने का इशारा किया।

साइकिल से उतरकर दरस ने इधर उधर देखा। एक पुरानी स्कूटर तेज़ी से उसके सामने से निकल गयी, जिस पर पाँच मैकेनिकनुमा किशोर सवार थे और वे ज़ोर ज़ोर से चिल्ला रहे थे। उन्हें देखकर करीम मुस्कुराने लगा था। दरस ने लाल रंग की स्याही छोटी प्लास्टिक की डिब्बी में ली और उसे अपनी जेब में रख लिया।

घर के अंदर पहुँचते ही दरस ने सबसे पहले अपनी पैंट की जेब में रखी लाल स्याही की छोटी डिब्बी को निकाला और उसे रोशनदान में छिपाने के लिए एक स्टूल लाया। स्टूल पर चढ़कर उसने किसी तरह स्याही की डिब्बी को वहाँ रखे बोरिक पावडर के पैकेट के पीछे छिपा

दिया और नीचे उतर आया। उसने देखा कि आँगन के कोने में एक टेनिस की गेंद पड़ी हुई है।

टेनिस गेंद उठाकर दरस ने उसका मुआयना किया। गेंद में बड़ा सा चीरा लगा हुआ था, जो ऐसा लग रहा था कि किसी ने जानबूझकर नयी गेंद को ब्लेड से फाड़ दिया हो। उसने उस गेंद को पिचका कर देखा। अंदर एक काग़ज़ का पुर्जा दिखा। दरस ने काग़ज़ का पुर्जा बाहर निकाल लिया और पढ़ने लगा। वह एकदम संक्षिप्त किस्म का हड़बड़ी में लिखा गया सूचनात्मक प्रेमपत्र था, जिसमें हटरी बाजार के चूड़ी दुकान में मिलने का आग्रह था और अंत में प्रेमी का साष्टांग सा नाम लिखा हुआ था-

''तुम्हारा जा...वेद''

दरस समझ गया कि यह गेंद चउबे की बेटी बेनदरी के लिए फेंकी गयी थी, लेकिन प्रेम के उन्माद और न पकड़े जाने की हड़बड़ाहट में वह गेंद उनके आँगन में टपक आयी थी। उस प्रेमपत्र में प्रेमिका से समय पर आने के आग्रह को पढ़कर दरस के मन में गुदगुदी छूट गयी। उसे याद आया कि हओ ने उसे अपने घर बुलाया था। उसने गेंद के भीतर वह प्रेमपत्र वापस डाल कर सुरक्षित रख दिया।

***

वह कई दिनों बाद हओ के पास जा रहा था। उसके अंदर प्रेमपत्र के अनुनय की अनुगूँज थी। वह उस प्रेमी के भाव से भरा हुआ था। अब वह डरकर या छिपकर नहीं चलता था। बल्कि भरोसे और हक के साथ टैक्स बाबू के मकान के सामने दरवाज़े से जाता था। वह जैसे ही टैक्स बाबू के मकान के पास पहुँचा, उसने देखा कि एक नयी सफ़ेद एम्बेसडर

कार से बंगाली साड़ी पहने एक गोरी महिला उतर रही है। महिला के लम्बे बाल खुले हुए हैं, जिन्हें हवा में लहराने से वह बार बार बचा रही है।

साड़ी की किनारी में रंग बिरंगे फूलों की महीन कशीदाकारी झिलमिला रही थी। उस महिला के त्वचा की चमक दूर तक आ रही थी। मोंगरा फूल की ख़ुशबू हवा की पीठ पर बैठ कर इधर उधर उड़ रही थी। कार के पीछे दरवाज़े से एक बड़ा सा जर्मन शेफर्ड कुत्ता उतरा, जिसने इधर उधर ताकना और स्थल का मुआयना करना भी ज़रूरी नहीं समझा। बस उसने लोहे के दरवाज़े पर दो बूंद मूत्र उत्सर्जन कर अपने इलाके का सीमांकन किया और बंगले के अंदर चला गया। उसके गले में बंधी जंज़ीर का एक सिरा नौकर के हाथ में था, जो उसके पीछे तेज़ी से अंदर चला गया।

महिला अपने पैर के पास सिमट गयी साड़ी को झुककर ठीक करने के बाद दरस की ओर मुड़ी। महिला ने अपने चौड़े माथे पर बड़ी सी लाल रंग की बिंदी लगायी थी। उसकी बड़ी बड़ी चमकदार आँखों में किसी प्राचीन भाषा में लिखी पुकार थी, जिसे दरस पढ़ न सका। आँखों की किताब पर लगी पलक की जिल्द सटासट बंद खुल रही थी। होंठ के पास एक नन्हा सा तिल किसी चुम्बन की प्रतीक्षा में सजग पड़ा हुआ था।

वह भी अपने नये बंगले के अंदर चली गयी, जिसके दरवाज़े पर लगे नेमप्लेट पर बड़े अक्षरों में लिखा था, ''मिसेज बेनगाली।''

यह सब इतनी तेज़ी से हुआ कि दरस सिर्फ दो बार ही अपनी पलकें झपका सका। वह भी टैक्स बाबू के मकान के अंदर दाखिल हुआ। अंदर बैठक कमरा खाली था, जिसकी दीवार पर टंगा भूसा भरा बाघ का सिर उसकी ओर गौर से देख रहा था। बाद के कमरे का दरवाज़ा बंद

था, जिसके पीछे टैक्स बाबू की पत्नी दर्द की चपेट में लथर गयी थी। उसमें इतनी ताकत भी न बची थी कि वह अपनी पीड़ा को कुहरने की आवाज़ दे सके।

दरस की ख़ुशबू उस मकान की सीढ़ियों से पहली मंज़िल के बरामदे तक पहुँच गयी, जहाँ बैठकर गमले पर मंडराती तितलियों को देख रही हओ का नथुना जाग उठा। उसने ज़ोर की साँस लेकर अपनी अनुभूति को पक्का किया। सच में बरामदे में दरस की गंध मौजूद थी। वह दौड़ते हुए सीढ़ी की ओर भागी। उसने देखा कि नीचे से दरस धीरे-धीरे सीढ़ी से ऊपर आ रहा है। वह वापस अपने कमरे की ओर भागी और चुपचाप अपने पलंग पर लेट गयी, जैसे उसने दरस को आते देखा ही नहीं है।

खरगोश को कमरे अंदर लेटा हुआ देखकर दरस मुस्कुराने लगा। हओ उससे अनजान बनी लेटी रही। दरस ने कमरे का दरवाज़ा बंद कर दिया। बाजू वाले कमरे में लमचोंचवी अपने अध्ययन में लगी हुई थी। उसके कमरे का दरवाज़ा बंद था। उसने अपने मन और अपनी देह का भी दरवाज़ा बंद कर लिया था। खामोशी उस बंद दरवाज़े की दरारों से रिसकर बाहर आ रही थी, जिसका हओ और दरस दोनों को पता नहीं था।

इतराने की अदा और रूठने की ख्वाहिश में डूबी हओ ने अपनी आँखें मूँद लीं। पैथोलॉजिस्ट बनने का ख्व़ाब पाले नन्हे से डाक्टर ने हाथ में एक काल्पनिक स्टेथेस्कोप लहराते हुए पेशेवर तरीके से पूछा, ''अब कैसी है तबियत?'' कमरे में उसकी फुसफुसाहट गूँज उठी। करवट बदल कर अपनी पीठ दरस की ओर करते हुए हओ ने जवाब दिया, ''इतने दिनों कहाँ थे डाक्टर, मरीज़ मर जाता तो!''

''ये मर्ज मरने का नहीं जीने का है।'', दरस ने हओ को पकड़कर अपनी ओर खींच लिया।

''देखो न तुम्हारी अनदेखी का बुखार चढ़ गया है मेरी त्वचा में।''

नन्हे डाक्टर ने अपना काल्पनिक स्टेथेस्कोप गर्दन में टाँग लिया और नखरे के बुखार में तप रही खरगोश की कलाई में उभरी हरे रंग की नब्ज को अपनी उंगलियों से दबा कर देखने लगा। फिर झूठे मरीज़ की छाती पर कान लगा कर उसकी धड़कनों की गणना करने लगा।

''स्टेथेस्कोप गर्दन पर टँगा है फिर भी कान लगाकर धड़कन टटोल रहे हो डाक्टर साब।''

''मैं एक जादुई काग़ज़ लाया हूँ आज। यदि टेस्ट सफल रहा तो तुम्हारी एमेनोरिया का पता चल जाएगा कि वह सच है या कि तुम्हारी बहन रज्जो की तरह एक वहम।''

दरस की इस भरोसेदार आवाज़ से कमरे में मौजूद खिलंदडेपन की नमी भाप बन कर ग़ायब हो गयी। हओ खड़ी हो गयी। तब तक दरस अपनी जेब से एक काग़ज़ की पट्टी निकाल चुका था। उस काग़ज़ की पट्टी का रंग हल्का जामुनी था, जिससे किसी अनजान रसायन की बहुत हल्की गंध आ रही थी।

मरीज़ अपने डाक्टर के सामने लेट गयी और अपने दोनों पैर फैला दिये। मरीज़ की देह की ताप को डाक्टर उसकी कामना में बदलने लगा। दरस हओ की जाँघों और पिंडलियों को सहलाने लगा। उसके सधे हुए स्पर्श और नियंत्रित दबाव से खरगोश मचलने लगी। उसकी देह की पवित्र दुर्गम स्थल के सुनहरे तार तन गये। दरस की उंगलियाँ हओ की देह पर इधर उधर टहलने लगीं।

देहों के सच्चे खेल और मर्ज के झूठे इरादे में पस्त हओ सिहरने लगी। डाक्टर ने हओ के सुख की दरार को अपनी उंगलियों से बढ़ाते हुए

अपने दूसरे हाथ से उसकी फेलोपियन ट्यूब तक जामुनी रंग की काग़ज़ की पट्टी उतार दी। फिर थोड़ी देर बाद उस जामुनी काग़ज़ की पट्टी को बाहर निकाल कर मरीज़ को दिखाते हुए उसने कहा, ''ये देखो जामुनी रंग का काग़ज़ लाल हो गया है, मतलब सब ठीक है।''

जामुनी काग़ज़ के लाल रंग में बदल जाने से हओ चौंक गयी। उसे भरोसा हो गया कि डाक्टर सच बोल रहा है। उसे बिल्कुल भी भरोसा नहीं था कि उसका मर्ज झूठा है। दरस ने योनि की गंध से सराबोर अपनी उंगलियों को पास रखे कपड़े से पोंछ लिया। जब उसने लाल रंग में बदल चुके ब्लू लिटमस पेपर को खिड़की से बाहर फेंकना चाहा, तब हओ ने उसे रोक दिया और उस लिटमस पेपर को अपनी किताब में छिपा कर रख लिया।

बरामदे में रज्जो की आवाज़ सुनकर दरस घबरा गया और उसने कमरे का दरवाज़ा खोल दिया। उसने देखा कि दरवाज़े के सामने रज्जो खड़ी थी। रज्जो को देखकर दरस सकपका गया। रज्जो ने सीधे ही पूछा, ''दरवाज़ा बंद कर कौन सा खेल खेल रहे थे?''

''अंधेरे से कैसे निपटें यह सिखा रहा था'', दरस किसी तरह यह वाक्य कह पाया। तब तक पीछे से हओ बाहर आ गयी और उसने बात सम्हालते हुए कहा, ''हाँ मैंने ही ज़ोर दिया था।''

''और मेरी रिपोर्ट का क्या हुआ? तुम्हारे पिता खेसराहा ने कुछ किया या नहीं।'', रज्जो ने बात बदल दी।

''शायद तैयार है।'', यह कहकर दरस सीढ़ी से नीचे उतर गया।

***

बहुत दिनों बाद वह चिरपोटी के साथ कस्बे की साइकिल यात्रा पर निकला था। घड़ी चौक से साइकिल इनसपेकटर मुहल्ला की गली में मुड़ गयी, जिसमें सारे मकान एकदूसरे से सटकर बने हुए थे। गली में बैलगाड़ी का कंकाल किनारे में पड़ा हुआ था, जिसके ढाँचे पर कुकुरमुत्ते उग आये थे। एक मकान का दरवाज़ा बहुत बड़ा था, जो अपने पीछे एक हवेली को छिपाये हुए था। उस हवेली में कभी संगीत की रौनक हुआ करती थी और कस्बे की उम्दा तवायफें अपना हुनर और जलवा बिखेरा करती थीं। लेकिन हवेली को सन्नाटे ने निगल लिया था।

उन पुराने मकानों वाली गली के आगे ठीक बीच सड़क में एक बड़ा सा पीपल का पेड़ था, जिसके नीचे एक काले पत्थर की प्रतिमा स्थापित थी, जिस पर सफ़ेद फूलों को अर्पित किया गया था और उसके पास ही एक पुराना नारियल पड़े हुए बूढ़ा हो गया था। पीपल पेड़ के बड़े से तने पर लोगों ने अपनी आस्था और मन्नत के लिए रंग बिरंगे धागे बाँध दिये थे, जिसे देखकर लगता था कि पेड़ की कमर को अकड़न से बचाने के लिए तमाम धागे बाँधे गये हैं।

पुलिस कप्तान के बंगले के पीछे से होते हुए दोनों, स्टेशन जाने वाली मुख्य सड़क पर आ गये। सड़क पर इक्का दुक्का लोग थे। सरकारी स्कूल के कोने में एक पान दुकान थी, जिसका मालिक खड़ूस सा था, जो पान के बाद अतिरिक्त चमन बहार माँगने पर हकलाने लग जाता था, ''अबे ककक्या चाचार आआने में लूलूट लोलोगे।''

रेलवे स्टेशन के सामने बड़ा सा मैदान था, जिसके एक ओर रिक्शा खड़ा करने की जगह थी। उसके दूसरी ओर साइकिल स्टैंड था, जिसके सामने मजमा लगा हुआ था। लोगों के हुजूम को देखकर दरस के अंदर बैठा उसका पुराना खब्त जाग उठा। वह चलती साइकिल से कूदकर

उतर गया और चिल्लाते हुए कहा, ''अबे चिरपोटी जल्दी आ। मजा आएगा।''

दरस लोगों के बीच से जगह बनाते हुए मजमे के एकदम भीतर चला गया, जहाँ एक मरियल सा आदमी बीच में बैठा था। उसकी कमीज़ पर पैबंद दिख रहे थे। उसने उकड़ू बैठे हुए अपनी लुंगी को पैरों के बीच समेट लिया था। उसके लम्बे बाल पीछे की ओर लटक गये थे, जिसे देखकर लग रहा था कि वह कई दिनों से नहाया नहीं है। उसके काले चेहरे पर उसके दाँतों की सफेदी उसके बोलने पर खिल जाती थी।

''तो कदरदान!'', यह कहकर उसने अपने हाथ में रखा डमरू ज़ोर से बजाया और अपने सामने रखी बड़ी सी पोटली से कई प्रकार की देशी दवाओं से भरी बोतलें बाहर निकालने लगा। फिर उसने एक बोरी फैला दी और उसमें नाना प्रकार की जड़ीबूटी और सूखी टहनी रखने लगा। बीड़ी का पैकेट उसके पैर के पास ही पड़ा हुआ था, जिसे उसने सम्मानपूर्वक अपनी कमीज़ की जेब में रख लिया।

''तो कदरदान, मेहरबान, शरमाने का नई, घबराने का नई।''

डमरू की लगातार आती आवाज़ के बीच वह अपनी बात दोहराने लगा, मानो वह मौजूद भीड़ के अंदर कोई जिज्ञासा जगा रहा हो। लोग उसके सामने फैली देशी दवाओं को ध्यान से देख रहे थे। कुछ रिक्शेवाले ज़मीन पर पसर कर बैठ गये थे। पास के गुजराती होटल के नौकर भी आ गये थे।

चिरपोटी भी दरस के पीछे खड़ा हो गया। उसने देखा कि भीड़ के बीच में बैठा डमरू बजाने वाला आदमी एक रंगीन किताब दिखाते हुए कह रहा है, ''जवानी का खेल हो जाये धोका, दवा लो देशी और मारो चौका।''

वह उस किताब को हवा में लहराने लगा। लोग उसके लहराते हुए हाथ को देखने लगे। फिर उसने अचानक उस किताब को पास ही रख दिया और अपनी नाटकीय शैली में चिल्लाने लगा, ''सब का इलाज है, जो मर्ज लाइलाज है।''

''ये जो लाल रंग की दवा है, इसको खाने से नसें मजबूत होती हैं, खून दौड़ता है, सोया शेर भी देर रात तक जागता है।''

दरस को लगा कि ये लाल रंग की दवा खरीद लेनी चाहिए क्योंकि चउबे कह रहा था कि हमारे लोग सोये हुए शेर हैं, जिन्हें जगाना बहुत ज़रूरी है। डमरू की आवाज़ से दरस का ख़याल टूट गया। उसने देखा कि उस आदमी ने अपनी पोटली में से दो चीज़ें बाहर निकाली। एक लकड़ी का बना हुआ था, दूसरा प्लास्टिक का लिजलिजा सा, जिसे देखकर पास बैठे रिक्शेवाले ज़ोर ज़ोर से हँसने लगे। ''खें खें खें नकली शिश्न।''

आदमी ने प्लास्टिक वाले को हाथ में लेकर हिलाया और बोला, ''यह कमज़ोर नसों के कारण पिलपिला सा है। ऐसे हथियार वाला आदमी क्या करेगा। बता रे तू।'' उसने एक युवक की ओर इशारा किया। वह युवक लजा गया और इधर उधर देखने लगा। फिर उस आदमी ने भूरे रंग की दवा की बोतल उठाकर दिखाया और कहा, ''इसे लगाने से हथियार ऐसा हो जाता है।'' फिर उसने लकड़ी वाले को हाथ में लेकर उठाया।

''एक सौ बीस रूपये की बोतल। आपके लिए स्पेशल नब्बे रूपये में।'', वह फिर से डमरू बजाने लगा।

''कोई चाहे तो चुपके से भी ले सकता है। वो सामने खैराती धर्मशाला में कमरा नंबर आठ मेरा दो दिन का ठिकाना। ये मौका मत

गंवाना।''

दरस ने ध्यान दिया कि इस बार न भीड़ ने उसे वहाँ से जाने के लिए कहा और न ही उस दवा बेचने वाले ने। वह ख़ुद ही भीड़ से बाहर आ गया। उसके पीछे चिरपोटी भी आ गया। दोनों रेलवे स्टेशन की इमारत को देखते खड़े रहे। पीछे से उस आदमी की आवाज़ लगातार आती रही, जो मर्द और औरत दोनों की यौन समस्याओं के लिए देशी दवाओं का दावा कर रहा था। उसकी आवाज़ को अनसुना कर दोनों रेलवे स्टेशन के बगल से पुरानी टाकीज जाने वाली सड़क की ओर चले गये।

चिरपोटी और दरस सदर बाजार के मुख्य सड़क से होते हुए कस्बे की पुरानी और छोटी हटरी के मुख्य दरवाज़े पर ठिठक गये। हटरी का दरवाज़ा किसी प्राचीन राज्य के मुख्य द्वार सा पत्थरों का बना हुआ था, जिसके अंदर एक बहुत सँकरी सुरंगनुमा गली थी, जिसके दोनों बाजू में कस्बे के कारीगर और दुरुस्तीवाले बैठे रहते थे। सबसे पहले बोरी बिछाकर एक छाता दुरस्त करने वाला आदमी बैठा था, वह बिना काम के चुपचाप बैठा था और आने जाने वालों की ओर उम्मीदभरी निगाहों से देख रहा था।

उसके ठीक बगल में नकली चाबी बनाने वाला कारीगर बैठा था, जिसके सामने दर्जनों पुराने ताले और उनकी नकली चाबियाँ बतौर सबूत पड़ी हुई थीं कि वह किसी भी प्रकार के ताले की नकली चाबी बनाने का हुनर रखता है। उसके ठीक सामने मोची की छोटी सी दुकान थी। उसने एक बड़े से बक्से में अपना सामान रखा था। वह जूते की कील ठोंकता हुआ दरस की ओर देख रहा था। दरस ने अपनी नज़रें फेर ली।

उसके आगे पसारा फैलाये बैठा एक आदमी उन्हें देखकर ज़ोर से चीखा, ''हरेक माल दो रूपये।'' उसकी चीख में निवेदन कम खीझ ज़्यादा थी। उसकी बोरी पर प्लास्टिक के घरेलू सामान बिखरे हुए थे,

जो खुले में पड़े रहने के कारण बदरंग हो गये थे। सुरंग के अंत में एक मनिहारी दुकान वाला आदमी सिंदूर, मेहंदी, बिंदी और नकली मोतियों की माला बेच रहा था।

हटरी के आसपास रहने वाले व्यापारियों के बिगड़ैल बच्चे देर रात सुरंग के खालीपन और अंधेरे में उतर जाते थे। कुछ लोग उसके एक कोने में समूह बनाकर शराब पीते तो कोई और समूह किसी दूसरे कोने में जमा होकर गाँजा पीता रहता था। फैशनपरस्त व्यस्क होते लड़के गाँजा के नशे में उन्मत होने का ढोंग करते और अपने दैनिक कामों से लौटते कारीगरों, मजदूरों, कर्मचारियों और दुकानदारों की एकढर्रा ज़िंदगी का मज़ाक उड़ाते।

उस सुरंग के बाहर दाहिनी ओर एक बड़ी सी लकड़ी की तख्त पड़ी रहती थी, जिस पर बैठ कर दिन में एक बूढ़ा बनिया अगरबत्ती और कपूर की गोलियाँ बेचा करता था। दोपहर बाद उस पर एक दूसरा अधेड़ चूहा मारने की दवा बेचता था। वह हमेशा बनियान और पायजामा पहने रहता था, जिसकी सफेदी पसीने से धूसर हो गयी थी। उस तख्त पर रात में पागल और भिखारी डेरा जमा लेते थे।

उस सुंरगनुमा गली से हटरी के अंदर जाने पर कुछ पानपत्ते बेचने वालों की दुकानें थीं। उसके ठीक आगे पान मसाला, तम्बाकू, जर्दा, जाफरानी, चमनबहार आदि चीज़ों की दुकान थी। उस दुकान से आगे सँकरी गली और सँकरी हो जाती थी, जिससे दो लोगों का आमने सामने से सीधा निकल पाना भी मुश्किल था।

उस गली में चूड़ी पहनाने वाले तुरकारियों की कई छोटी छोटी गुमटियाँ थीं। काली तुरकारी महिलाओं को देखकर लगता नहीं था कि वे तुर्क कौम की वंशज हों। बल्कि वे स्थानीय आदिवासियों की

संकर नस्लें ज़्यादा लगती थीं। उनकी काली त्वचा पर रंग बिरंगी चूड़ियों का रंग गुम हो जाता था इसलिए वे ख़ुद चूड़ियाँ पहनने से बचती थीं। लेकिन सलीके और बिना चोट पहुँचाये चूड़ी पहनाने की उनकी तकनीक के चलते कस्बे की अधिकांश महिलाएँ उनसे ही चूड़ियाँ पहनना पसंद करती थीं।

जब वे अपने मुँह में पान दबाये आपस में बातें करते हुए स्थानीय बोली और उर्दू की खनक मिलाकर तीखी गालियाँ देतीं, तब उनके मुस्लिम होने का पता चलता था।

उसके आगे अंडा बेचने वाले सिंधी की दुकान थी, जिसने अपना धंधा बदल कर बटन और बकरम बेचने की दुकान खोल ली थी और गली के सबसे अंत में एक बड़ी सुंदर सी मनिहारी की दुकान थी, जिसकी काँच से बनी आलमारियाँ और उनमें रखे महिला सौंदर्य के तमाम सामान बल्ब की रोशनी में जगमगा रहे थे। उस दुकान के सामने हताश लड़कियों और महत्वाकांक्षी महिलाओं की भीड़ थी।

दरस ने देखा कि उस मनिहारी दुकान के बाहर गली के कोने में खड़ी बेनदरी किसी लड़के से बात कर रही थी और सतर्कता बरतते हुए इधर उधर देख भी रही थी। उसकी पीठ पर लिपटा दुपट्टा लटक गया था और उस पर लगे सस्ते सितारे धूप में चमकने से इंकार कर रहे थे।

लड़के ने पुराना कुर्ता पायजामा पहन रखा था। उसके बदन की तीखी इत्र की ख़ुशबू दूर तक आ रही थी। लड़का बेनदरी के कंधे पर हाथ रखकर उससे धीरे-धीरे बातें कर रहा था और बीच बीच में इधर उधर भी देख ले रहा था। वह मनिहारी दुकान में बैठे अपने मालिक की ओर देखकर दीवार की आड़ लेने की कोशिश कर रहा था, लेकिन गली में इतनी कम जगह थी कि उस जगह को बेनदरी ने घेर लिया था।

फिर अचानक बेनदरी झट से पलटी और तेज़ कदमों से उस गली से आगे निकल गयी, जो सिटी कोतवाली की ओर जाती थी। उसके जाने की हड़बड़ाहट को दरस नहीं देख पाया क्योंकि वह उस समय उस लड़के को देख रहा था, जो दीवार की आड़ से निकल कर सामने आ गया था। उस लड़के को देखकर दरस को ध्यान आया कि उसने उसे कहीं देखा था।

तब तक दरस और चिरपोटी उस मनिहारी दुकान के एकदम पास पहुँच गये थे। उन्होंने ध्यान से सुना। लड़के ने सिंधी मालिक से चिरौरी की, ''नमाज़ पढ़ कर आता हूँ।''

वह बिना दरस और चिरपोटी की ओर देखे तेज़ी से दुकान से निकला और अपने पायजामे की जेब से जालीदार टोपी निकाल कर पहनने लगा। टोपी पहनने के बाद वह उसी तेज़ी से कस्बे की एकमात्र मस्जिद की ओर चला गया, जिधर से अजान की आवाज़ आ रही थी।

दरस ने चिरपोटी से साइकिल झपट ली, ''तू पैदल जा। मैं इस प्रेमी को देखकर आता हूँ।''

दरस साइकिल चलाते हुए स्टेशन पहुँच गया। उसे अच्छी तरह याद था कि उस कमअक्ल हकीम ने कहा था कि खैराती धर्मशाला कमरा नंबर आठ। धर्मशाला सड़क से थोड़ा अंदर था, जिसकी इमारत काफी पुरानी दिख रही थी। सामने की नाली का कूड़ा उफन कर बाहर गली में आ गया था। कुछ यात्री अपना सामान लेकर उस धर्मशाला से बाहर निकल रहे थे।

दरस ने साइकिल गली में खड़ी की और वह सीधे कमरा नंबर आठ में चला गया और थोड़ी ही देर में वापस आ गया। साइकिल से घर लौटते हुए उसने ध्यान रखा कि उसकी पैंट की जेब में रखा सामान

गिर न जाये। घड़ी चौक पर उसका इंतज़ार करते चिरपोटी ने अपनी साइकिल ली और बामहनपारा की ओर चला गया।

***

दरस मंदिर की सीढ़ी पर बैठ गया और दूर से ही मिसरा होटल की ओर देखने लगा, जहाँ कोई नहीं था। वह जैसे ही सफाईकर्मियों के मुहल्ले पहुँचा, उसने देखा कि दो महिलायें एक दूसरे के बाल पकड़ कर झूमाझटकी कर रही हैं। एकदूसरे को गालियाँ दे रही हैं। पास खड़े लोग उनका झगड़ा छुड़ाने की कोशिश कर रहे हैं।

वह उनसे बचते हुए आगे निकल गया। वह तुरकारीपारा की ओर जाने वाली गली के पास चला गया, जहाँ पिछली बार उसने आगीमुता से अपनी बात कही थी।

दरस को दूर से देखकर ही आगीमुता पहचान गया और उसकी ओर तेज़ी से आया। आगीमुता के सिर पर तेल चुपड़ा हुआ था। उसके सिर के एक एक बाल करीने से पीछे की ओर कंघी से रख दिये गये थे। उसके सफ़ेद बनियान से पसीने की बू आ रही थी। उसने पूछा, ''आज ही चाहिए क्या?''

उसके सवाल से दरस अचकचा गया, ''क्या?

''सुअर की मुंडी।'', आगीमुता ने उसे याद दिलाते हुए कहा।

दरस ने घबराते हुए जवाब दिया, 'हाँ।''

दोनों आगीमुता के घर के पीछे पहुँच गये। उसकी झोपड़ी के पीछे कच्ची मिट्टी का एक बड़ा सा दड़बा बना हुआ था, जिसके भीतर बंद सुअर के पिल्लों को उसने बाहर निकालने के लिए उस दड़बे पर लगा टिन का दरवाज़ा हटा दिया। दरवाज़ा खुलते ही सुअर के पिल्ले उससे

बाहर निकलने लगे। आगीमुता ने अपनी तेज़ और पारखी नज़रों से उन चौदह पिल्लों में से सबसे कमज़ोर पिल्ले को पहचाना और झपट्टे से उस पर टूट पड़ा। आगीमुता की ताकत और उसकी हथेली की मजबूत पकड़ से वह कमज़ोर पिल्ला ख़ुद को छुड़ाने के लिए ज़ोर ज़ोर से किंकिआने लगा। लेकिन वह सिर्फ फड़फड़ा कर रह गया।

अपनी हथेलियों की जकड़ में दबे हुए सुअर के पिल्ले को आगीमुता ने पैरों के बीच फँसाया। सुअर का पिल्ला ज़ोर ज़ोर से चिल्लाने लगा। यह चीख सुअरों की चीख से अलग थी। न मालूम कैसे वह पिल्ला आगीमुता के हाथों में चमक रहे चाकू की धार को पहचान गया था। पिल्ला उसके पैरों की दबोच में ज़ोर ज़ोर से फड़फड़ाने लगा, लेकिन बीस साल के युवक के पैरों की दबोच और उसकी ताकत के आगे वह हार गया।

पिल्ले के गर्दन पर चाकू के फिसलते ही खून का फौव्वारा फूट पड़ा। पिल्ले की मुंडी एक ओर लटक गयी, जिसे धड़ से अलग करने के लिए आगीमुता ने उस ओर नजाकत से चाकू चलाया। सुअर की मुंडी धड़ाम से ज़मीन पर गिर गयी। उसकी आँखें मुँद गयीं। पिल्ले का धड़ ज़मीन पर फड़फड़ाने लगा। वह इधर उधर उछलने लगा। उसकी गर्दन से ख़ून की धार लगातार बहने लगी। यह देखकर दरस को चक्कर सा आने लगा। वह झोपड़ी की दीवार का सहारा लेकर उकड़ू बैठ गया। उसे उबकाई आने लगी। उसकी आँखों के आगे अंधेरा छा गया।

जब उसकी आँखें खुली, तब उसने देखा कि आगीमुता मरे हुए सुअर की मुंडी हाथ में लेकर खड़ा है और उसका पिता रोगहा उसके कंधे सहलाते हुए कह रहा है, ''वाह। कितना सधा हुआ हाथ है तुम्हारा। आखिर सीख ही गये उस्ताद।'' फिर वह ज़ोर ज़ोर से हँसने लगा।

उनकी हँसी से सुअर के धड़ पर भिनभिना रही मक्खियों को कोई फर्क नहीं पड़ा। वे उसी तरह भिनभिनाती रहीं।

आगीमुता ने सुअर की मुंडी दरस की ओर बढ़ाते हुए कहा, ''ये लो।''

दरस सहम गया। उसने डरते हुए कहा, ''नहीं नहीं। अभी पैसे नहीं हैं मेरे पास।''

रोगहा ने बीच में टोकते हुए पूछा, ''किस लिए चाहिए ये मुंडी?''

''मुझे नहीं चउबे को चाहिए।'', दरस की साँसें तेज़ हो गयी। वह डर से काँपने लगा।

''उ साला चउबे को चाहिए दंगा करवाने के लिए।'', यह कहते हुए रोगहा चीखने लगा।

उसकी चीख सुनकर मुहल्ले के लोग अपनी झोपड़ियों से बाहर आ गये। महुआ के नशे में टुन्न रोगहा को यूँ ही बड़बड़ाते देखकर वे वापस लौट गये।

आगीमुता ज़ोर ज़ोर से हँसने लगा। उसकी हँसी से पीपल पेड़ के सूखे पत्ते झरने लगे। उसने सुअर की मुंडी को थैली में रख दिया। फिर उसके धड़ के पास बैठकर उसकी बोटियाँ बनाने लगा। दरस किसी तरह अपनी उबकाई रोक कर वहाँ से भागा। वह जैसे ही गंदे नाले के पुल पर पहुँचा, वैसे ही उसकी उबकाई उसकी आँत से बाहर आ गयी।

उसने देखा कि उसकी हथेली में मरे हुए पिल्ले का खून लगा हुआ है। उसने ज़मीन पर फैली मिट्टी पर अपनी हथेली रगड़ा और दौड़ते हुए बामहनपारा की गली में आ गया, जहाँ सरकारी नल का पानी बह रहा था। उसने अपने हाथ धोए। उसने अपना चेहरा धोया। उसने अपने पैर

धोये और खरपतवार की सँकरी पगडंडी की ओर चला गया ताकि कोई उसे इस हालत में देख न ले।

उसने खरपतवार की सँकरी गली से टैक्स बाबू के मकान की छत की ओर देखा, जहाँ बरामदे में खड़ी हओ उसे हाथ का इशारा कर बुला रही थी। दरस अपने घर लौट जाना चाहता था। लेकिन वह अपने घर लौट नहीं सका। वह टैक्स बाबू के मकान के पीछे दरवाज़े से अंदर चला गया, जहाँ आँगन में बैठी रज्जो अपने बालों पर शैम्पू लगा रही थी।

शैम्पू और रज्जो के उदास ख्वाबों का झाग आँगन में फैल गया था। बरामदे के ऊपर खड़ी हओ अपने कमरे इस भरोसे के साथ लौट गयी थी कि डाक्टर उसके पास ही आएगा। लेकिन डाक्टर को रज्जो ने रोक लिया, ''तुम्हारे पैंट की जेब में क्या रखा है?''

रज्जो के सवाल से दरस हिचक सा गया। वह ध्यान से रज्जो की ओर देखने लगा, जो शैम्पू के बाद टॉवेल से अपने बालों को पोंछ रही थी। दरस अपने अंदर रज्जो के सवाल का जवाब खोज रहा था। उसने कहा, ''आपके लिए दवा है देशी।''

दरस ने अपनी जेब से एक काँच की शीशी निकाली, जिसमें काई रंग की दवा थी, जिसे देखकर लग रहा था कि समुद्र की तलहटी में पायी जाने वाली शैवालों से उसे बनाया गया होगा। लेकिन दवाओं के बारे में अंदाज़ लगाने के रिवाज से दरस सहमत नहीं था। वह दवा के रंग और गंध के बारे में सोचने की बजाय उस कमअक्ल हकीम के बारे में सोचने लगा, जिसने दावे से कहा था, ''अंदर जाते ही तीन दिनों में असर शुरू हो जाएगा।''

तब दरस ने उससे पूछा था, ''किसके अंदर?''

दरस के सवाल पर खीझते हुए उस सड़कछाप हकीम ने गुस्से में जो कहा था, उसे वह रज्जो से कह नहीं पाया। उसने दवा की शीशी रज्जो को देते हुए कहा, ''जहाँ तकलीफ है, वहीं लगाना है इसे।''

''कितने की है ये दवा?'', रज्जो ने सीधे ही सवाल किया।

''नब्बे की है, लेकिन मैंने इसे सत्तर रूपये में खरीदा है।'', दरस ऊपर की मंज़िल पर बरामदे की ओर देखने लगा, जिस पर लगी लोहे की जाली के पीछे खड़ी हओ वहाँ नहीं थी। वह अपने कमरे में खाट पर लेटी उसका इंतज़ार कर रही थी। वहाँ आसपास इंतज़ार ही इंतज़ार फैला हुआ था। रज्जो की माँ मौत के इंतज़ार में थी। लमचोंचवी नौकरी पाने के इंतज़ार में थी। सावतरी अपने विवाह के इंतज़ार में थी। चंदैनी घर से भाग जाने के इंतज़ार में थी। लबरी किसी देह के इंतज़ार में थी। वह भी दरस के इंतज़ार में थी लेकिन दरस को इसका पता भी नहीं था।

वह तेज़ी से सीढ़ियाँ चढ़कर हओ के पास जाने के इंतज़ार में खड़ा रज्जो के सवालों का जवाब दे रहा था। रज्जो ने पूछा, ''उस दूसरी शीशी में क्या है?'' रज्जो के इस सवाल से दरस घबरा गया। उसने अपनी पैंट की जेब में रखी शीशी को लगभग छिपाने के अंदाज़ से सहमते हुए कहा, ''स्याही।''

अपने हाथ की दवा की शीशी को तब रज्जो ध्यान से देख रही थी, जिसके भीतर समुद्री शैवाल का रंग चमक रहा था। उसने बिना किसी संशय और भरोसे के उस शीशी को शैम्पू की शीशी के बगल में रख दिया। फिर उसने धीरे से पूछा, ''हओ से मिलने आया है ना?'' दरस ने सहमति में अपना सिर हिला दिया।

''ठीक है जा, लेकिन कोई गड़बड़ी मत करना।'' उसकी चेतावनी दरस के पीठ पर आकर बैठ गयी। वह धीरे-धीरे सीढ़ियाँ चढ़ने लगा।

उसके आने के उत्साह को नीचे आँगन में रज्जो ने मसल दिया था। सीढ़ी चढ़ते हुए वह कई सारी बातें सोच रहा था। वह हकीम के बारे में सोच रहा था। वह बेनदरी के बारे में सोच रहा था। वह आगीमुता के बारे में सोच रहा था। वह चउबे के बारे में सोच रहा था। वह सुअर की मुंडी के बारे में सोच रहा था। वह अपने पिता के बारे में सोच रहा था। वह तुरकारीपारा के बारे में सोच रहा था, जिसे दंगे में झोंक देने का षडयंत्र चउबे और उसकी युवावाहिनी ने रचा था।

यह सोचते ही उसके माथे पर पसीना आ गया। वह किसी तरह सीढ़ियाँ चढ़ पाया। वह किसी तरह बरामदे से होता हुआ हओ के कमरे तक पहुँचा। उसे लड़खड़ाता और पसीने से लथपथ देखकर हओ घबरा गयी। वह तेज़ी से दरस की ओर लपकी और उसे सहारा देकर कमरे के अंदर ले आयी। उसने दरस को आहिस्ता से खाट पर लिटा दिया। सेकेण्ड के लाखवें हिस्से वाली तेज़ झपकी से दरस गुज़र गया।

दरस ने जब आँखें खोलीं, तब उसने देखा कि उसके पास एक नन्हीं सी परी बैठी है, जो अपने हाथों से उसके बदन को सहला रही है। उसके स्पर्श के फाहे से दरस की त्वचा पर सरसराहट उगने लगी है। उसके होंठ वेदना की प्रत्याशा में काँप रहे हैं। परी के पतले पतले बाल हवा में लहरा रहे हैं। दरस को अहसास हुआ कि वह किसी भ्रमलोक में आ गया है।

उसने अपनी आँखें मिंचमिचाकर पुनः खोलीं। उसने देखा कि हओ उसके पास बैठी है। उसके भूरे बाल हवा में लहरा रहे हैं। उसकी छोटी छोटी आँखों में घबराहट तैर रही है। हओ उसकी छाती सहला रही है। दरस की पलकों के फड़फड़ाने को देखकर हओ ने धीरे से पूछा, ''क्या हो गया डाक्टर?''

दरस खाट पर उठ बैठा और उसने फुसफुसाते हुए जवाब दिया, ''कुछ नहीं, थोड़ी कमजोरी लग रही थी।''

‘‘कमजोरी या घबराहट?’’, हओ के सवाल से दरस सकपका गया। उसे लगा कि हओ ने उसे रंगेहाथों पकड़ लिया हो। उसे लगा कि हओ उसके बदन से आ रही बदबू और खून के अदृश्य धब्बों को देख पा रही हो। उसे लगा कि हओ ने जान लिया हो कि चउबे ने उसे सुअर की मुंडी लेने का जिम्मा दिया था। वह अपने इन अनुमानों से ठंडा गया। उसकी स्नायु सुन्न हो गयी। उसने धीरे से हओ का हाथ पकड़ा और कहा, ‘‘ आज तुम्हारी बीमारी ठीक हो जाएगी।’’

इंतज़ार और उत्तेजना से पीड़ित हओ चहकने लगी। उसने फुदकते हुए कमरे का दरवाज़ा बंद कर दिया। कमरे में खिड़की की रोशनी आ रही थी। उस रोशनी में हओ का चेहरा चमचमा रहा था, जैसे वह इस क्षण के लिए कब से व्याकुल और अधीर बैठी थी। प्रतीक्षा और पुरूष स्पर्श की चाहत से लबालब हओ खाट पर पसर गयी।

डाक्टर ने मरीज़ के दोनों पैरों को फैला दिया। मरीज़ ने अपना फ्राक उठा लिया ताकि डाक्टर तकलीफ के मुहाने का अच्छे से मुआयना कर ले। दूर से किसी जुलूस की हल्की आवाज़ आ रही थी, जिस पर दोनों ने ध्यान नहीं दिया।

हओ को बाहर की कोई भी आवाज़ सुनाई नहीं दे रही थी। उसे अपनी ही धड़कनों की आवाज़ गूँजती हुई लग रही थी। उसे लग रहा था कि वह किसी मुलायम बुखार की गिरफ्त में आ गयी है। उसे लग रहा था कि उसके पैरों, पिंडलियों और जाँघों की त्वचा पर सरसराहट हो रही है। उसे लग रहा था कि उसके अंदर मौजूद गर्म तेजाब म्यूकस और मृत कोशिका बनकर बाहर फूट पड़ने को बेताब है।

दरस ने उस झूठे मरीज़ का मुआयना करते हुए अपनी जेब में छिपाकर रखी छोटी शीशी निकाली और उसे खाट के नीचे रख दिया।

दरस ने उस शीशी का ढक्कन खोल दिया। ढक्कन खोलते ही लाल स्याही की बेनाम बू फैल गयी, जिसे वे दोनों महसूस न कर सके। दरस उस लाल स्याही को हओ के जाँघों के बीच फैलाकर उसे इस भरोसे में लाना चाहता था कि उसे कोई बीमारी नहीं है। हओ को एमेनोरिया नहीं है। सब ठीक है। उसे अपनी तरकीब पर पूरा भरोसा था।

उसने हओ की देह का ढक्कन खोल दिया। दरस ने लाल रंग की स्याही अपने हाथों में उड़ेल ली और उसे वह हओ की देह के खुले हुए ढक्कन में डालने ही वाला था कि उसने देखा हओ की एमेनोरिया की जगह से खून और म्यूकस की पतली धार निकल रही है।

उसकी गंध से डाक्टर का नथुना झन्ना गया। उसकी बदबू से उसे कटे हुए सुअर की मुंडी की गंध याद आ गयी। उसे उबकाई आने वाली थी। वह हड़बड़ा गया, जिससे उसके हाथों की लाल रंग की स्याही ज़मीन पर फैल गयी। उसने स्याही रंगे अपने हाथ को घबरा कर अपनी कमीज़ में पोंछ लिया। वह घबरा कर उठ खड़ा हुआ और उसने हओ को अपनी लाल हथेली दिखाते हुए कहा, ''ये देखो तुम्हें नहीं है एमेनोरिया।''

दरस की बात पर हओ मुस्कुराने लगी, जैसे उसे पहले से ही पता हो कि उसे एमेनोरिया नहीं है। लेकिन उसे कुछ पता नहीं था। उसने झुककर अपनी जाँघों की ओर देखा और डर कर चीख पड़ी, ''ओ माँ खून। ये क्या कर दिया तुमने?'' दरस डर गया। दरस ने उसे दिलासा देते हुए कहा, ''मैंने कुछ नहीं किया, ये तुम्हारी देह ने किया है।''

हओ ने झट से अपना फ्राक नीचे किया और अपने हाथों में लग गये म्यूकस की धार को पास पड़े पुराने कपड़े से पोंछ लिया। उसने दरस के हाथों को देखकर कहा, ''लेकिन तुम्हारे हाथों में ये खून!''

‘‘ये लाल स्याही है।’’, दरस ने अपना हाथ छिपाते हुए कहा।

‘‘क्या हुआ हओ क्यों चीख रही हो?’’, रज्जो की आवाज़ सुनकर दरस सतर्क हो गया। वह रज्जो की चेतावनी और ढेर सारे सवालों की संभावना से बचने के लिए तेज़ी से सीढ़ी की ओर लपका। पीछे अपने रजोधर्म के आगमन पर हतप्रभ हओ छूट गयी।

***

दरस तेज़ी से टैक्स बाबू के मकान के पीछे के दरवाज़े से बाहर आ गया। बाहर खरपतवार के बीच फैले कीचड़ में सुअर और उनके पिल्ले दोपहर की नींद ले रहे थे। धूप से कीचड़ की बदबू दूर तक आ रही थी। दूर से जुलूस की आवाज़ साफ़ आ रही थी, जिसमें नफरत और घृणा का तीखापन महसूस किया जा सकता था।

खरपतवार की सँकरी गली से जब वह निकल कर बाहर आया, तब उसने देखा कि चउबे अपनी छत पर खड़ा है और उसकी ओर देखकर मुस्कुरा रहा है। दरस के पास पहुँचते ही चउबे ने अपनी छत से चीख कर पूछा, ‘‘ले आये क्या मुंडी?’’ दरस घबरा गया और वह बिना उसकी बात का जवाब दिये तेज़ी से अपने घर की ओर दौड़ पड़ा।

उसे महसूस हुआ कि उसके बदन से खून और मरे हुए सुअर की बदबू आ रही है। वह ख़ुद को एक मरा हुआ सुअर महसूस कर रहा था। उसने अपने हाथों को ध्यान से देखा। सच में उन हाथों में खून, सुअर की मुंडी और हओ के जाँघों की मिलीजुली बदबू थी। उसकी उबकाई तेज़ हो गयी। उसने अपनी हथेली अपने नाक से दूर कर ली और घर के अंदर चला गया।

घर के अंदर कामवाली बाई रात का भोजन बना रही थी। प्रयोगशाला का दरवाज़ा बंद था। खेसराहा अपनी डिस्पेंसरी गया हुआ था।

दरस बरामदे से होता हुआ सीधे आँगन आ गया। पहले उसने स्याही लगी अपनी कमीज़ को उतार कर फेंक दिया। फिर वाश बेसिन में साबुन से अपना हाथ धोया। फिर उसने अपना चेहरा धोया। बेसिन में उसके चेहरे का भय उतर कर झाग में बदल गया।

फिर वह सीधे अपने कमरे गया और खाट पर जाकर लेट गया। उसके मस्तिष्क में कई बातें आने जाने लगीं। उसे सुगना के खिलखिलाने की आवाज़ आने लगी। उसे जुलूस में चिल्लाते नफरती नारों की आवाज़ सुनाई देने लगी। उसे लमचोंचवी के ज़ोर ज़ोर से पढ़ने की आवाज़ आने लगी। उसे खेसराहा के चीखने की आवाज़ आने लगी।

खाट पर पड़े हुए उसे लगा कि कोई उसे अपने पैरों के बीच दबाकर रखे हुए है और उसका पूरा जिस्म उससे निकलने के लिए फड़फड़ा रहा है। उसने अपनी धुँधली आँखों और भ्रामक भरोसे से देखा कि वह आगीमुता के पैरों के बीच फँसा हुआ सुअर का पिल्ला है। आगीमुता के हाथ में तेज़ धार वाला चाकू चमक रहा है। उसे सुअर का बिना सिर वाला धड़ अपनी ओर तेज़ी से आता हुआ दिखाई दिया। वह घबरा गया।

उसने सहम कर अपनी आँखें खोल दीं ताकि वह उन ख्यालों और चीखों की अनुगूँज से बाहर आ सके। आँख खुलते ही दरस ने देखा कि उसके सामने हओ खड़ी अपनी साड़ी के आँचल से अपना चेहरा पोंछ रही है। वह अपने आप से कुछ बुदबुदा रही है।

दरस को अपने देखे जाने पर भरोसा न हुआ। उसने अपनी आँखें मिचमिचा कर फिर से ध्यान से देखा। सामने कामवाली बाई खड़ी थी।

दरस की ओर देखकर उसने ऊँची आवाज़ में पूछा, ''वहाँ वाश बेसिन में किसका ख़ून फैला हुआ है?''

—

उसकी चीख से आईने की प्रतिबिम्ब दिखाने की क्षमता तार-तार हो गयी। उस चीख से दरस घबरा गया। उसके मुँह में धंसा टूथब्रश उसके जबड़े से रगड़ गया। उसने आईने में ध्यान से देखा। वहाँ हरसा नहीं थी, बल्कि उसका ख़ुद का पोंपला चेहरा था। उसने अपना मुँह फाड़कर देखा। सब ठीक था। उसने पलट कर संतो की ओर देखा कि कहीं वह उसकी इस हरकत पर मुस्कुरा तो नहीं रही है। लेकिन वह पीछे नहीं थी। वह बाहर वाले कमरे की खिड़की से गली के छोकरों को ताकने गयी थी।

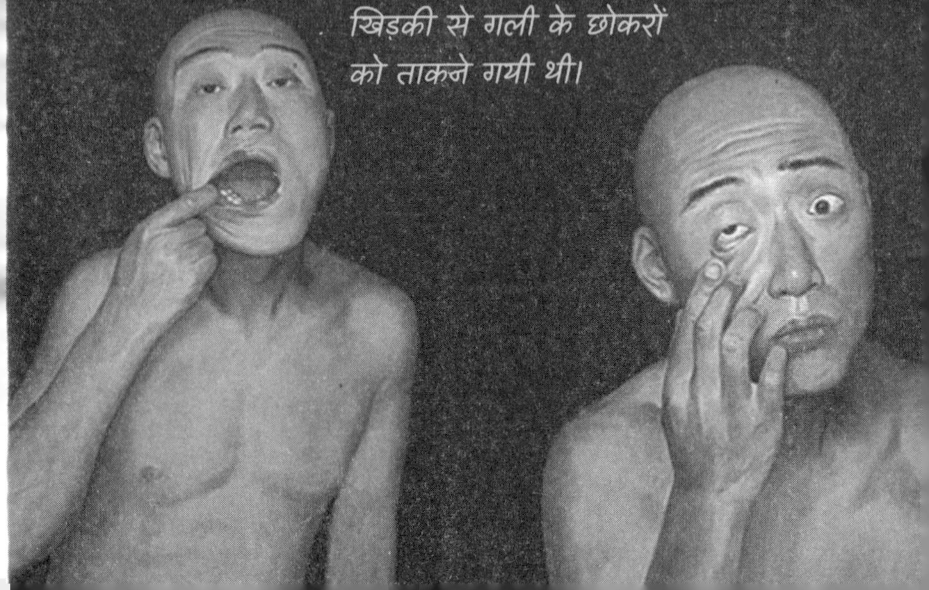

अध्याय – तीन

गहरी नींद के उथले तट पर वह पड़ा हुआ था चुपचाप। ना जाने कब से इसी तरह खाट पर लेटा हुआ। अपने ख़याल और अतीत की टहनियों और लताओं पर अपने मन को फुदकते हुए देखकर उसकी आँखों के अंदर के अंधेरे में कोई हलचल नहीं थी। उसे लग रहा था कि वह एक मरा हुआ कंकाल है अपने बिस्तर के अंदर जीवाश्म में बदल गया सा। वह किसी भी गंध और रंग से दूर एकदम निढाल सा पड़ा था कि उसे लगा दरवाज़े पर किसी ने दस्तक दी है। उसे लगा कि कोई उसे ज़ोर ज़ोर से पुकार रहा है, ''दरस ओ दरस..''

फिर उसे लगा कि वह ही अपनी प्रतीक्षा के हाइबरनेशन में अपनी चाहतों और कामनाओं की बहुत पुरानी अनुगूँज को सुन रहा है। जबकि वहाँ न कोई चुप्पी थी और न ही कोई चीख। तब ही उसके लटके हुए से कर्णपटल पर एक झन्नाहट सी हुई। उसने साफ़ साफ़ सुना। बाहर के दरवाज़े पर लगे कॉलबेल से मुर्गे की बाँग की तीखी आवाज़ आ रही थी।

'कू कड़क कूँ, कू कड़क कूँ....'

कॉलबेल की आवाज़ से उसे हरसा की याद आ गयी, जिसकी ज़िद की वजह से ही उसने यह कॉलबेल खरीदा था। उस दिन दरस के साथ प्रायोगिक तौर पर रहने के लिए आई हुई हरसा को करीब तीन महीने हो चुके थे और वे इस बात का ही उत्सव मनाने के लिए कस्बे के नगर पालिका मैदान में लगे मीनाबाजार घूमने गये थे। वहीं से यह कॉलबेल

खरीद कर लाया गया था। जब वह दरस के साथ रहने आयी थी, तब उसने साफ़ साफ़ कह दिया था कि पहले तीन महीने एक दूसरे को समझेंगे, जानेंगे और परखेंगे फिर आगे की योजना पर सोचेंगे।

लेकिन कॉलबेल की तीखी आवाज़ ने दरस की स्मृति की चिंदी उड़ा दी। वह किसी तरह बिस्तर से उठ बैठा। खाट के नीचे पड़े अपने पुराने स्लीपर को पैरों से टटोलते हुए खोजने लगा। एक स्लीपर पैर में आते ही वह अपने दूसरे पैर से दूसरा टटोलने लगा। लेकिन वह उसे नहीं मिला।

उसने झुककर देखा। स्लीपर खाट के नीचे अंदर की ओर चली गयी थी। वह अपनी बूढ़ी अस्थियों को अकड़न से बचाते हुए धीरे से ज़मीन पर पसर गया और खाट के नीचे लेटकर अपना दूसरा स्लीपर बाहर निकाला और उसे पहन कर खाट के सहारे उठ खड़ा हुआ। तब भी कॉलबेल की तीखी आवाज़ आ रही थी।

'कू कड़क कूँ, कू कड़क कूँ....'

उसने अपना पायजामा एक हाथ से सम्हाला और धीरे-धीरे दरवाज़े की ओर बढ़ा। उसे लगा कि देर रात कोई अपना ब्लड प्रेशर जाँच करवाने आया होगा। या फिर मुहल्ले के आवारा लड़के उसे परेशान करने के लिए कॉलबेल बजा कर भागने की शैतानी कर रहे होंगे। वह जैसे ही बरामदे से होता हुआ बाहर की ओर जाने लगा, उसने देखा कि खेसराहा के बनाए हुए निजी लैब का दरवाज़ा बंद है। उस पर लगे ताले पर जंग लग गया है। मकड़ी के जाले ने उसकी कुंडी को घेर लिया है। बंद दरवाज़े की दरारों से सन्नाटा ही बाहर आ रहा था। वह झुंझला कर आगे बढ़ गया।

बाहर वाले कमरे का मुख्य दरवाज़ा खोलते ही उसने देखा कि सामने कामवाली बाई खड़ी है और उसका हाथ कॉलबेल के बटन पर

रखा हुआ, जिसके कारण कॉलबेल की निरंतर आवाज़ आ रही थी। झुनगा को देखकर दरस समझ ही नहीं पाया कि वह अब भी अपने ख़याल में है या फिर सच में सामने खड़ी झुनगा ही है, जिसे खेसराहा ने बहुत पहले घर के काम के लिए रखा था।

दरस ने अपनी बूढ़ी आँखों को मिचमिचाया, जिसके कोर में लगी सफेदी उसके पलकों पर फैल गयी। उसने अपनी बंद पलकों को फिर से खोल कर देखा। सामने झुनगा नहीं संतो खड़ी थी, जिसे उसने ख़ुद ही पिछले महीने काम पर लगाया था।

संतो का चेहरा ध्यान से देखते ही वह अपने आज पर आ गया। उसने देखा कि संतो के चेहरे की कसी हुई त्वचा पर किसी अनजान सस्ते क्रीम की परत चमक रही है। उसने अपने होठों पर हल्के लाल रंग का लिपिस्टिक लगाया हुआ है। तेल चुपड़े बालों को पीछे खींचकर चोटी बनाई है। दरस को देखते ही संतो ने कॉलबेल के बटन से अपना हाथ हटा दिया। लेकिन दरस के कान में सूँ की आवाज़ देर तक आती रही।

बिना दरस की उम्र की परवाह किये संतो उसकी बूढ़ी देह से सटते हुए अंदर आ गयी। उसके इतने पास से गुज़रने से दरस ने सिर्फ उसकी देह की गंध महसूस की, जिसकी मादकता में उन्मत गली के छोकरे दूर से उसी ओर ताक रहे थे। जिधर अभी संतो एक बूढ़े की नींद और कामना को कुचलते हुए अंदर चली गयी थी। मकान के अंदर। मन के अंदर।

लेकिन संतो के अंदर जाते ही दरस घबरा गया। उसने अपनी संभव क्षमता की तेज़ी से दरवाज़ा बंद किया और पीछे आँगन की ओर भागा। इस डर से कि कहीं वाशबेसिन पर खून का दाग अभी भी फैला तो नहीं है।

लेकिन वाशबेसिन एकदम साफ़ और सफ़ेद था। ख़याल और सच्चाई के इस घालमेल से वह कुछ समझ नहीं पा रहा था। संतो ने उसे

दूर से देखकर पूछा, ''आप इतनी तेज़ी से भागते हुए क्यों आये? कुछ हो गया तो बिस्तर पर ही पड़े रहना पड़ेगा। बूढ़े शरीर को ऐसी तेज़ी शोभा नहीं देती।''

फिर वह पलट कर अपने काम में लग गयी। तब दरस को लगा कि संतो मुस्कुरा रही होगी। लेकिन वह पानी से धुला चावल कूकर में डाल रही थी।

दरस के दाँत कमज़ोर हो गये थे। सामने दो दाँत बचे थे और पीछे के निचले जबड़े पर दो दाढ़ ही बचे थे। इस कारण वह रोटी चबा नहीं पाता था और ब्रेड खाने से उसे घिन आती थी, क्योंकि उसके लोंदे को पैर से रौंद कर गूँथने की खबर उसने अखबारों में पढ़ी थी। वह अपनी भूख और स्वाद पर काबू रखने की कोशिश में अक्सर कामयाब हो जाता था लेकिन मन उसे कुत्ते की तरह नचाता रहता था।

उसने वाशबेसिन के ऊपर लगे आईने में अपना चेहरा देखा। उसका बूढ़ा चेहरा उसके पिता खेसराहा की तरह दिख रहा था। वह अपनी झुर्रियों धँसी हुई आँखों को देखकर चुप रहा। उसने पानी से अपना चेहरा धोया और फिर टूथब्रश पर पेस्ट लगाने लगा। उसे देख कर संतो रसोई से चीखी, ''अरे दरस बाबू अभी सुबह नहीं रात हो रही है।''

'सुबह हो या शाम क्या फर्क पड़ता है', यह सोचकर दरस ने अपने बचे हुए दाँतों पर हौले हौले टूथब्रश रगड़ना शुरू किया। टूथब्रश करते हुए उसने आईने में देखा कि उसके पीछे खड़ी हरसा, उसे देखकर मुस्कुरा रही है। उसने ब्रश रगड़ना रोक दिया और हरसा को देखकर मुस्कुराने लगा। हरसा ने हल्के नीले रंग की साड़ी पहनी हुई थी। उसने गले में नकली सोने का चैन पहना हुआ था। माथे पर लगी बिंदी का कत्थई रंग उसकी मुस्कान को लालची बना रहा था। दरस ने आईने में दिख रही हरसा को देखकर फुसफुसाते हुए पूछा, ''कहाँ चलना है आज?''

‘‘मीनाबाजार’’, हरसा ने चीखते हुए कहा। उसकी चीख से आईने की प्रतिबिम्ब दिखाने की क्षमता तार तार हो गयी। उस चीख से दरस घबरा गया। उसके मुँह में धंसा टूथब्रश उसके जबड़े से रगड़ गया। उसने आईने में ध्यान से देखा। वहाँ हरसा नहीं थी, बल्कि उसका ख़ुद का पोंपला चेहरा था। उसने अपना मुँह फाड़कर देखा। सब ठीक था। उसने पलट कर संतो की ओर देखा कि कहीं वह उसकी इस हरकत पर मुस्कुरा तो नहीं रही है। लेकिन वह पीछे नहीं थी। वह बाहर वाले कमरे की खिड़की से गली के छोकरों को ताकने गयी थी।

दरस ने टूथब्रश और अपना मुँह धोकर दोबारा आईना देखा। वह बहुत दिनों बाद को ख़ुद को निहार रहा था। उसने अपने चेहरे पर चढ़ आयी बुढ़ापे की परत को ध्यान से देखा। उसने अपने सिर पर बचे थोड़े से बालों को सहलाते हुए पीछे किया। उसने देखा कि उसके कानों के बाल लम्बे होकर बाहर निकल आये हैं। उसने देखा कि उसके गले की त्वचा लटक गयी है। उसने देखा कि उसके देखने की क्षमता कमज़ोर हो रही है। उसने देखने को फिलहाल स्थगित कर दिया और धीरे-धीरे बिस्तर वाले कमरे की ओर चला गया।

वह बिस्तर पर बैठा ही था कि उसे अपने जननांग और जाँघ के जोड़ पर ज़ोर की खुजली होने लगी, क्योंकि एडल्ट डायपर पहने रहने के कारण वहाँ की त्वचा सूख गयी थी। उसने पास रखे लकड़ी के पुराने टेबल पर जिंक आक्साइड आइनमेंट की ट्यूब खोजने के लिए निगाह दौड़ायी। टेबल पर उसका चश्मा रखा हुआ था, जिसके पास ब्लड प्रेशर और शुगर की गोलियाँ रखी थीं। पास ही कान में खोंस कर सुनने की मशीन का छोटा सा डिब्बा रखा हुआ था। पीछे दीवार से सटाकर एक फोटोफ्रेम में उसकी और हरसा की तस्वीर रखी थी, जिसमें हरसा कुर्सी पर इस तरह बैठी थी कि उसके टूट गये हत्थे न दिखें और उसके कंधों पर अपना हाथ धरे दरस थोड़ा सा झुक गया था।

हरसा तस्वीर में मुस्कुरा रही थी। तस्वीर कस्बे के फोटोग्राफर अबदोला ने खींची थी, जिसकी दुकान कन्या स्कूल जाने के रास्ते में पड़ने वाले चौराहे पर थी। उसने वह दुकान अपने मकान के बैठक कमरे को दो भागों में विभक्त कर निकाली थी, जिसके चलते आधा कमरा बैठक और आधा हिस्सा फोटो स्टूडियो बन गया था। वह उस संकरे से फोटो स्टूडियो में बड़ी मुश्किल से लोगों की तस्वीर ले पाता था। इसलिए वह घर आकर भी तस्वीरें लेता था, क्योंकि तब स्टूडियो में जाकर फोटो खिंचवाने में महिलायें थोड़ा लजाती थीं।

तब उस अबदोला ने ही दरस के दोनों हाथ हरसा के कंधों पर रखकर कहा था, ''ऐसे हाथ रखिये कोई पड़ोसी थोड़े ही हैं, शौहर हैं।'' अबदोला के इस वाक्य से दोनों थोड़ा असहज हो गये थे कि क्योंकि दोनों बस यूँ ही साथ रह रहे थे। ना वे पति पत्नी थे और ना प्यार में मर मिटने वाले जोड़े। दोनों ने काफी सोच समझकर साथ रहने का फैसला किया था, जिसे वे कभी भी तोड़ सकते थे।

और जिस रात हरसा ने इसे तोड़ा, उसे सोचते ही दरस का बदन पसीने से भीग गया। उसने माथे पर आये अपने पसीने को पोंछते हुए फिर से सोचा। उस रात जब दोनों एकदूसरे की बाँहों में धँसे हुए थे, तब दरस अपनी नयी डिस्पेंसरी के बारे में सोच रहा था कि वह अपने केबिन में पंखे के अलावा एक एक्जॉस्ट फैन भी लगवायेगा। सहयोगी कर्मी और नर्सों के लिए अलग कमरा बनवायेगा।

वह बीच बीच में हरसा के माथे को चूम भी ले रहा था। हरसा भी उसे ज़ोर से पकड़ ले रही थी। देह में डूबने उतरने का खेल वे इसी तरह शुरू करते थे। कमरे में बल्ब जल रहा था। कमरे में इच्छा जल रही थी। कमरे में गुस्सा पल रहा था, जिसका पता ना हरसा को था और ना ही दरस को। लेकिन उसकी ताप मौजूद थी। दरस देह के झूले पर झूल

रहा था। हरसा बीच बीच में आँखें मूँद ले रही थी। कि उसने अचानक अपनी देह पर चढ़े दरस को दूर धकेलते हुए कहा, ''ये पेशाब जाँचकर तुम कमा ही कितना लोगे?''

अचानक हरसा की इस हरकत और उसके सवाल से वह चौंका नहीं बल्कि नाराज़ हो गया। लेकिन उसने अपनी नाराज़गी छिपा ली। वह उसके बगल में लेट गया। उसने कुछ नहीं कहा। वह सोचने लगा कि उसका पिता ठीक ही कहता था कि जिससे लहसुन की बदबू आये वह भरोसे के लायक नहीं होती। लेकिन तब हरसा की देह से उसे तेजाब की गंध आ रही थी।

''बोलो ना।'', हरसा ने उसे लगभग झिंझोड़ते हुए दोबारा वही सवाल किया।

''तुम्हें सवाल का जवाब नहीं चाहिए बल्कि अलग होने का बहाना चाहिए। तुम कल ही जा सकती हो।'', दरस के इस जवाब से हरसा ना नाराज़ हुई और ना ही घबरायी। बल्कि उसने फिर से दरस को अपनी बाँहों में भर लिया और फुसफुसाते हुए कहा, ''चलो फिर आखिरी बार प्यार कर लिया जाये।'' फिर दोनों देह के अंधेरे में खो गये।

***

दरस अपनी सोच से बाहर आ गया। उसने देखा कि टेबल पर जिंक आक्साइड की ट्यूब उस तस्वीर के पास ही पड़ी है। उसने पहले अपने पायजामे पर बेल्ट की तरह बाँधी गयी रस्सी को खोला। फिर उसने अपना पायजामा उतार दिया। फिर उसने अपना डायपर निकाल कर पास में रखी प्लास्टिक की पुरानी बाल्टी में फेंक दिया, जिसे वह डस्टबिन की तरह उपयोग करता था।

अपनी जाँघों की सूखी खुजली मिटाने के लिए वह आइंटमेंट लगाने लगा। उसकी ठंडक दरस की त्वचा को भेदती हुई अंदर जाने लगी, जिसकी हल्की चुनचुनाहट में उसे अजीब तरह का आनंद आने लगा। फिर वह टेबल पंखे के सामने जाकर खड़ा हो गया और अपनी चुनचुनाती त्वचा पर सीधे पंखे की हवा लेने लगा। वह अपने इस आनंद में विभोर खड़ा रहा। उसे पता ही नहीं चला कि कब पीछे संतो आकर खड़ी हो गयी। उसने खिलखिलाते हुए कहा, ''आप नंगे होकर किसे हवा खिला रहे हैं?'' दरस उसके सवाल का जवाब देना चाहता था। तब तक वह पीछे आँगन की ओर चली गयी।

लेकिन वह संतो को याद नहीं करना चाहता था। वह तो बस कुछ देर हरसा को याद कर उसकी सुरसुरी में रहना चाहता था। वह चुपचाप बिस्तर के पास आ गया और उस पर रखी लुंगी लपेट कर बिस्तर पर लेट गया। उसे लगा कि बिस्तर के सामने खड़ी हरसा उसे देखकर मुस्कुरा रही है, ''क्यों डियर अभी भी तुम अपनी पैंट का बटन नहीं लगा पाते ना?''

''इसलिए ही तो पायजामा पहनता हूँ।'', यह जवाब देने की बजाय दरस बहुत पीछे उस दिन में पहुँच गया, जब वह अपनी पैथोलॉजी की पढ़ाई करने हैदराबाद गया हुआ था, तब उसकी मुलाकात हरसा से हुई थी। वह अपने हास्टल की ओर जा रहा था और सड़क किनारे एक पेड़ के नीचे खड़ी हरसा ने उसे देखते ही रोककर पूछा था, ''आप खेसराहा के बेटे हैं ना?'' दरस उसके सवाल से ज़्यादा इस बात से चौंक गया था कि उसके पिता को हैदराबाद के लोग भी जानते हैं।

उसने छूटते ही कहा, ''लेकिन आप कैसे जानती हैं?''

''मैं आपके कस्बे के बहुत लोगों को जानती हूँ।'', हरसा के इस दावे पर दरस ने हैरान होते हुए पूछा, ''कैसे?''

''आप रामलाल चारमीनार को जानते हैं?'', दरस ने सहमति में सिर हिला दिया।

''हाँ हाँ क्यों नहीं।''

''मैं उनकी ही बेटी हूँ।'', हरसा के इस रहस्योदघाटन पर दरस चकित रह गया। उसे तो पता था कि रामलाल चारमीनार अविवाहित है और गरीब वंचितों के लिए संघर्ष करने उसने राजनैतिक आंदोलनकारी बनने का रास्ता चुना और इसी सिलसिले में वह आंध्रप्रदेश की किसी अज्ञात जगह से छत्तीसगढ़ आ गया था।

''लेकिन वो तो..!'', दरस उस पेड़ की छाँव के नीचे आ गया। दोनों एकदूसरे के पास आ गये। दरस ने ध्यान से हरसा की ओर देखा। उसके साँवले चेहरे के खिंचाव से दरस की आँखों की पुतलियाँ औचक रह गयी थीं। हरसा की बड़ी बड़ी आँखों की नाचती पुतलियों की चमक से एक अजीब सी पुकार निकल रही थी, जिसे किसी ने सुना नहीं। उसके काले घने और लम्बे बाल उसकी कमर तक लटके हुए थे। उसकी देह इमली की तरह लग रही थी। दरस का मन उस खट्टेपन को चख लेना चाहता था।

''जो परिवार नहीं सम्हाल पाया वो समाज सम्हालने निकल गया।'', हरसा की वक्रोक्ति से दरस बिल्कुल भी प्रभावित नहीं हुआ बल्कि वह उसके हौसले से प्रभावित हुआ। बीच सड़क पर किसी अनजान लड़की के इस तरह रास्ता रोक कर बातचीत करने की उम्मीद उसे बिल्कुल भी ना थी। लेकिन इस अप्रत्याशित घटना और कामुक साँवरी को देखकर उसे भी अपने उबाऊपन से दूर भागने में मदद मिली।

''हाँ ये तो है।'', यह कहकर दरस ने थोड़ी देर में अपनी प्रतिक्रिया दी ताकि हरसा को ऐसा ना लगे कि उसे उसकी बातों में कोई रूचि नहीं

है। जबकि दरस को उसकी बातों में रूचि तो थी ही बल्कि उसे पूरी हरसा में अधिक रूचि थी।

''यहाँ सड़क में ठीक नहीं चलो पास की कैंटीन में बैठकर बातें करते हैं।'', दरस का यह प्रस्ताव उसे ठीक लगा। दोनों आगे की गली से मुख्य सड़क की ओर मुड़ गये, जिसके दायीं तरफ एक कैंटीन थी। उस कैंटीन में आसपास किराये में रहने वाले छात्र और अस्पतालों में अपने मरीजों की तीमारदारी करने आये लोग नाश्ता और भोजन करने आते थे। दोपहर के इस वक्त वहाँ कॉफ़ी मिलने की कम उम्मीद के बावजूद दरस अपने साथ हरसा को लेकर पहुँचा।

कैंटीन के सामने फुटपाथ पर कतार से कदंब और बबूल के पेड़ लगे हुए थे, जिनकी थोड़ी बहुत छाँव में ढेर सारी प्लास्टिक की कुर्सियाँ रखी थी। उन पेड़ों से थोड़ी दूरी पर बरगद का बड़ा सा पेड़ था, जिसके नीचे सीमेंट का चबूतरा बना हुआ था। दोनों उसी चबूतरे पर बैठ गये क्योंकि उस समय कैंटीन में भोजन करने वालों की भीड़ आने लगी थी। हरसा के पास अपना बैग रखकर दरस कैंटीन से दो कप कॉफ़ी ले आया।

''तुमने बताया नहीं कि मुझे कैसे पहचाना कि मैं खेसराहा का बेटा हूँ?'', दरस अपने भीतर दबे सवाल को ज़्यादा देर तक रोक न सका। कॉफ़ी का एक घूंट लेने के बाद हरसा ने कप चबूतरे पर रख दिया और अपने हैंडबैग से एक तस्वीर निकाल कर उसे दिखाते हुए कहा, ''इस तस्वीर से।''

दरस ने ध्यान से उस तस्वीर को देखा, जिसमें वह अपने पिता खेसराहा के साथ खड़ा है, जब वह पहली बार अकेले घर से हैदराबाद जाने के निकल रहा था। उस दिन उसे रेलवे स्टेशन तक छोड़ने खेसराहा भी आया था। दोनों स्टेशन के बाहर खड़े थे। तब अबदोला भी अपना

कैमरा लेकर उनके पास आ गया था, जो स्थानीय अखबार के लिए मजदूर आंदोलन की रैली की तस्वीरें लेने आया हुआ था।

अबदोला ने देखते ही खेसराहा से पूछा था, ''कहाँ की तैयारी है डाक्टर साब?''

''बेटा पढ़ाई के लिए हैदराबाद जा रहा है। उसे छोड़ने आया हूँ।'', खेसराहा ने अपने कंधे पर टंगा बैग ज़मीन पर रखते हुए कहा।

''तब तो इस पल की एक तस्वीर होनी चाहिए।'', यह कहते हुए अबदोला ने दरस और खेसराहा को पास पास किया और दूर जाकर कैमरे से उनकी एकमात्र तस्वीर उतार ली, जिसके पाश्र्व में रेलवे के अस्थायी मजदूरों की रैली के सामने हवा में हाथ उठाकर आगे चलते चारमीनार की तस्वीर भी आ गयी थी।

उस तस्वीर में दरस अपने पिता को देख रहा था, जो समय के साथ धीरे-धीरे बूढ़े होते जा रहे थे। उनके कंधे थोड़े से झुक गये थे। फिर भी वे अपने काम में डूबे रहते थे। वे देशी इलाज और थेरेपी के लिए उन दिनों ज़्यादा व्याकुल रहते थे। दरस के जाने के बाद वे आदिवासी इलाकों और घने जंगलों में जाकर जड़ी बूटियों और वनस्पतियों पर शोध करना चाहते थे।

उस तस्वीर के पार्श्व में लाल झंडों के कोलाज के सामने धुँधले से दिख रहे चारमीनार को देख कर हरसा उतावली हो रही थी। वह तस्वीर के धुँधलेपन पर खीझ रही थी। वह अपने पिता पर खीझ रही थी, जो उसकी माँ की तबियत की जानकारी होने के बाद भी घर नहीं लौटा था।

दोनों जब उस तस्वीर में कैद स्मृतियों से बाहर आये, तब कैंटीन में भीड़ बढ़ गयी थी और कैंटीन का वेटर दो बार उनके पास रखे कपों को देख कर लौट गया था, जिसमें अभी भी आधी कप कॉफ़ी बची हुई

थी। दरस अपने सामने बैठी साँवरी को देखते हुए उसके बारे में ही सोच रहा था। दरअसल तब वह हओ के बारे में सोच रहा था। दरअसल वह सुगना के बारे में सोच रहा था।

तब हरसा अपनी माँ के बारे में सोच रही थी। लकवा से ग्रस्त उसकी माँ पेलम्मा की तबियत दिनोंदिन बिगड़ती ही जा रही थी। इस सिलसिले में हरसा अपने पिता की खोज खबर लेते हुए सुकमा, जगदलपुर, कांकेर और रायपुर होते हुए कस्बा तक आयी थी। तब स्टेशन पर खड़े रिक्शेवालों को उसने अपने पिता की तस्वीर दिखा कर पूछा था कि क्या वे इस आदमी को जानते हैं। सब ने एक स्वर में कहा था, ''चारमीनार!''

हरसा के कान में अभी भी उनकी विस्मयभरी आवाज़ गूँज रही थी। रिक्शेवाले अपने यूनियन के संरक्षक की युवा तस्वीर को देखकर चकित रह गये थे। घुंघराले बालों में चारमीनार किसी दक्षिणी फिल्मी सितारे की तरह दिख रहा था। उसकी बड़ी सी आँखें और काली मूँछें धूप में चमक रही थीं। तब वह थोड़ा दुबला था।

''वो रेलवे लाइन के उस पार यूनियन आफिस में होगा।'', बीड़ी बुझाते हुए अधेड़ से रिक्शेवाले ने उसे बताया। हरसा रेलवे लाइन के उस पार गयी, जहाँ टिन से बना मजदूर यूनियन का कार्यालय था। वहाँ टेबल पर सिर टिकाये एक आदमी सो रहा था। हरसा ने टिन का दरवाज़ा पीटते हुए पूछा, ''चारमीनार इधरची मिलेगा ना?''

टिन का दरवाज़ा पीटने की आवाज़ सुनकर टेबल पर सिर टिकाये सोता हुआ आदमी, अपनी नींद से बाहर आ गया। उसने धीरे-धीरे अपना सिर उठाया। उस ऊँघते हुए आदमी का उठता हुआ चेहरा देखकर हरसा चीख पड़ी, ''अरे नन्ना!'' अपने पिता को इस तरह धूप से गर्म टिन के नीचे देखकर हरसा रोने लगी।

उसने महसूस किया कि उसकी आँखों से आँसू निकलने ही वाले हैं। उसने किसी तरह उस ख़याल को अपने भीतर ही कुचल दिया और अकबका कर बाहर आयी, तो उसने देखा कि दरस अपनी कॉफ़ी ख़त्म कर कप चबूतरे पर रख चुका है और अपनी जेब में कुछ टटोल रहा है। हरसा ने किसी तरह अपनी आँखों की नमी को रोका और दरस की ओर देखकर मुस्कुराने का स्वांग करना चाहा पर वह असफल रही। वह रोने लगी। उसे रोता देखकर दरस ने पूछा, ''अरे क्या हो गया?''

''वो कुछ नहीं अम्मा की तबियत को याद कर रोना आ गया।'', दुपट्टे से अपने आँसू पोंछती हुई हरसा ने कहा। तब आसपास कोई नहीं था। सिर्फ वो दो थे। एकदम अजनबी। एकदम जाने से।

''क्या हुआ उनको?'', दरस ने जेब से दस रूपये का नोट पास आये वेटर को थमाते हुए कहा, जो दो खाली कप लेकर कैंटीन की ओर लौट गया। दरस चबूतरे पर हरसा के और नज़दीक आ गया। ताकि उन दोनों को थोड़ी तेज़ आवाज़ में बात करने आवश्यकता ना पड़े।

''अम्मा बिस्तर पर पड़ी है और नन्ना आने से मना कर चुके हैं। मैं अकेली क्या करूँ समझ नहीं आ रहा है। कस्बे से लौटते समय यूनियन के सचिव और अबदोला ने मुझे मदद करने कुछ रूपये दिये थे। तब ही अबदोला ने ये तस्वीर देते हुए मुझसे कहा था कि हैदराबाद में खेसराहा का बेटा दरस पैथोलॉजी पढ़ने गया है। वह इलाज में तुम्हारी मदद कर सकता है। उनके बताये पते पर मैं तुम्हें ढूंढती हुई यहाँ तक आ गयी और सौभाग्य से तुम मिल भी गये।'', हरसा ने एक साँस में सारी बातें कह दीं।

दोनों देर तक उस पेड़ की छाँव में बैठे बातें करते रहे और अंत में दरस ने कहा, ''चलो पहले अम्मा को देख लेते हैं।'' उसने अपना बैग कंधे पर लटकाया। हरसा ने अपना दुपट्टा ठीक किया और हैंडबैग लेकर

वह दरस के पीछे पीछे सड़क तक आ गयी। दोनों ऑटो में सवार होकर भूषणनगर की ओर चले गये।

***

भूषणनगर की झुग्गी झोपड़ियों की कई कतारों और सँकरी गलियों के बाद हरसा का आधा कच्चा आधा पक्का मकान आया। हरसा ने अपने हैंडबैग से चाभी निकालकर दरवाज़ा खोला। अंदर दो कमरे थे। वह सामने वाले कमरे में एक टूटी हुई प्लास्टिक की कुर्सी पर बैठ गया, जिस पर थोड़ी देर पहले एक बिल्ली बैठी हुई थी। वह उतर कर नीचे आलमारी के पीछे चली गयी। हरसा दरस को बिठाकर पीछे वाले कमरे में चली गयी, जहाँ उसकी माँ खाट पर पड़ी हुई थी।

टिन की छत वाले कमरे में थोड़ी उमस और थोड़ी गर्मी थी। ऊपर लटका पंखा चल तो रहा था लेकिन उसे सिर्फ पंखा चलने की आवाज़ आ रही थी। दरस ने कुर्सी पर पीठ टिकाकर अपनी टाँगें फैला लीं। उसने जम्हाई लेते हुए अपनी आँखें मूँद लीं।

उसे लगा कि कोई बाहर से दरवाज़े पर दस्तक दे रहा है। उसे लगा कि ना जाने कब से वह अपनी आँखें बंद किये हुए पड़ा है। उसे पंखा चलने की तेज़ आवाज़ भी आ रही थी और बीच बीच में हवा में लुंगी के उड़ जाने का भी अहसास हो रहा था।

उसने झटके में अपनी बंद आँखें खोल दीं। उसने देखा कि वह अपने कमरे में अपने बिस्तर पर लुंगी पहने हुए लेटा है और उस कमरे के दरवाज़े को संतो पीट रही है।

दरस की आँखें खुलते ही संतो ने ज़ोर से कहा, ''खाना पका दिया है। अब मैं जा रही हूँ।'' लेकिन दरस तो आँख खुलने के सदमे में था। वह ख़याल से बेदखली के असमंजस में था। उसे समझ ही नहीं आया

कि अभी तो वह हरसा के साथ उसके मकान में था और अभी वह अचानक इस कमरे के बिस्तर पर कैसे आ गया।

तब तक संतो बाहर जा चुकी थी। दरस अपने बिस्तर से उठा और धीरे-धीरे बाहर वाले कमरे के दरवाज़े तक गया। उसने बाहर झाँक कर देखा। संतो किसी लड़के की मोटरसाइकिल पर बैठकर जा रही है। दरस ने दरवाज़ा अंदर से बंद कर दिया और अपने कमरे में आ गया।

दरस ने लुंगी भी उतार दी और वह पूरी तरह नग्न होकर इधर उधर टहलने लगा। वस्त्र और डायपर से उसकी त्वचा और आत्मा दोनों तंग आ गयी थी। उसने कपास और चरखा बनाने वाले को जी भरकर गालियाँ दीं। फिर उसने अपने पिता के बंद पड़े लैब की ओर देखा, जिसे देखते ही उसे अपने प्रण की याद गयी कि वह कभी इस लैब का दरवाज़ा नहीं खोलगा।

दरस को उन दिनों की धुँधली सी याद थी। उस धुँधली याद के भीतर उसने देखा कि वह अपने नये पैथोलॉजी लैब की केबिन में बैठा है। सामने की दीवार काँच की बनी हुई है और वह अंदर से बाहर की हर गतिविधि पर अपनी नज़र रखे हुए है। बाहर एक टेबल पर नर्स बैठी है और वह मरीजों के नमूना लेने का काम कर रही है। दूसरी नर्स बाजू के कमरे के अंदर बाहर हो रही है।

सामने खेसराहा बैठा है और उससे मेडिकल विज्ञान में हुई नयी ईजादों के बारे में पूछ रहा है। जबकि दरस का मन घर में बने निजी लैब को यहाँ लाने के बारे में सोच रहा था। उसने अपने पिता के सवालों को अनसुना करते हुए सीधे ही कहा, ''क्यों ना घर के लैब के पुराने नमूनों नष्ट कर दिया जाये। आखिर अब वो किस काम के।''

दरस के इस सवाल से खेसराहा भौंचक रह गया कि दरस को इस बात का इल्म ही नहीं है कि उसने अपना निजी लैब कितनी मेहनत और लगन से तैयार किया है, जहाँ इतने सारे रखे नमूने और उनसे संबंधित विवरणों की वजह से वह अपनी तकनीक ईजाद कर पाया और इलाके में नाम कमाया है। ''उन नमूनों की एँथ्रोपोलाजिकल वैल्यू को तुम नहीं समझ सकते।'', खेसराहा ने खीझते हुए कहा और नाराज़ होकर डिस्पेंसरी के शीशे के बने केबिन से तेज़ी से बाहर निकल गया। उसे तेज़ी से बाहर निकलते देखकर स्टाफ नर्स के साथ बैठी हरसा अचकचा गयी। उसने शीशे के केबिन की ओर देखा, जिधर दरस किसी मरीज़ की रिपोर्ट ध्यान से देख रहा था।

***

हरसा को दरस के साथ रहते कुछ दिन ही बीते थे। इस दौरान वह स्थानीय तौर तरीकों और पारिवारिक मान्यताओं से अनुकूलन करने की भरसक कोशिश करने में लगी थी। जब उसने पहली बार चूल्हे पर भात पकाकर उसका स्टार्च निकालने के लिए बर्तन को थोड़ा टेढ़ा करने की कोशिश की, तो उस बर्तन की गर्मी और बाहर निकलते हुए गर्म स्टार्च की भाप से उसकी हथेली जल गयी थी। उसने डरकर वह बर्तन छोड़ दिया था और सारा पका हुआ भात ज़मीन पर बिखर गया था। उस दिन भी खेसराहा इसी तरह नाराज़ होकर घर से बाहर चला गया था, तब दरस ने हरसा को पुचकारते हुए कहा था, ''कोई बात नहीं पिता को कामवाली बाई के हाथ का पका खाने की आदत है।''

आज फिर खेसराहा को उसी अंदाज़ में नाराज़ होकर जाते हुए देखकर हरसा को अचम्भा तो नहीं हुआ लेकिन वह यह जानकर हैरान रह गयी कि दरस की किसी भी बात पर नाराज़ नहीं होने वाला पिता

आखिर किस बात पर नाराज़ होकर चला गया है। यह सोचते हुए हरसा केबिन के अंदर दाखिल हुई।

उसे देखते ही दरस ने सीधे कहा, ''तुम यह जानने आयी हो ना कि पिता जी किस बात पर नाराज़ होकर चले गये हैं?'' हरसा ने सहमति में अपना सिर हिला दिया और दरस के सामने वाली कुर्सी पर चुपचाप बैठ गयी।

''मैं चाहता हूँ कि घर में बने निजी लैब को बंद कर उसकी सारी चीज़ें यहाँ ले आऊँ और वहाँ बेकार पड़े पुराने नमूनों को नष्ट कर दिया जाये। बेकार ही जगह घेरे बैठे हैं। आखिर हमें भी तो अपना एक अलग कमरा चाहिए।'', दरस ने यह कहते हुए अपनी हथेली में इधर से उधर घुमा रहे पेन को वापस पेन स्टैंड में रख दिया और झट से हरसा से सवाल किया, ''तुम क्या सोचती हो?''

''मैं सोचती हूँ कि इस उम्र में पिता को तकलीफ देना ठीक नहीं। वे जैसा चाहते हैं वैसा ही करो। बाकी तुम्हारी मर्जी। मैं कौन होती हूँ।'', यह कहते हुए हरसा खिड़की से बाहर देख रही थी, मानो वह दूर हैदराबाद को देख रही हो, जहाँ अब उसकी माँ नहीं रहती। रहती हैं तो बस उसकी स्मृतियाँ, बिस्तर पर पड़ी उसकी पथरीली चीखें और दुख पीड़ा में अकेली सूख गयी हरसा की सिसकियाँ।

लेकिन पीड़ा, दुख, चीख और सिसकियों ने उसे अंदर से एकदम बदल दिया था। वह अब ठोस और निर्मम सी हो गयी थी। पहले वह ज़मीन पर चलती चींटियों को रास्ता देने के लिए अपने पैर हटा लेती थी, लेकिन अब वह ऐसा नहीं करती। वह चीज़ों को मसलने और कुचलने लगी थी। वह न सिर्फ अपनी बेजा इच्छाओं और कामनाओं को कुचलने लगी थी वरन वह कॉकरोच, झींगुर और कभी कभी पास उड़ती तितली को भी पकड़ कर मसल देती थी।

खिड़की के बाहर डिस्पेंसरी का आँगन जैसा खुला इलाका था, जहाँ नर्सें अपनी साइकिल खड़ी करती थी और वहाँ पर बने टिन शेड के नीचे लोग आराम भी करते थे। उसे शेड के पास ही एक नीम का पेड़ था, जिसके नीचे लटके हुए डाल से एक गिलहरी नीचे उतर रही थी, जिसे देखकर हरसा के अंदर गिलहरी को मसल डालने की इच्छा जागृत हुई। अपनी इस इच्छा को स्थगित रखने के लिए हरसा ने अपनी नज़र उधर से हटा ली और दरस की ओर देखने लगी।

''ठीक है आज पिता से बात कर फैसला लिया जाएगा।'', यह कहकर दरस ने इस विषय को विराम दे दिया और अपनी कुर्सी छोड़ते हुए कहा, ''चलो घर चलते हैं।'' दोनों घर लौट आये।

रात का भोजन सुकून से कर लेने के बाद दरस ने खेसराहा से कहा, ''मैं आपकी भावना को समझता हूँ लेकिन''

''मैंने सोच लिया है क्या करना है।'', खेसराहा ने दृढ़ता से जवाब दिया और अपनी दाढ़ी के बाल नोचने लगा। उसकी दाढ़ी के अधिकांश बाल सफ़ेद हो गये थे। खेसराहा की दोनों आँखों के नीचे काला रंग उभर आया था। तब हरसा मकान के एकमात्र शयनकक्ष में खाट पर लेटी चुपचाप उन दोनों की बातों को सुन रही थी।

उनकी बातों को सुनने की कोशिश में उसका ध्यान केंद्रित हो गया और फिर धीरे-धीरे उनकी आवाज़ मंद होने लगी। उसकी पलकों ने उसकी आँखों के कोटर को बंद कर दिया, जिसके अंदर के सपने में वह हैदराबाद के भूषणनगर इलाके में अपने कच्चे मकान के सामने वाले हिस्से में पहुँच गयी, जहाँ प्लास्टिक की टूटी कुर्सी पर बैठी बिल्ली को भगाने के बाद उसने दरस से उस पर बैठने का आग्रह किया था।

"बैठिए ना।", हरसा की इस मुलायम आवाज़ से दरस अपनी सोच से बाहर आ गया। उसने ध्यान से देखा कि हरसा ने पीछे के कमरे के दरवाज़े पर लगे पुराने चादर के परदे को हटाया। सेकेंड भर की झलक में उसने देखा कि अंदर एक खाट है, जिस पर कोई बूढ़ी महिला चादर ओढ़े पड़ी है। उसका एक हाथ खाट से नीचे लटका हुआ है, जिसे बिल्ली के बच्चे चाट रहे हैं। उस खाट के पार्श्व में जो दीवार थी, उस पर खूँटी लगी थी, जिस पर दो चार कपड़े टँगे थे। टिन की छत पर बने छोटे छोटे छिद्रों से सूरज की रोशनी की महीन धार उस कमरे में उतर रही थी।

इतने में ही सेकेंड भर का पल निपट गया और पुराना चादर वाला परदा हवा में लहराने लगा। दरस के भीतर परदे के पीछे जानने और झाँकने की पुरानी इच्छा कुलबुलाने लगी, जैसा कि उसे सुगना के घर के लगे परदे को देख कर होता था। जैसा कि उसे लमचोंचवी के कमरे पर लगे परदे को देखकर होता था। जैसा कि उसे खेसराहा की डिस्पेंसरी में लगे परदे के देखकर होता था, जिसके पीछे से आने वाली कामुक आवाजों को सुनकर वह चकित सा रह जाता था कि उसके पिता के बारे में जो अफवाह है क्या वो सच है? लेकिन वह कुछ भी सोच पाने के पहले अपने घर लौट जाता था।

पेलम्मा की खाँसने की आवाज़ से वह चौंक गया। उसके खाँसने की आवाज़ में मनुष्यपन नहीं था। उसे लगा कि कोई पशु खाँस रहा है। वह तेज़ आवाज़ में देर तक खाँसती रही, जब तक की हरसा ने उसे अपनी गोद में उठाकर गुनगुना पानी नहीं पिला दिया। फिर थोड़ी देर बाद हरसा उस कमरे से बाहर आयी। उसने दरस की ओर देखकर कहा, "जब से लकवा मारा है, तब से माँ को खाँसी ने भी जकड़ लिया है। अभी गोली खिलाकर सुला दिया है। इनकी तबियत के लिए मुझे आपकी मदद चाहिए।"

दरस ने देखा कि हरसा ने सलवार कमीज़ की जगह एक पुराना गाउन पहन लिया है। उसने अपने होंठों पर लगे लिपिस्टिक को भी पोंछ दिया है। उसने अपने बालों में सूख गयी मोंगरा की वेणी को भी उतार दिया है। उसने अपने आँखों की चमक को भी उतार दिया है। हरसा की आवाज़ की कातरता से वह झुलस गया सा महसूस कर रहा था।

"कैसी मदद?", दरस ने थोड़ी असहजता से पूछा, क्योंकि वह इस भय में भी था कि ना मालूम वह मदद के रूप में क्या माँग ले। तब तक हरसा उसके एकदम करीब आ गयी। वह ज़मीन पर पसर कर बैठ गयी और दरस की ओर ताकते हुए बोली, "मुझे पैसे नहीं चाहिए। बस आप उस अस्पताल में माँ का नंबर जल्दी लगवाने में मदद कर दीजिये। अस्पताल वाले कह रहे थे कि कम से कम तीन महीने इंतज़ार करना होगा।"

इतना कहकर वह सुबकने लगी। हरसा ने अपना सिर अपने घुटनों पर टिका लिया। उसकी सिसकियों की चुभन से दरस की नसों में चीरा लगने सा हुआ। रक्त के रिस जाने से पहले ही उसका मन पसीज गया। दरस ने थोड़ा घबराते हुए हरसा का सिर उसके घुटनों से उठा लिया और अपनी हथेली उसके सिर पर फिराते हुए बोला, "बस इतनी सी बात।"

दरस की बात सुनकर हरसा की रोती हुई आँखों की चमक वापस आ गयी। वह ज़मीन पर उकड़ू बैठी, और एक ही झटके में उठ खड़ी हुई। उसने बच्चों की तरह झपट कर दरस को गले लगा लिया। वह मुस्कुराने लगी। वह मुस्कुराते हुए रोने लगी। जैसे उसे अपनी माँ की मदद नहीं, बल्कि ख़ुद के लिए मदद चाहिए थी। वह उसे ज़ोर से पकड़ कर रोने लगी। दरस ने भी उसे रोने से नहीं रोका।

जब दरस ने उसका कंधा झिंझोड़ा, तब तक वह अपना रोना पूरा कर चुकी थी। उसका मन खाली हो चुका था। उसकी देह जाग उठी थी।

उसने आँखों खोली, तो देखा कि सामने दरस खड़ा है। दरस ने उससे कहा, ''पिताजी मान गये हैं। निर्णय हो चुका है। कल हम निजी लैब का सामान डिस्पेंसरी ले जाएँगे।''

''कौन पिताजी और कौन सा लैब?'', हरसा अपनी नींद के झोंके से बाहर आकर हैरान थी।

''अरे पगली खेसराहा और कौन।'' दरस ने उसे ज़ोर देकर कहा।

अगले दिन खेसराहा लैलूंगा के जंगलों की ओर निकल गया, जहाँ वह आदिवासी बैगाओं के साथ मिलकर शुगर की दवा बनाने की कोशिश करने वाला था। उसने जाते वक्त दरस को बस इतना ही कहा कि वह लैब में रखी डायरियों और रजिस्टरों को सम्हाल कर घर की लोहे की आलमारी में रख दे। बाकी सामानों को जो करना है कर ले।

***

दरस अपनी सोच से बाहर आ गया। देर तक खड़े रहने के कारण उसकी पिंडलियों में दर्द हो रहा था। फिलहाल उसे भूख नहीं लग रही थी। उसे अकेलापन महसूस हो रहा था। चिरपोटी के आने की उम्मीद में वह दोपहर देर तक जागता रहा था और फिर ना जाने कब उसकी नींद लग गयी कि संतो के कॉलबेल बजाने पर ही वह उठ पाया था।

वह चुपचाप बिस्तर पर जाकर लेट गया। उसके भीतर दुबक कर बैठी बेचैनी और ना मालूम किस की प्रतीक्षा थी, जो उसे भीतर से गलाये जा रही थी। उसने अपने पूरे बदन को निहार कर देखा। उसके शरीर पर उम्र और स्मृतियों की लहरों के लौट जाने के पुराने चिन्ह झुर्रियों में बदल गये थे।

वह अपनी झुर्रियों के बहुत पुराने आख्यान में लौट गया, जब झुनगा की बेटी छूछमुँही एक दिन के लिए उसके यहाँ काम करने आयी थी। उसका चेहरा सचमुच छछूंदर की तरह तीखा और चंचल सा था। उसकी उपस्थिति से ही घर में अजीब सा उन्माद फैला हुआ लग रहा था। ख़ुद दरस उसकी गिरफ्त में आने जैसा हो रहा था। पैथोलॉजी की किताबों में अपना मन लगाने की कोशिश में वह असफल हो रहा था। उसके नथुने में कस्तूरी की गंध का झोंका आकर ठहर गया था और मृग उसके सामने फर्श पर पोंछा लगा रही थी।

दरस की व्याकुल नज़र बार बार छूछमुँही की पीठ पर जाकर बैठ जा रही थी, जिसे वह मख्खी समझ कर उड़ा दे रही थी। फिर वह टेबल के पास आकर उकड़ू बैठते हुए दरस से बोली, ''आप भी पेशाब की पढ़ाई करते हैं।'' तब वह पोंछे का कपड़ा निचोड़ रही थी। लेकिन ऐसा लगा मानो उसने दरस के अहम को पकड़ कर निचोड़ दिया हो। दरस ने अपना पैर उठाकर उसके लिए पोंछा मारने की जगह बनाते हुए जवाब दिया, ''अरे और भी चीज़ें पढ़नी पड़ती हैं। तुमने कभी कुछ पढ़ा है?''

छूछमुँही ने बिना कोई प्रतिक्रिया दिये दरस के पैर उठाये हुए जगह पर पोंछा किया और फिर नजाकत से अपने चेहरे पर लटक आये बालों के एक गुच्छे को अपनी कलाई से पीछे की ओर धकेल दिया, जो कान के पीछे जाने की बजाय फिर से वापस उसके चेहरे पर आकर लटक गया। दरस अपनी हथेली के उकसावे पर आ ही गया। उसने धीरे से छूछमुँही के लटक गये बाल के गुच्छे को उसके चेहरे से हटा कर कान के पीछे लगे पिन में घुसेड़ दिया। अपना सिर थोड़ा टेढ़ा करते हुए छूछमुँही ने दरस से कहा, ''थैंक यू।'' फिर उसने अपनी मुस्कुराहट को छिपा लिया, जिसे दरस भी देख रहा था।

''अरे तुम तो अंग्रेजी भी जानती हो।''

''तो क्या। पढ़ती हूँ। मैट्रिक में।'', पोंछा वाली बाल्टी उसने उठाकर दूर दरवाज़े के पास रख दिया, जहाँ से वह पोंछा करते हुए बाहर निकल जाने वाली थी। वह जहाँ जहाँ जाती दरस भी धीरे-धीरे उसके पीछे जाने लगा। वह उकड़ू बैठकर पोंछा मार रही थी और दरस उसके पास खड़े होकर उससे बातें कर रहा था। दोनों बातें ही कर रहे थे। लेकिन दोनों कुछ और भी कर रहे थे। दोनों सामने वाले की पहल करने का इंतज़ार कर रहे थे। दोनों भोले बने हुए थे। दोनों नज़रों की शैतानी भी कर रहे थे।

''आप मेरे पीछे पीछे क्यों आ रहे हैं। जाइये बैठकर मन लगाकर पढ़ाई कीजिये।'', छूछमुँही ने इस तरह से कहा जैसे वह उसकी नवब्याहता हो और वह उसका पति जो विवाह के ठीक अगले दिन अपने घर को संवारने के लिए जुटे हुए हों। फिर उसने अपनी साड़ी का आँचल अपने कमर में खोंस लिया, जिससे उसका नाभि प्रदेश उजागर हो गया। उसकी साँवली उजास में दरस की नज़र ठहर गयी। वह देर तक उसे ऐसे ही देखते हुए बोला, ''मन पढ़ाई में नहीं लग रहा।''

''तो फिर कहाँ लग रहा है।''

''मृग की नाभि में।''

''मतलब!'' छूछमुँही ने अचरज से पूछा क्योंकि वह मृग का मतलब नहीं जानती थी और इस बात को भाँपते हुए दरस ने कहा, ''तुमने नाभि में कस्तूरी की ख़ुशबू वाले हिरण के बारे में नहीं सुना है। हिरण को मृग भी कहते हैं।''

''आप तो बड़े ही वो हैं।'', छूछमुँही ने दरस के आखिरी कवच को तोड़ने की गरज से कहा, जिसके भीतर छिपकर वह सभ्रांत ही बना

रहना चाहता था। लेकिन उसकी चाहत उसे अंदर से तोड़ रही थी। दरस अपनी कामना की आग से झुलस गया और उसने बिना देर लगाये लेकिन झिझकते हुए कहा, ''क्या मेरे कमर पर तेल लगा दोगी। बहुत दर्द हो रहा है।''

''दिन भर कमर झुकाकर पढ़ेंगे तो होगा ही।''

लेकिन दरस को उसकी सलाह की ज़रुरत नहीं थी। उसे तो छूछमुँही की मदद की ज़रुरत थी। वह उसकी उपस्थिति की कामुक गंध से ही व्याकुल हो उठा था। वह उसे बस छू लेना चाहता था। वह मृग की कस्तूरी को पास से सूँघ लेना चाहता था। दरअसल वह अपने अकेलेपन का मारा हुआ था। अपनी चुप्पी में घिरा उदास आदमी। उसके अकेलेपन और चुप्पी के बाड़े को तोड़ कर एक हिरणी अंदर घुस आयी थी और उसके मन के गलियारे में कुलांचे मार रही थी।

''ठीक है काम पूरा होने के बाद कर दूंगी।'', छूछमुँही पोंछा करने के बाद उसके कपड़े धोने आँगन चली गयी। दरस अपने कमरे में आकर चुपचाप बैठ गया। उसने अपनी किताब पलटकर रख दी। उसने अपना चश्मा उतारकर टेबल पर रख दिया। उसने अपनी झिझक उतार कर रख दी। किसी स्पर्श और किसी नज़दीकी की प्रतीक्षा में वह धीरे-धीरे मरने लगा।

वह आँखें मूँदे हुए बिस्तर पर लेटा ही था कि छूछमुँही एक कटोरी में गुनगुना सरसों तेल लेकर आ गयी। कमरे में सरसों तेल, कस्तूरी और छूछमुँही की ख़ुशबू भर गयी, जिसके जादू के असर में दरस की आत्मा और उसकी देह सनसनाने लगी थी। दरस ने धीरे से अपना कुर्ता हटा दिया। छूछमुँही ने अपनी हथेली में गुनगुना तेल लिया और दरस की ठंडी पीठ पर उड़ेल दिया। वह अपनी हथेली दरस की पीठ से कमर की ओर आहिस्ता आहिस्ता ले जाने लगी। उसके स्पर्श की गर्मी और लालच में दरस की देह जागने लगी।

''आपकी देह पर अभी से झुर्रियाँ उगने लगी हैं।'', छूछमुँही के सवाल पर दरस थोड़ी देर चुप रहा, फिर उसने धीरे से कहा, ''उम्र के कारण होता है।''

''नहीं। यह छुअन और देखभाल की कमी से होता है। आपकी पत्नी रहती तो ऐसा नहीं होता।'', छूछमुँही की आवाज़ दरस को थोड़ी कर्कश लगी। वह उसके तर्क से थोड़ा असहज हो गया। उसे लगा कि किसी ने उसके बहुत पुराने जख्म पर नाखून घुसेड़ दिया है। वह तेज़ी से बिस्तर से उठ बैठा और खीझते हुए कहा, ''अब ठीक लग रहा है। हो गया।''

दरस के इस तरह अचानक उठ जाने पर छूछमुँही को लगा कि अधेड़ शरीर को इस तरह मेरा छूना सहन नहीं हो रहा होगा। उसे लगा कि वह दरस के भरोसे और संयम के बाड़े को अपनी कुलांचों से तोड़ रही होगी इसलिए शायद। वह बिना कुछ सोचे उठ खड़ी हुई और कमरे से बाहर निकलते हुए बोली, ''स्त्री के स्पर्श से झुर्रियाँ मर जाती हैं।''

तब दरस अपने कुर्ते से अपनी पीठ और अपने कमर पर लगे सरसों तेल को पोंछने लगा। मानो वह उस स्पर्श के सारे निशान को मिटा देना चाहता हो। उसे कमरे में अफसोस की गंध महसूस हुई।

गंध और ख़याल की व्याकुल वापसी से उसे लगा मानो किसी ने उसकी छाती पर बड़ा सा पत्थर रख दिया है। उसका जी घबराने लगा। उसके माथे पर पसीना आ गया। उसने करवट बदली, तो ख़ुद को बिस्तर पर लेटा पाया। उसने अपने पूरे बदन पर झुर्रियों के गहरे लहरदार उभारों को देखा। उसने देखा कि कमरे में न कस्तूरी की गंध है और ना ही उस मृग के कुलांचों के निशान।

***

वह कमरे की उमस और यादों की नमी से ऊब गया। वह बिस्तर से उठा और लुंगी पहनने के बाद एक पुराना कुर्ता डाल लिया। उसे अपनी शारीरिक मजबूरी के लिहाज से एडल्ट डायपर पहनने की ज़रुरत महसूस हुई, लेकिन अपने मकान के बाहर जाकर बैठना ही तो है, यह सोचकर उसने इस ख़याल को छोड़ दिया और धीरे-धीरे पैर घिसटते हुए बाहर वाले कमरे की ओर चला गया।

मकान का मुख्य दरवाज़ा खोलते ही उसने देखा कि गली में दूर तक कोई दिखाई नहीं दे रहा था, सिवाय कुछ कुत्तों के जो बूढ़े और बच्चों को देखकर काटने को दौड़ जाते थे। दरस अपने मकान के बाहर बने चबूतरे पर बैठ गया। उसे अभी भी उम्मीद थी कि चिरपोटी आयेगा।

दूर टैक्स बाबू का मकान उसे धुँधला दिखायी दे रहा था, जितनी उसकी धुँधली स्मृतियाँ थी। वह बहुत देर यह सोचता रहा कि आखिर टैक्स बाबू की कितनी लड़कियाँ थी। लेकिन उसे कुछ याद नहीं आया। बस एक धुँधली सी छवि उसके मन में उभर रही थी कि वह नकली डाक्टर बनकर किसी झूठे मरीज़ का मुआयना करने उसके शरीर पर झुका हुआ है और वह शरीर गिलहरी की तरह नाज़ुक इधर से उधर डोल रहा है। स्पर्श के जादुई खेल में छटपटाते हुए।

उसने फिर से कोशिश की उस मकान की ओर देखने की, जिसके भीतर जाते ही वह अपने सुख के हरम में पहुँच जाता था। उधर कोई नहीं था। उस मकान के सामने एक नयी सुज़ुकी कार खड़ी थी, जिसके मालिक की शहर में चावल की थोक की दुकान थी और जो ओड़िसा में चावल तस्करी करने के लिए भी जाना जाता था। उस व्यापारी ने ही टैक्स बाबू का मकान बरसों पहले खरीद लिया था और अपनी ज़रुरत और हैसियत के मुताबिक मकान में मरम्मत और निर्माण कर उसे सुंदर बनाने की कोशिश की थी।

दरस ने अपना चश्मा पहन लिया। अब उसे दूर की चीज़ें एकदम साफ़ साफ़ नज़र आने लगीं। टैक्स बाबू के मकान के बाजू में रहने वाली बेनगाली का बंगला अंधेरे में साफ़ दिख नहीं रहा था। उसकी पुरानी एम्बेसडर कार बाहर धूल खा रही थी, जिसे देखकर लग रहा था मानो उसे महीनों से चलाया नहीं गया है। उसके बाद भी मुख्य सड़क तक मकानों का सिलसिला था, जिन्हें दरस पहचान नहीं पा रहा था।

उसके मकान के ठीक बगल में चउबे का मकान था, जिसके सामने लगी स्ट्रीट लाइट के नीचे एक कुत्ता सेनेटरी पैड को नोच रहा था। चउबे का मकान बंद था। उसके लोहे के बड़े से दरवाज़े पर जंग लग चुकी थी। उसके आसपास की बोगनवेलिया की डाली उस पर लिपट कर उसे छिपा लेने की कोशिश में थी। पोर्च की छत का एक हिस्सा टूट कर गिर गया था, जहाँ बरसों पहले खड़ी बेनदरी टेनिस गेंद लपकने के लिए उतावली हो रही थी।

वह गेंद तो लपक नहीं पायी, बल्कि अपने छत से नीचे गिरते हुए बड़ी मुश्किल से बची थी। तब सामने खरपतवार की ओट में छिपा उसका प्रेमी घबरा कर साइकिल लेकर भाग गया था। उसी प्रेमी के साथ बेनदरी के घर छोड़कर चले जाने के बाद किसी बवाल और शर्मिंदगी से बचने के लिए चउबे अपना परिवार लेकर किसी अनजान जगह पर चला गया था, जिसका किसी को पता नहीं था।

जो गेंद बेनदरी लपक नहीं पायी, वह दरस के आँगन में आकर गिरी थी, जिसे उसने सम्हाल कर रख लिया था कि जब भी मौका मिलेगा वह उसे बेनदरी तक पहुँचा देगा। लेकिन दरस को वह मौका मिलने से पहले ही बेनदरी को मौका मिल गया और वह बिना किसी को कुछ बताये अपने प्रेमी जा..वेद के साथ चली गयी।

उस दिन दरस सफाईकर्मियों के मुहल्ले से किसी तरह भाग कर निकला था। वह देर तक सुअर के पिल्ले की कटी हुई मुंडी और उसके धड़ से निकलते ख़ून के फौव्वारे को भूल नहीं पा रहा था। उस ख़ून की धार दरस के बदन पर भी पड़ गयी थी। वह आगीमुता की मुस्कान और उसके पिता रोगहा के गर्व भरे अट्टाहास को भूल नहीं पाया।

वहाँ से भाग कर दरस खरपतवार के रास्ते अपने घर लौट रहा था कि उसे हओ की देह के चुम्बक ने खींच लिया था और वह कुछ देर रूकने के बाद जब लाल स्याही से रंगे अपने हाथ और कपड़े में छिपते छिपाते हुए घर की ओर जा रहा था, तब चउबे अपने छत पर खड़ा उसे देखकर मुस्कुरा रहा था। उस समय दरस तेज़ी से अपने मकान के दरवाज़े तक आया और उसने घबरा कर इधर उधर देखा था।

तब उसने ध्यान से खरपतवार मैदान में हो रही हलचल की ओर देखा। उसने देखा कि सामने एक लड़की अपना चेहरा दुपट्टा से छिपाये किसी युवक के साथ खड़ी है। उसके कंधे पर एक छोटा सा बैग टँगा हुआ है और युवक एक पुरानी बजाज चेतक स्कूटर को स्टार्ट करने के लिए ज़ोर ज़ोर से किक मार रहा है। जबकि चेहरा छिपायी हुई लड़की परेशान और घबरायी हुई बार बार इधर उधर देख रही है।

जब स्कूटर घर्र घर्र घुर्र घुर्र की तेज़ आवाज़ करती हुई अपने पुराने साइलेंसर से धुँआ छोड़ने लगी, तब लड़के ने हड़बड़ी में उसे स्टैंड से उतार दिया और लड़की कूदकर उस स्कूटर पर बैठ गयी। जब दोनों स्कूटर पर सवार होकर तेज़ी से दरस के मकान के सामने से रेलवे स्टेशन की ओर निकले, तब दरस को लगा कि दुपट्टे में धँसी उन परेशान आँखों को उसने कहीं देखा है। स्कूटर का धुँआ गली में भर गया था। उसकी तेज़ आवाज़ धीरे-धीरे मंद होने लगी थी।

वह देर तक उन आँखों की पहचान के बारे में सोचने लगा। उसे याद आया कि सुगना की आँखें तो कम बोलती थीं और रोती हुई ज़्यादा लगती थीं। उसने रज्जो की आँखों के बारे में सोचा। फिर उसने लमचोंचवी की आँखों के बारे में सोचा। लेकिन उन सब आँखों से, दुपट्टे से बाहर झाँकती आँखें एकदम अलग थीं।

बहुत देर बाद जब उसे याद आ गया कि उसने उन परेशान आँखों को कहाँ देखा था, तब वह चौंक गया। उसे याद आया कि उसने इन नमदार आँखों को सिंधी चूड़ी दुकान के पास देखा था। उन तेज़ झपकती पलकों वाली आँखों को उसने चउबे की छत से गिरते हुए बचने के समय देखा था। दरस को लगा कि उसे जाकर चउबे को यह बात बता देनी चाहिए। लेकिन उसकी हिम्मत नहीं हुई कि वह दौड़कर चउबे के घर जाये और उन्हें बताये कि बेनदरी जाली टोपी वाले लड़के के साथ भाग गयी है।

यह ख़याल आते ही दरस अपने मकान के बाहर बने चबूतरे से यह सोचते हुए उठ खड़ा हुआ कि 'अगर चिरपोटी का आना हुआ, तब वह कॉलबेल तो बजा ही सकता है। आखिर इतना बहरा भी तो नहीं हूँ कि कॉलबेल की आवाज़ सुनाई ना दे।' मकान के अंदर आते ही उसे झींगुर की आवाज़ सुनाई देने लगी। झींगुर की आवाज़ सुनकर उसे हरसा की याद आ गयी, जो ऐसी तीखी आवाज़ सुनकर छिपे हुए झींगुर को खोजती और फिर उसे झाड़ू से मार डालती।

लेकिन इस उम्र में उसे ना झींगुर की आवाज़ से परेशानी थी और ना ही अपनी चुप्पी से। वह चुपचाप भीतर वाले कमरे में गया, जहाँ गैरज़रूरी सामान रख दिया जाता था ताकि ज़रुरत पड़ने पर उसे निकाल लिया जाये। कमरे का दरवाज़ा खोलते ही उसे अजीब सी गंध आयी। उसने सोचा शायद कोई चूहा मर गया होगा। इतने सारे कबाड़ के बीच वह कहाँ

दबकर मरा होगा यह सोचने की बजाय दरस यह सोचने लगा कि उसने बेनदरी के प्रेमपत्र वाले टेनिस गेंद को बहुत पहले कहाँ रखा है?

उसने सबसे पहले स्टील के पुराने डिब्बे में देखा, जिसमें कटोरियों और चम्मचों का सेट रखा हुआ था, जिसे बरसों पहले हरसा खरीद कर लायी थी। उसके नीचे पीतल के दो लोटे और गिलास रखे हुए थे। उसने उस स्टील के डिब्बे को बंद कर दिया। फिर उसके पास रखे लोहे के पुराने बक्से में देखा, जिसमें तमाम तरह की डायरियाँ, पैथोलॉजी की किताबें, उसके नोट्स और खराब हो चुके दो माइक्रोस्कोप रखे हुए थे। उसके बगल में गिलेस दे कोरबेइल की जर्जर हो चुकी तस्वीर रखी थी। उस तस्वीर को दीमकों ने कुतरना शुरू कर दिया था।

फिर बहुत देर बाद उसे ध्यान आया कि हो सकता है कि उसने वह टेनिस गेंद लोहे की आलमारी के ऊपर रखे कार्डबोर्ड के डिब्बे में रख दी हो। दरस ने स्टील के पुराने डिब्बे पर अपना पैर जमा कर रखा और सावधानीपूर्वक उस कार्डबोर्ड के डिब्बे को नीचे धकेल दिया। उस पर जमी गर्द हवा में फैल गयी। वह धूल के कणों के कारण ज़ोर ज़ोर से खाँसने लगा। डिब्बा लेकर वह बाहर आ गया।

डिब्बे को दरस ने आँगन की ओर उछाल कर फेंक दिया, इस भय से कि कहीं उसके अंदर कोई छिपकली दुबक कर ना बैठी हो। उसका भय इतना सच्चा और भरोसेमंद था कि उस डिब्बे के ज़मीन पर गिरते ही उसके भीतर से तीन छिपकलियाँ बाहर आयीं और तेज़ी से पीछे की दीवार पर चढ़कर दूर भाग गयीं। दरस ने झाड़ू से ही उस डिब्बे का ढक्कन खोला और बारी बारी से उसके अंदर बंद सामानों को बाहर निकालने लगा। कुछ पुरानी प्लास्टिक की थैलियों और दवा की शीशियों के बाहर आने के बाद फफूँद से घिरी वह पुरानी टेनिस गेंद अपने आप बाहर लुढ़कती हुई आ गयी।

दरस ने उस गेंद को लपक लिया। उसे ज़मीन पर दो तीन बार पटक कर उस पर लगी फफूँद को साफ़ किया। फिर उसने ध्यान से देखा कि उस गेंद पर उसी जगह चीरा लगाने का निशान मौजूद है, जिसे बरसों पहले उसने आँगन में खोल कर देखा था और उसके भीतर से काग़ज़ का एक पुर्जा निकाला था, जिसकी स्याही की बू उस पर तब भी मौजूद थी।

दरस ने उस गेंद के चीरे को फैला दिया। अंदर एक बहुत पुराना सूखा सा काग़ज़ का छोटा पुर्जा गर्भ में आराम फरमा रहे भ्रूण की तरह सिमटा हुआ रखा था। दरस ने आहिस्ता से उस काग़ज़ के पुर्जे को बाहर निकाला और ज़मीन पर उकड़ू बैठ कर उसे फैला दिया।

उसने अपने चश्मे के पीछे से उस काग़ज़ पर लिखी बरसों पुरानी इबारत को ध्यान से पढ़ना शुरू किया,

मेरी प्यारी बेनी,

कल हटरी बाजार के सिंधी चूड़ी दुकान आ जाना। वहाँ से हम मस्जिद के इमाम से मिलकर बात कर लेंगे। फिर निकाह करने के बाद इस शहर से बहुत दूर चले जायेंगे।

तुम्हारा जा ..वेद

उस प्रेम पत्र की लिखावट से प्रेम में पड़े प्रेमी की हड़बड़ी और संभावित खतरे का भय साफ़ नज़र आ रहा था। इसलिए ही अपना नाम लिखते वक्त उसके हाथ काँप गये थे। उसने काँपते हाथों से अपना नाम जावेद लिखा था, जा...वेद।

बहुत देर उकड़ू बैठे हुए दरस का पैर अकड़ गया। वह ज़मीन पर पसर कर बैठ गया।

लेकिन उसके जेहन से चिरपोटी के आने की उम्मीद नहीं निकल पा रही थी। उसने वायदा किया था कि किंगफिशर की दो ठंडी बोतलें लेकर आयेगा। फिर दोनों देर तक बैठ कर बातें करेंगे।

***

जब पिछली बार दरस और चिरपोटी बैठकर बीयर पी रहे थे, तब दोनों ने देर तक पुरानी बातें की थीं। और फिर दोनों विधवा गली की अपनी स्मृति में आकर अटक गये थे।

दरस अपनी स्मृति की पुरानी गलियों से गुज़रते हुए विधवा गली के मुहाने पर पहुँच गया, जहाँ पर चिरपोटी ने हाँफते हुए अपनी साइकिल रोक दी थी और दरस को साइकिल के कैरियर से नीचे उतर जाने का इशारा किया था। उस समय दरस गली के मुहाने पर खड़ी एक बुढ़िया को देख रहा था, जो उनकी ओर देख कर ज़ोर ज़ोर से कुछ बुदबुदा रही थी। उसकी कमर झुकी हुई थी और उसने एक हाथ से लाठी पकड़ी हुई थी।

बुढ़िया ने अपने माथे पर चंदन का बड़ा सा टीका लगाया हुआ था। उसके दूसरे हाथ में ताँबे का एक छोटा सा लोटा था, जिससे वह भरी दुपहर में सूर्य को अर्घ्य दे रही थी। सूर्य की ओर देखते हुए उसकी आँखें मुँद गयी थीं। फिर वह उनकी ओर पलट कर फुसफुसाते हुए बोली, ''तुम लोग इधर क्या करने आये हो? चलो जाओ।''

तब चिरपोटी अपनी साँसों की गति धीमी होने का इंतज़ार कर रहा था। तब दरस अपनी आँखों के चमत्कृत होने का इकरार कर रहा था। उसने देखा कि गली के दोनों ओर पुराने मकानों की दूर तक कतारें हैं। सभी मकानों का दरवाज़ा बंद है। उन मकानों की दीवारों पर काई की गहरी हरी परत धूप में चमक रही थी। गली के सुनसान में हारमोनियम और आलाप की हल्की मंद आवाज़ आ रही थी।

बुढ़िया अपने लोटे का पूरा जल अर्पित करने के बाद धीरे-धीरे उस गली के तीसरे मकान के अंदर चली गयी। उसके अंदर जाते ही उस मकान का दरवाज़ा एक युवती ने बंद किया। उसने दरवाज़ा बंद करने से पहले उनकी ओर झाँक कर देखा। उस युवती के झाँकने से मालूम हो रहा था कि उसने ज़माने से किसी को नहीं देखा है। उसकी आँखों में बाहर झाँक लेने का सुख साफ़ साफ़ दिखाई दे रहा था। युवती ने दरवाज़ा बंद करने के पहले उन्हें इशारा किया और मुस्कुराती हुई तेज़ी से दरवाज़े का किवाड़ भिड़ा दिया।

उस लकड़ी के पुराने दरवाज़े पर पोता गया ऑयल पेंट उतर गया था। उसकी दरारों से अंदर के आँगन की धूप रोशनी के धागे की तरह चमक रही थी। दरस चुपचाप उस मकान के दरवाज़े तक गया और उसके सामने बने चबूतरे पर चढ़ कर उस दरवाज़े की दरार से अंदर झाँकने लगा। अंदर आँगन में कई सारी लड़कियों और युवतियों की हलचल दिख रही थी।

दरवाज़े के ठीक सामने एक तुलसी का चौरा था, जिसके चारों ओर एक युवती परिक्रमा कर रही थी। वह स्नान करने के बाद गीली साड़ी में ही तुलसी के चारों ओर घूम रही थी। एक दूसरी लड़की उस तुलसी चौरे के ठीक पीछे रखे तख़्त पर बैठी हुई हारमोनियम बजा रही थी। उस सूने मकान के अंदर के चमकदार आँगन में बहुत हलचल थी। दरार में से वह बुढ़िया दरवाज़े की तरफ आती दिखी। दरस डरकर चबूतरे से नीचे कूद गया और चिरपोटी की भागती हुई साइकिल के कैरियर पर कूद कर बैठ गया। दरस ने पलट कर पीछे देखा। बुढ़िया ने चीखते हुए कहा, ''अभी उम्र नहीं है तुम्हारी जाओ भागो यहाँ से।''

उस सँकरी गली में दोनों ओर दो मंज़िला और पुराने मकान की कतारों में कोई भी विलक्षणता नहीं दिख रही थी। लग रहा था कि दिन

के इस समय यह गली मरी हुई सी है। उन मकानों के सामने बजबजाती हुई नाली थी, जिस पर पत्थरों के टुकड़ों को रख दिया गया था ताकि उसमें कोई गिरे ना।

उन मकानों की ठंडी उपस्थिति और चुप्पी से ऐसा लग रहा था, मानो वह जिंदा लोगों का क़ब्रिस्तान है। ऐसा क़ब्रिस्तान जिसके क़ब्रों पर किसी भी तरह का कोई भी खुतबा नहीं लगा है। सब अपनी गुमशुदगी में सहज और संतुष्ट लग रहे थे। किसी भी मकान में एक भी खिड़की इस गली की ओर नहीं थी। तब दरस को लगा कि आखिर इन मकानों के लोग इतना छिप कर और बंद सा क्यों रहते हैं।

तब तक उनकी साइकिल गली के आखिरी छोर तक पहुँच गयी थी। चिरपोटी ने मुख्य सड़क पर पहुँचने से पहले अपनी साइकिल रोक दी। दरस भी चुप बैठा चिरपोटी के कुछ कहने की प्रतीक्षा कर रहा था। लेकिन चिरपोटी भी चुप रहा और उसने धीरे से पीछे पलट कर देखा, जिधर वह बुढ़िया उन्हें जवान होने पर आने का निवेदन करने की बजाय गाली दे रही थी। पीछे की बदबूदार गली का सन्नाटा कानों को चुभ रहा था। उस मुर्दा शांति में पीछे की गली से सिर्फ एक ही आवाज़ आ रही थी। हारमोनियम की आवाज़।

दरवाजों की बंद उपस्थिति और खिड़कियों की अनुपस्थिति से दरस के भीतर की इच्छा कुलबुलाने लगी। उसके भीतर का पुराना खब्त जाग गया। दरस को बंद परदे के पीछे झाँकने और जानने की अजब ही बेचैनी शुरू हो जाती थी। वह सुगना के घर में भी इस खब्त से बच नहीं पाया था। वह लमचोंचवी के कमरे के बाहर लगे परदे को देखकर तो व्याकुल हो गया था और उसने धीरे से परदा हटा कर अंदर झाँक कर देख ही लिया था।

लेकिन मुख्य सड़क पर तेज़ी से भागते एक ट्रैक्टर की आवाज़ से दरस चौंक गया। उसने देखा कि चिरपोटी सड़क किनारे खड़ा है और दूर के मुस्लिम क़ब्रिस्तान की ओर ध्यान से देख रहा है। दरस भागते हुए उसके पास गया। दोनों साइकिल से कस्बे की ओर चले गये। साइकिल की कैरियर पर बैठे हुए दरस ने चिरपोटी से पूछा था, ''उस गली का नाम क्या है?'' तब चिरपोटी ने धीरे से कहा था, ''विधवा गली।''

उस विधवा गली में दरस का मन छूट गया था और वह वहीं से उसे सालों तक पुकारता रहा था। वह अपने मन के पुकार की ज़्यादा दिनों तक अवहेलना नहीं कर सका। और मन एक दिन आखिर उसकी कलाई पकड़ कर उसे अपने साथ उस गली में ले गया, जिसका नाम दूर दूर तक फैला हुआ था। कस्बे के व्यापारी, छोटे चावल तस्कर, गाँजा के अवैध धंधेबाज, सट्टाबाज, जुआरी, अपने प्रेम में असफल युवक और नशे में डूबे लोग उस गली में शाम ढलने पर आने लगते थे।

दरस जब मैट्रिक पहुँच गया, वह बंद दरवाजों और नदारद खिड़कियों वाले मकानों के पीछे की दुनिया के बारे में कुछ कुछ जानने लग गया था। उसके जानने में आधा सच था और वह पूरा सच जानने का इच्छुक था। इच्छा ने उसे उस गली की ओर दौड़ा ही दिया।

उस गली के चुम्बकत्व और रौनक की अफवाह से दरस वहाँ अकेले जाने से घबरा रहा था। अपनी घबराहट और कौतुक में साझीदार बनाने के लिए उसने अपने साथ चलने को चिरपोटी को मना लिया। हालाँकि चिरपोटी भी उस गली में शाम को जाने से डर रहा था। डर गली में नहीं था बल्कि दोनों के जेहन में था। अबूझ को जान लेने का डर।

***

दोनों जैसे ही कस्बे के पूरब के मुहाने पर बसे तेलीपारा की गलियों से निकल कर एक चौराहे पर पहुँचे, वैसे ही उन्होंने देखा कि उस चौराहे पर कोने में एक कबाब बेचने वाले का ठेला है, जिसकी चिमनी के हल्के उजियारे में कुछ लोग काँच की गिलास में देशी शराब नारंगी पी रहे हैं। लकड़ी के चूल्हे पर रखे बड़े से तवे से कबाब के तपने की ख़ुशबू दूर तक आ रही थी।

दरस ने चौराहे के उस पार चमचमाती गली की ओर देखा और भौंचक रह गया कि उस गली में दिन के समय जहाँ सुअर भी नहीं फटकते, वहाँ अभी शाम के इस शुरूआती पहर में लोगों की भीड़ है। गली के अंदर बाहर लोग आ रहे हैं, जा रहे हैं। गली के अंदर बने मकानों से निकल रही रोशनी ऊपर आकाश की ओर भाग रही है।

जिन दरवाजों को उसने बहुत सालों पहले बंद देखा था, उनके किवाड़ खुले हुए थे। उन खुले किवाड़ों को देखकर ऐसा लग रहा था मानो कोई अपनी बाँहें फैलाकर अपनी आगोश में चले आने का निमंत्रण दे रहा हो। वे जब थोड़ा और पास पहुँचे, तब उन मकानों से लड़कियों के खिलखिलाने की हल्की आवाज़ें आ रही थीं। कोई ऊँची आवाज़ में आलाप लगा रहा था। उस मरियल सी गली में सुख के बादल तैर रहे थे। दरस को सच में ऐसा लगा कि वह बादलों के उस पार की दुनिया को देख रहा है, जहाँ उसके स्वागत में कोई अप्सरा अपनी साड़ी का पल्लू ठीक करती हुई उसका बाट जोह रही है।

उसे अपने लगने पर इतना यकीन था कि वह सोचने लगा कि अप्सरा चमकीली गुलाबी साड़ी के कसीदे में उलझ गये अपनी लटकन को ठीक करने के लिए आईने में निहार रही होगी और उस आईने में दरस की उभरती हुई छवि को देखकर रूठते हुए बोल पड़ेगी, ''कहाँ थे पैथोलाजिस्ट बाबू!''

एकदम पास आकर माला बेचने वाले की आवाज़ से वह अपनी सोच से बाहर आ गया। मोंगरे की माला बेचने वाला अधेड़ उन्हें देखकर मुस्कुरा रहा था। उसने अपने हाथ में रखी एक माला उनकी ओर बढ़ाते हुए कहा, ''चार आने का है।'' मोंगरे की ख़ुशबू को पानी के छींटे मारकर जिंदा रखा गया था। अधेड़ के पान से रचे दाँत कत्थई हो गये थे, जिनके बीच फँस गये सौंफ के टुकड़े को वह बड़े ही अजीब तरीके से अपनी उँगली के नाखून से निकालने की कोशिश कर रहा था।

दरस का ध्यान गली की ओर था, जिसे उसने बरसों पहले एक मुर्दा गली के रूप में देखा था, जिसकी रखवालन सी दिख रही बुढ़िया ने उन्हें बस खदेड़ा नहीं था, बल्कि गालियाँ भी भरपूर दी थीं।

'शायद अब वह नहीं होगी वहाँ।', यह सोचकर दरस के पैर उस गली में बढ़ गये। चिरपोटी की चेतावनी और सुझाव के अनुसार दरस ने पाँच और दो रूपये के दो नोट अपने अंडरवियर की खुफिया जेब में छिपा लिए थे ताकि कोई उसे जबरन हथिया ना ले। उन नोटों का कोना दरस को चुभ भी रहा था लेकिन वह अपनी देह की इस टुच्ची पीड़ा से अनजान, मकानों की दीवारों पर फैली काई की परत को देख रहा था।

मकानों के ऊपर दीवाली पर लगाया गया झालर अभी भी चमक रहा था। वह उस चमकदार और मादक खिंचाव में गली की ओर बढ़ता जा रहा था। उसे यह ध्यान भी नहीं था कि साथ आया चिरपोटी भी उसके साथ है या नहीं। वह अपने आप में था। अपने साथ था। हारमोनियम बजने की हल्की आवाज़ में अनिच्छा लिपटी हुई थी। हारमोनियम पर दौड़ती उँगलियों की बैचनी उससे निकलने वाली आवाज़ में साफ़ सुनाई दे रही थी।

उसके पीछे चल रहा चिरपोटी उस गली के आर्कषण में मुग्ध था। उसे लग रहा था कि उन्हें बहुत पहले ही इधर आ जाना चाहिए था। लेकिन क्यों? इस सवाल का जवाब उसके पास नहीं था। उसकी आँखों में भौंचक होने की कोई वजह नहीं थी फिर भी वह भौंचक सा था। उसने सोचा कि 'आखिर इस कस्बे में इतने सारे हरामखोर हैं, जो रात में देर तक दूसरी औरतों के पास रहते हैं और अपनी पत्नियों को इंतज़ार की आग में झोंक देते हैं।'

''अच्छा है हमारी पत्नियाँ नहीं है।'', यह सोचते हुए चिरपोटी बोल पड़ा, जिसे ना दरस ने सुना और ना ही मोंगरा फूल की माला बेचता हुआ अधेड़ सुन पाया।

उनके पीछे पीछे चल रहे माला बेचने वाले ने ज़ोर से पूछा, ''पहली बार ना?''

वह उनकी ओर लगातार देख रहा था, मानो वह उनके उत्तर की प्रतीक्षा कर रहा हो। लेकिन वो दोनों इस बात की प्रतीक्षा कर रहे थे कि सामने लोगों की आवाजाही कम हो, तो वे अंदर जाने की सोचें।

''वो मकान नंबर दो सौ बाईस मस्त है!'', अधेड़ ने फिर से दाँत चियार कर कहा। लेकिन इस बार उसकी सलाह की वैधता पर दोनों के मन में कोई सवाल नहीं आया। बल्कि उन्हें आश्चर्य हुआ कि उन मकानों का नंबर भी है, जिसे वे दोनों देख ही नहीं पा रहे थे।

''क्या मस्त है?'', चिरपोटी के सवाल पर अधेड़ थोड़ा सहम गया और उनसे थोड़ी दूर हो गया।

''वहाँ गाना मस्त है।'', अधेड़ ने इस बार थोड़े धीमे से कहा।

''ठीक है।'', चिरपोटी ने कहा और दोनों आगे बढ़ने लगे। दोनों गली के अंदर की दूधिया रोशनी में उतरने लगे। उन्हें लगा कि सचमुच वे बादलों के बीच चल रहे हैं। बंद दरवाजों की कराह और सिसकती हुई गलियों की गंध ग़ायब हो गयी थी। सारे मकानों के दरवाज़े खुले हुए थे। उन दरवाजों के चौखट पर ऊपर उन मकानों को नगर पालिका द्वारा दिया गया हुआ नंबर लगा था, जिसे दोनों ध्यान से देखने लगे।

''मकान नंबर दो सौ बाईस''

मकान का दरवाज़ा थोड़ा खुला थोड़ा बंद सा था। दरवाज़े की किवाड़ के पीछे से ख़ुशबू का बवंडर बाहर आ रहा था। मकान के बाहर बने चबूतरे पर एक लड़का बैठा था। उसने दोनों की ओर देखा और मुस्कुराते हुए खड़ा हो गया, ''आइये आइये।''

दोनों उस लड़के के पीछे चले गये। दरवाज़े से अंदर जाते ही दरस ने अपनी नज़र उठाकर ऊपर की ओर देखा। ऊपर की मंज़िल पर बरामदे में खड़ी युवतियाँ उन्हें देखकर पास आने का इशारा कर रही थीं। मुस्कुरा रही थीं। खिलखिला रही थीं। उनके खिलखिलाने की आवाज़ से दरस के रोएँ खिल जा रहे थे।

''इन्हें ऊपर ले जा।'', दूर खाट पर बैठी एक बूढ़ी औरत ने उस लड़के से कहा। बूढ़ी औरत की आवाज़ सुनकर दरस चौंक गया। उसे लगा कि बरसों पहले जो बुढ़िया उन्हें गाली दे रही थी कहीं वही तो नहीं है। उसने ध्यान से देखा। यह बूढ़ी दूसरी औरत थी। उसे हर बूढ़ी औरत एक जैसी ही लगती थी। लेकिन यह कुछ अलग थी। अपनी बूढ़ी देह को साज श्रृंगार से ढकने की असफल कोशिश में वह ख़ुद उदास सी लग रही थी।

मकान के पीछे पसरे आँगन से ऊपर जाने की सीलनभरी एकदम पुरानी सीढ़ी थी। दोनों लड़के के पीछे पीछे उस सीढ़ी से ऊपर पहुँच गये, जहाँ सामने एक लकड़ी के तख्त पर कई युवतियाँ बैठी थी। उन्हें देखकर सब खड़ी हो गयीं और एक दूसरे से कानाफूसी करने लगीं। उन लड़कियों को देखकर दरस की धमनियों में पिपरमिंट की ठंडई उतर गयी। उसे बरसों पहले अपने पिता के ह्यूमन फिजियोलॉजी की किताबों में चित्रित रेखाचित्रों की याद आ गयी। उन रेखाचित्रों की काल्पनिक युवतियों को वह सामने साकार देख पा रहा था।

''सब सामने आ जाओ।'', लड़के ने उन युवतियों से कहा। उसके कहे पर बहते हुए सारी युवतियाँ सामने आ गयीं। सबसे पहले सलवार कुर्ता पहने हुए लड़की थी, वैसे ही जैसे दरस ने तुरकारीपारा में देखा था। उसके बाद एक पतली दुबली युवती थी, जिसकी देह की रगों का जाल साफ़ साफ़ दिखाई दे रहा था। उसे देख कर दरस को लमचोंचवी की याद आ गयी। लेकिन वह याद के जंजाल में नहीं पड़ना चाहता था। वह तो इस पल को जीना चाहता था।

युवतियों ने अपना एक हाथ दूसरे हाथ में बांधा हुआ था। उनकी साड़ी और उनकी देहों की विलक्षण और मिलीजुली गंध से दरस की देह का पुरूष जाग गया था। युवतियाँ उन्हें देखकर मुस्कुरा रही थीं। उनकी मुस्कुराहट में कोई खास चमक नहीं थी। एक किस्म की बोरियत थी। वे जल्दी से अपने कमरे में लौट जाना चाहती थीं किसी एक के साथ।

चिरपोटी ने देखा कि साथ आया लड़का उनकी ओर ध्यान से देख रहा है। चिरपोटी ने ध्यान से उस बरामदे को देखा, जहाँ युवतियों के कपड़े रस्सी में लटके हुए थे। दीवारों पर सीलन थी, जिसे नयी पुताई भी छिपा नहीं पा रही थी। पीछे पाँच कमरे दिख रहे थे। उन कमरों का दरवाज़ा हल्का सा खुला हुआ था। उन दरवाजों पर परदा लगा हुआ था।

उन परदों को देखकर दरस की इच्छा केंचुए सी सरसराने लगी। परदे के पीछे जाने और जानने की सनक से वह जूझने लगा। उसके माथे पर पसीना आने लगा। उसे लगा कि वह बिना कुछ बोले उन परदेवाले दरवाजों की ओर दौड़ जाएगा। लेकिन वह चुप रहा। उन्हें बहुत देर तक चुप देखकर लड़के ने थोड़ा खीझते हुए कहा, ''सिर्फ देखते रहोगे की उधर भी जाओगे।'' उसने हाथ से उन परदे वाले दरवाजों की ओर इशारा किया।

दरस अपनी खब्त की जकड़ में पूरी तरह आ चुका था। उसने एक बार फिर सामने खड़ी युवतियों पर नज़र दौड़ायी। वह यह देखकर भौंचक रह गया कि सातवें नंबर पर खड़ी युवती ने गुलाबी रंग की बनारसी साड़ी पहनी है, जिसके पल्लू को ठीक करते हुए वह आईने में देख रही थी। दरस ने अपनी उँगली से सात नंबर की ओर इशारा किया और वह उस युवती के पीछे चला गया।

***

परदे के पीछे की दुनिया के माया और मोह में दरस धीरे से उतर गया। बनारसी साड़ी पहनी युवती ने दरवाज़े के पास धीरे से दरस का हाथ पकड़ लिया और उसे कमरे की हल्की रोशनी में सम्हालकर ले जाने लगी। उसकी पकड़ इतनी महीन और जहीन थी कि दरस को महसूस हुआ कि उसे आज तक किसी ने इस तरह नज़ाकत और प्रेम से नहीं छुआ है।

युवती की चोटी में लगी वेणी से मोंगरा फूल की ख़ुशबू आ रही थी। उसकी देह से टैलकम पावडर की ख़ुशबू आ रही थी। उसकी साड़ी की चकाचैंध कसीदाकारी की चमक कमरे में फैल गयी थी। हाथ पकड़े हुए वह उस युवती के पीछे पीछे धीरे-धीरे ऐसे चल रहा था, मानो

दोनों अग्निकुंड की परिक्रमा कर रहे हों और बादलों के ऊपर से देवदूत पुष्पवर्षा करने के लिए उनके आलिंगन का इंतज़ार कर रहे हों।

समुद्र पर उफन कर आती लहरों को देखकर तट पर खड़ा आदमी जिस तरह सहम जाता है, ठीक उसी तरह दरस भी कमरे की उदासी के तट पर थम सा गया। लेकिन युवती ने उसे कमरे के अंदर खींच लिया। कमरे के सन्नाटे में वह धीरे से उतर गया, जहाँ कामना और वासना की लहरों का सुन्न उफान आने आने को हो रहा था। चाहत के रेतीले तट पर खड़े दरस को युवती का साथ भा रहा था। वह चाह रहा था कि युवती देर तक इसी तरह उसका हाथ पकड़े रहे। वह चाह रहा था कि वह देर तक वहाँ रूका रहे।

''इधर बैठ सकते हैं।'', यह कहते हुए युवती पास के पुराने लकड़ी के पलंग पर बिछी चादर की सिलवटों को ठीक करने लगी, मानो वह पिछली रात की आहों और स्मृतियों को उस बिस्तर से हटा रही हो। लेकिन दरस का ध्यान कमरे की लिजलिजी उपस्थिति पर था। कमरे की दीवार पर एक खिड़की थी, जिस पर साड़ी को परदे की तरह लटका दिया गया था। पुराने कपड़ों और सीलन की हल्की बू से बादलों वाला ख़याल दरस के दिमाग से निकल चुका था।

युवती ने उसे पलंग पर बिठा दिया और उसके कान से अपना होंठ सटाते हुए फुसफुसायी, ''ऐसे ही चुप बैठे रहेंगे!'' दरस युवती के उच्छवासों और काँपते होंठों को महसूस कर रहा था। युवती की आवाज़ की चाशनी में उसका मन घुल जा रहा था। दरस ने धीरे से उसकी हथेली को दबा दिया। उसने अपनी गर्दन थोड़ी टेढ़ी कर युवती की ओर देखा। वह उसे देखकर मुस्कुरा रही थी। उसके मुस्कुराने, फुसफुसाने और सहलाने की अदा से स्तब्ध दरस ने कुछ नहीं कहा। बहुत दिनों बाद

एक स्त्री को अपने एकदम पास देखकर उसका मन रूआँसा होने लगा। वह दहाड़ मार कर रोना चाहता था। लेकिन वह चुप रहा।

''बोलिये ना!'', युवती ने इस बार दरस को दबोच लिया। वह भी उसकी दबोच में निरीह और भोला बना रहा। दो देहों की नज़दीकी से रक्त का लोहा पिघलने लगा था। दरस ने एकदम पास से और ध्यान से देखा युवती के गले पर किसी धारदार हथियार से किये गये चोट का निशान मौजूद था। उसके गालों पर महीन सुनहरे रोएँ काँप रहे थे। उसके कान से लटकता हुआ कर्णफूल झूल रहा था। उसकी साँसों की करंट को वह अपने सीने पर महसूस कर रहा था।

दोनों देर तक यूँ चिपके बैठे रहे। फिर अचानक युवती ने अपनी दबोच में फँसे दरस से ख़ुद को अलग किया और पलंग पर पैर फैला कर लेट गयी। गुलाबी रंग की साड़ी के नीचे से उसकी गोरी सी पिंडलियाँ बाहर आ गयीं। उन पिंडलियों को देखकर दरस को सफाईकर्मियों के मुहल्ले से निकलती उस लड़की की याद आयी, जिसका चेहरा ढका हुआ था और उसे कुछ लड़के सहारा देकर तेज़ी से ले जा रहे थे।

उस लड़की की पिंडलियों में उसी तरह उभरी हुई नसें थी, जैसा कि वह अपने सामने पड़ी देह पर देख रहा था। उसने युवती के सवाल 'बोलिये ना' के प्रत्युतर में कहा, ''क्या तुम बरसों पहले उस गंदे नाले के पार गयी थी?''

युवती थोड़ी सजग हो गयी। वह प्रेम और नज़दीकी देने के लिए बैठी थी और लड़का किसी पुरानी बात को कुरेद रहा था। युवती ने अपना पैर और फैला लिया और गंभीरता से कहा, ''क्या मेरी पिंडलियों में ऐसा कुछ लिखा है?''

दरस ने सिर हिलाते हुए कहा, ''हाँ लिखा है। तुम्हारा दुख। तुम्हारी पीड़ा। मैं अभी भी तुम्हारी पिंडलियों पर बरसों पहले बहते खून की धार को देख पा रहा हूँ। जब तुम्हें छिपाकर वहाँ से ले जाया जा रहा था।''

दरस की बातों और यादों से युवती के भीतर पथरा चुका दुख बाहर आ गया। वह अपनी चुप्पी में अपने अंगूठे का नाखून चबाने लगी। वह बंद खिड़की से बाहर झाँकने लगी। उसने अपनी आँखें बंद कर ली। वह उस समय में लौट गयी, जिसकी याद दरस ने जगा दी थी। वह उस दिन को याद कर रोने लगी।

''अरे तुम रो क्यों रही हो?'', दरस ने घबराते हुए पूछा। वह पलंग से उठकर सामने की दीवार की ओर गया, जहाँ टेबल पर एक लोटे में पानी रखा था। उसने वह लोटा युवती की ओर बढ़ा दिया। युवती ने कुछ घूंट पानी गटकने के बाद अपना चेहरा अपनी साड़ी के पल्लू से पोंछ लिया और हिचकते हुए बोली, ''हाँ याद है वह दिन।''

''ठीक है हम उस पर बात नहीं करते।'', दरस ने उसका माथा सहलाते हुए कहा। युवती ने दरस का हाथ पकड़कर खींच लिया और धीरे से कहा, ''मेरे कारण तुम्हारी शाम खराब हो गयी ना!''

''नहीं मेरे कारण।'', यह कहकर दरस उसकी हथेली को सहलाने लगा।

''तुम यहाँ करने क्या आये हो।''

''बस यूँ हीं।''

''यूँ ही यहाँ कोई नहीं आता।''

''तो फिर क्यों आता है?'', दरस ने अपना हाथ उससे छुड़ा लिया।

‘‘तुम्हें नहीं पता।’’

‘‘नहीं।’’

‘‘तुम क्यों आये यह भी नहीं पता।’’

‘‘पता है।’’

‘‘तो बताओ।’’

‘‘बता दूँ।’’

‘‘हाँ।’’

‘‘पैंट का बटन बंद करना सीखने आया हूँ।’’, दरस ने लगभग चीखकर कहा। तब तक नीचे आँगन में बैठी बुढ़िया ऊपर आ चुकी थी। चिरपोटी को वहाँ से गये हुए तब चालीस मिनट हो चुके थे।

बुढ़िया ने दरवाज़े से अंदर झाँकते हुए कहा, ‘‘एक मरद को इतना समय देगी तो काम कैसे चलेगा रे बमनी।’’ इतना कहकर बुढ़िया आगे के कमरे की ओर चली गयी। बुढ़िया की आवाज़ सुनकर बमनी झट से पलंग से उठ खड़ी हुई और दरस से बोली, ‘‘आज का हो गया।’’

दरस ने अपनी खुफिया जेब से पाँच रूपये निकाल कर बमनी की हथेली पर रख दिये और फिर किसी नादान बच्चे की तरह बमनी की ओर देखकर बोला, ‘‘देखा। मेरी पैंट का बटन खुला हुआ है। क्या तुम बंद कर दोगी?’’

बमनी उकड़ू बैठ गयी और उसने धीरे-धीरे पैंट की काज में बटन को अपनी उंगलियों से धकेलते हुए कहा, ‘‘इस तरह बंद करते हैं बटन।’’

‘‘ठीक है फिर मैं और आऊंगा यह सीखने।’’, दरस ने बमनी को ज़ोर से अपनी बाँहों में भर लिया। दोनों एकदूसरे से चिपटे रहे। दोनों

एक दूसरे से झट से अलग हो गये। तब तक बुढ़िया पीछे के कमरे से लौट आयी थी और उनकी ओर ही देख रही थी। दरस चुपचाप बरामदे से होता हुआ सीढ़ियों से नीचे उतर आया।

दरस की जाती हुई पीठ देखकर उसे रोना आने लगा। उसकी आँखों में उफनती नमी को देखकर बुढ़िया ने कहा, ''क्यों रे एक मरद के लिए अपनी आँखों का नमक बहा रही है?''

बुढ़िया के सवाल का जवाब दिये बिना ही बमनी ने झट से अपने कमरे का दरवाज़ा बंद कर लिया। उसकी सिसकियों और हिचकियों के झटके देर रात तक दरस को अपने बिस्तर के एकांत पर महसूस होते रहे। उसे लगा कि अभी भी उसकी छाती पर बमनी सिर रखकर रो रही है।

***

दरस ने झट से अपनी आँखें खोल दीं। उसने दीवार घड़ी की ओर देखा, जिसमें शाम के सवा सात बज रहे थे। चिरपोटी अभी तक नहीं आया था। दरस की जीभ की नोक पर बीयर पीने की इच्छा बैठी हुई थी। नींद और ख़याल के दखल से कुछ भी फर्क नहीं पड़ा था।

उसे अपने मूत्राशय पर दबाव महसूस हुआ। वह बिस्तर से उठ कर पीछे आँगन की ओर चला गया। आँगन के बाहर जामुन पेड़ की डंगालें सूख गयी थीं। वॉश बेसिन के ऊपर लटका हुआ आईना टेढ़ा हो गया था। संतो जिस जगह पर बैठकर कपड़े धोती थी, वहाँ उकड़ू बैठकर दरस मूत्र उत्सर्जित करने लगा।

उसने उकड़ू बैठे हुए अपने लटके हुए अंडकोश को देखा तो उसे खेसराहा की बात याद आ गयी। उसने अंडकोश के नीचे अपनी दो उँगली लगाकर ज़मीन से उसकी दूरी को नापा। उसने राहत की साँस

ली। खेसराहा ने उसे बताया था कि 'मृत्यु के नज़दीक आने पर उकड़ू बैठे हुए पुरूष का अंडकोश ज़मीन को छू जाता है।'

वह मृत्यु और अकेलेपन से भरे कमरे में लौट आया। उसने दीवार घड़ी की ओर एक बार फिर देखा, जिसमें शाम के सात बजकर सत्रह मिनट हो रहे थे। वह रसोई की ओर गया, जहाँ उसने संतो की बनाई हुई रोटियों को छूकर देखा। फिर कड़ाही का ढक्कन उठा कर देखा। कड़ाही के मसालों की तेज़ गंध से बेपरवाह वह वापस अपनी खाट पर आकर बैठ गया।

बिस्तर की अथाह में दरस डूब गया, जिसके भीतर वह सुनहरी मछली बन कर तैरने लगा। वह समुद्री शैवालों की खोह में भटकने लगा। सपने की तलहटी पर पड़ी पुरानी और खाल छोड़ चुकी स्मृतियों को दूर से देखने लगा। फिर पास जाकर उन्हें धीरे-धीरे सहलाने लगा। पथरायी सी स्मृतियों की त्वचा में उसकी ताज़गी और हरियाली लौटाने लगा। वह अपनी नींद में हाफ पैंट पहने हुए मुहल्ले के बच्चों के साथ खास मकानों पर निशान लगाने निकल गया।

चउबे के कहने पर मुहल्ले की युवा वाहिनी ने तय किया था कि पहले अपने मुहल्ले के मकानों को चिन्हित किया जायेगा। उसके बाद कस्बे के अन्य मुहल्लों और गलियों में मकानों पर निशान लगाया जायेगा। दरस की टोली में सात अन्य लड़के थे। उन्होंने आॅयल पेंट के पुराने डिब्बे में पास के गुड़ाखू कंपनी के मालिक से गेरू रंग लिया था। पहले तो वह आनाकानी कर रहा था लेकिन टोली के बड़े लड़के ने जब उसे धर्म के लिए योगदान ना देने पर देख लेने की धमकी दी, तब वह मान गया। और ना सिर्फ गेरू रंग ही दिया बल्कि दो रूपये भी दिये ताकि धर्म के गौरव के लिए काम कर रहे बच्चों को समोसा भी खिलाया जा सके।

सबसे पहले उनकी टोली अपनी गली के आखिर में बने कल्लू मिस्त्री के कच्चे मकान की ओर गयी। उस मकान के बाद पीछे बड़ा सा खुला मैदान था, जहाँ नगर पालिका की कचरा एकत्रित करने वाली गाड़ी कस्बे का सारा कचरा वहाँ छोड़ जाती थी। उस कचरे के ढेर की बदबू दूर से ही आ रही थी। दरस किसी तरह उस दुर्गंध से अपने वमन को बाहर आने से रोक पाया। उसे अपनी नाक पर कमीज़ का परदा लगाते हुए देखकर टोली के मुखिया ने कहा, ''अबे गंध से क्या घबराना?''

कल्लू मिस्त्री के कच्चे मकान का दरवाज़ा बंद था। उसकी मिट्टी की दीवार पर लगा दरवाज़ा इतना कमज़ोर था कि लात मार कर भी गिराया जा सकता था लेकिन चउबे का निर्देश था कि यह काम सम्हल कर और चालाकी से करना है। बच्चों ने अपनी टोली के मुखिया को इस नेक काम की पहल करने के लिए उकसाया। उसने गेरू रंग में डूबे हुए पुराने ब्रश से कल्लू के मकान की दीवार पर बड़ा सा क्रास बना दिया। तब दूसरे बच्चें आसपास नज़र रखे हुए थे।

इस तरह उन्होंने दिन भर में करीब तीस मकानों पर निशान लगा दिया। जब वे इस अभियान से लौटकर मुहल्ले के खाली पड़े खेत में एकत्रित हुए, तब चउबे ने उनका हौसला बढ़ाया और पार्टी फंड से दो रूपये और दिया। सब चार रूपये लेकर मिसरा होटल की ओर समोसा खाने चल पड़े।

कल्लू के कच्चे मकान पर निशान लगा देने के बाद उनकी टोली कस्बे के दूसरे मुहल्ले की ओर कूच कर गयी। जब वे लोग रहीम घड़ीसाज की दुकान की दीवार पर निशान लगा रहे थे, तब बूढ़े रहीम ने अपनी आँखों का चश्मा हटाकर उनसे पूछा भी था, ''ये गेरू रंग से दीवार पर क्रास का निशान क्यों लगा रहे हो बच्चों?''

तब युवावाहिनी की टोली के मुखिया हकलू ने रहीम से कहा था, "अरे चच्चा सरकार जिनको मदद करना चाहती है उनके मकान पर यह निशान बना रहे हैं ताकि अगले कुछ दिन में जब सर्वे हो, तब आपका भी नाम उस सूची में जोड़ा जा सके।"

हकलू के जवाब की प्रतीक्षा किये बिना ही रहीम पुरानी लकड़ी की टेबल पर झुककर घड़ी बनाने में व्यस्त हो गया था। उसे देखकर दरस को उस बूढ़े की याद आयी, जिसे उसने अपनी तीसरी कक्षा की इतिहास की किताब में देखा था। लेकिन वह उस किताब वाले बूढ़े का नाम भूल गया था। रहीम की बूढ़ी देह ऊँट की भाँति टेबल पर झुकी हुई थी। उस दुकान में पीछे एक लकड़ी की आलमारी थी, जिसमें बहुत सारी बंद पड़ी दीवार घड़ियाँ रखी हुई थीं।

इसके बाद वे लोग दानीपारा की सँकरी गली में मुड़ गये, जहाँ गली के दोनों ओर कस्बे के मैकेनिक, दर्जी, बढ़ई, बिजली मिस्त्री और कारीगरों के पुराने कच्चे मकान थे। उन कच्चे मकानों पर निशान लगाने के बाद उनकी टोली वापस लौट गयी।

जब वे लोग मिसरा होटल में रूक कर समोसा खा रहे थे, तब दरस दूर चौक पर स्थित मंदिर की ओर देख रहा था। उसने देखा कि मंदिर की सीढ़ियों पर अलबरत बैठा है। उसके कपड़े फटे हुए हैं। उसके चेहरे पर चोट का निशान है, जिससे अभी भी खून बह रहा है। उसके लम्बे बालों में धूल और धान की सूखी बालियाँ उलझी हुई हैं। अलबरत भी मिसरा होटल की ओर देख रहा है। वह दरस को देखकर अपने पास बुलाने के लिए हाथ के इशारे करने लगा। दरस के पैर स्वतः ही उठ गये और वह धीरे-धीरे सड़क पार कर उस मंदिर की सीढ़ियों के पास पहुँच गया। उसने ध्यान से देखा कि लस्त पस्त बैठा आदमी अलबरत नहीं था। बल्कि वह अलबरत होने का भ्रम था। उसने उस अधेड़ पागल को

अपने हाथ का समोसा पकड़ा दिया। पागल उसकी ओर देखकर चुप रहा। फिर वह आकाश की ओर देखकर कुछ बुदबुदाने लगा।

दरस लौट आया। दरस अपने घर लौट आया। दरस अपने सपने में लौट आया। दरस अपने बिस्तर पर लौट आया। दरस अपने वर्तमान में लौट आया, जहाँ उसे चिरपोटी के आने का इंतज़ार था। उसने अपनी आँखें खोलकर दीवार घड़ी पर समय देखा। तब शाम के सात बजकर छब्बीस मिनट हो रहे थे। समय को इस तरह धीमा और बेआवाज़ चलता देखकर वह हताश हो गया।

उसे लगा कि दीवार घड़ी की टिक टिक की आवाज़ गूँज रही है। 'टिक टिक टिक...'

उसे लगा कि कॉलबेल की आवाज़ गूँज रही है। 'कू कड़क कूँ, कू कड़क कूँ....'

उसे लगा कि वह अपनी धुकधुकी की आवाज़ को सुन रहा है। वह अपने लगने के तमाम तर्क और भ्रम से दूर भाग जाना चाहता था। बेवक्त की नींद और गैरज़रूरी ख्वाबों से वह हर वक्त घिरा रहता था। उसे लगता था कि वह अनादि काल से सिर्फ सोच रहा है। फिर उसे लगता कि वह ना जाने कब से बिस्तर पर पड़ा हुआ है। फिर वह सोचता कि वह तो कितनी देर से कुछ सोच ही नहीं रहा बल्कि चिरपोटी के आने का इंतज़ार कर रहा है।

बीयर की जौ के ठंडे स्वाद की कल्पना से उसकी जीभ जाग उठी। बीयर के हल्के असर में वह नींद की गोद में सिमट जाता था। नींद उसे देर तक अपने सपनों की नदी में बहाये रखती थी, जहाँ अभी थोड़ी देर पहले के ख्व़ाब में वह सुनहरी मछली बनकर तैर रहा था।

सच में कॉलबेल की तेज़ आवाज़ गूँज रही थी। 'कू कड़क कूँ, कू कड़क कूँ....'

लेकिन श्रवण यंत्र के बिना दरस को कॉलबेल की आवाज़ सुनाई नहीं दे रही थी। अपने बहरेपन की मस्ती में वह बिस्तर पर पसरे हुए सोचने लगा और बहुत पुराने दिन में पहुँच गया, जब वह हरसा के साथ मीनाबाजार जाने वाला था। उस दिन दरस अपनी डिस्पेंसरी से जल्दी लौट गया था।

घर पहुँचते ही उसने देखा कि हरसा पीछे के आँगन में उकड़ू बैठी हुई है और तेज़ आवाज़ के साथ वमन कर रही है। दरस घबरा कर सीधे आँगन पहुँचा और उसकी पीठ सहलाने लगा। हरसा ने चुपचाप पूरा वमन किया फिर वॉश बेसिन में जाकर कुल्ला किया। अपना चेहरा धोया और धीरे से कमरे के बिस्तर पर जाकर लेट गयी। दरस कुछ समझ नहीं सका, क्योंकि इसमें कुछ समझने वाली बात ही नहीं थी। बस हरसा को थोड़ा बुखार सा लग रहा था। शायद उसने खुले हुए पैकेट का बिस्किट खा लिया था, जिसके चलते उसे फूड प्वायजनिंग हो गया था।

लेकिन खेसराहा को इस बात का यकीन था कि हरसा गर्भवती हो गयी है। जबकि दरस को पूरा भरोसा था कि उसे सिर्फ मौसमी बुखार है। इस यकीन और भरोसे के फेर को दूर करने के लिए खेसराहा के कहने पर दरस ने हरसा का मूत्र नमूना लिया और प्रयोगशाला में जाकर उसका परीक्षण किया। उसे अपने भरोसे पर यकीन था और यकीन सच निकला। दरस के परीक्षण परिणाम में भी साफ़ साफ़ बुखार आने का संकेत दिख रहा था।

दरस ने परखनली दिखाते हुए कहा था, ''ये देखो हल्का पीलापन ही है।''

लेकिन उसकी बात और उसकी परीक्षण पद्धति पर खेसराहा को भरोसा नहीं था। उसने अपनी दाढ़ी नोचते हुए दरस के उतावलेपन को देखा और मुँह बिचकाते हुए कहा, ''मुझे तो नहीं लगता।'' खेसराहा को अपनी तकनीक पर ज़्यादा भरोसा था, जबकि दरस को मेडिकल पैथोलॉजी पर।

खेसराहा की तकनीक के चक्कर में दरस एक बार बुरी तरह पिटते हुए बचा था। जब नगर पालिका चुनाव के समय सफाईकर्मी मुहल्ले का उम्मीदवार उसकी डिस्पेंसरी पहुँच गया था। वह दो बोतलों में नमूना एकत्र कर लाया था। उसे देखकर डिस्पेंसरी की नर्स भौंचक रह गयी थी, क्योंकि वह सिर्फ लुंगी में ही आ गया था।

उसके काले बदन पर लटके हुए वक्ष अजीब सा भाव जगा रहे थे। उसके पसीने से मेहनत की बजाय महुआ की बदबू आ रही थी। उसने टेबल पर बैठी नर्स को दोनों बोतल सौंपते हुए कहा था, ''ये लो टेस्ट कर बताना कि मैं चुनाव जीतूँगा कि नहीं?''

उम्मीदवार की बात सुनकर नर्स घबरा गयी थी। वह शर्मा भी रही थी और अचकचा भी रही थी कि 'भला पेशाब से कोई कैसे बता सकता है कि चुनाव जीतेगा कि नहीं?'

नर्स के असमंजस और व्याकुल चेहरे को देखकर उम्मीदवार ज़ोर ज़ोर से हँसने लगा मानो उसने नर्स के मन के सवाल को सुन लिया हो। उसने चीखते हुए कहा, ''अरे उस छुटका डाक्टर से कहो। उसे पता है क्या करना है। उसका बाप तो पेशाब से बहुत कुछ बता देता है।'' फिर वह ज़ोर ज़ोर से हँसने लगा।

नर्स ने पलट कर पीछे की ओर देखा, जिधर काँच की पारदर्शी दीवार के पीछे बैठे दरस ने उसे इशारा कर अपने पास बुलाया और नर्स से नमूना लेकर उम्मीदवार को दो दिन बाद आने को कहा।

दो दिन बाद जब उम्मीदवार परीक्षण का परिणाम जानने आया, तब दरस ने अपने केबिन में बुलाकर समझाया, ''चुनाव में जीत तो दिखा रहा है, लेकिन दावे से कुछ भी नहीं कह सकता।''

''लेकिन तुम्हारा बाप तो ठोक कर बता देता है।'', उम्मीदवार ने खीझते हुए कहा।

''मैं अभी उतनी विशेषज्ञता नहीं रखता हूँ।''

''तो फिर दुकान क्यों खोलकर बैठे हो?'' उसने लिफाफे में रखी रिपोर्ट उठाते हुए कहा।

''मैं कह रहा हूँ अभी भी पक्का नहीं है।'', दरस ने बात सम्हालते हुए कहा।

लेकिन उसे जिस बात का डर था, वह हो ही गया। करीब नौ दिन बाद चुनाव का परिणाम आया, तब वह उम्मीदवार महुआ के नशे में उसकी डिस्पेंसरी में दाखिल हुआ। उस पर नशे से ज़्यादा गुस्सा तारी था। उसके साथ उसके हताश समर्थक भी आये हुए थे। उन्होंने डिस्पेंसरी में रखा सामान इधर से उधर फेंकना शुरू कर दिया। उनके आक्रामक तेवर को देखकर नर्स भाग गयीं। बाहर जीते हुए उम्मीदवार का विजय जुलूस गुज़र रहा था। बैंड में 'सुनो चम्पा सुनो तारा' गाना बज रहा था। भीड़ जीत के उन्माद में थी। लोग चीखते चिल्लाते हुए नाच रहे थे।

इधर अंदर अपने काँच के केबिन में दरस घबराया हुआ बैठा था। हारा हुआ उम्मीदवार उसके कॉलर की ओर जैसे ही झपटा, वैसे ही जीते हुए उम्मीदवार की विजय जुलूस में शामिल चारमीनार अंदर आया और उसने दरस को उससे बचाते हुए कहा, ''अरे झंडू। ये मेरा होने वाला दामाद है। छोड़ इसे।''

दरस को खेसराहा पर बहुत गुस्सा आया। उसने सोचा कि 'आखिर खेसराहा को इस तरह के आंकलन करने की क्या ज़रुरत है। कस्बे के लोग मुझसे भी इसी तरह की अपेक्षा रखते हैं। लेकिन मैं तो सिर्फ मेडिकल पैथोलॉजी जानता हूँ और उस पर ही यकीन रखता हूँ।'

***

परखनली को टेबल पर रखे स्टैंड पर रखने के बाद खेसराहा ने दरस की ओर देखा, जो दीवार पर रेंगती छिपकली को बड़े ध्यान से देखते हुए भी नहीं देख रहा था। वह अपने ख़याल में खोया हुआ था। खेसराहा ने उसका कंधा झिंझोड़ कर उसे जगाया, दरस सिहर गया। उसने हड़बड़ा कर कहा, ''अरे!''

''तुम इतने भरोसे से कैसे कह सकते हो कि वह गर्भवती नहीं है?'', खेसराहा की हथेली उसकी दाढ़ी में उलझी हुई थी। वह किसी सफ़ेद बाल को अंदाज़ से खोजने की फिराक में था।

''क्योंकि मैं पूल आउट मेथड इस्तेमाल करता हूँ।'', दरस ने जवाब दिया।

''लेकिन उसके नमूने में भरोसा नहीं धोखे की गंध है।'', खेसराहा ने कहा।

अपने पिता के इस सनकमिजाज़ अंदाज़ पर दरस को थोड़ा गुस्सा आया, लेकिन उसने अपने गुस्से को वॉश बेसिन में थूक दिया और नल के पानी से कुल्ला करने लगा। उसके मुँह में फँसे शब्दों की गंध बाहर आ गयी।

''आप ऐसा कैसे कह सकते हैं?'', दरस ने पीछे पलटकर पूछा।

''क्योंकि उसमें इमली की गंध है।'', खेसराहा ने झट से एक सफ़ेद बाल नोच कर निकाल लिया और उसका मुआयना करने लगा। दरस उसका पूरा वाक्य सुने बिना ही निजी प्रयोगशाला से बाहर चला गया।

भीतर वाले कमरे में खाट पर पड़ी हरसा की देह को छूकर दरस ने देखा। वह उसका माथा सहलाने लगा। दरअसल वह उसकी देह में बुखार ढूँढ रहा था, जो कहीं नहीं थी। हरसा की पसीने से भीगकर ठंडी हो चुकी देह की गंध दरस की हथेली पर चिपक आयी थी। उसने अपनी हथेली को सूँघकर देखा। उससे इमली की बू आ रही थी।

दरस को अपने पास खड़ा देखकर हरसा करवट बदलकर उठ बैठी और उसने छूटते ही पूछा, ''अरे आप कब आये?''

''बस अभी ही।'', दरस खाट पर बैठ गया और हरसा की साड़ी के नीचे से झाँक रही साँवली पिंडली को देखकर बमनी के बारे में सोचने लगा।

बमनी के पैरों की पिंडलियाँ रोहू मछली की तरह दिखती थी, जिसकी त्वचा पर रक्त की एकदम महीन धागों की तरह नसें फैली हुई थी। जब उसने पहली बार उसकी ठोस और चिकनी पिंडली को गंदे नाले के उस पार की गली में देखा था, तब ही सन्न रह गया था। बमनी की पिंडली पर तब खून की धार बह रही थी और वह थोड़ा लचक कर चल रही थी।

उस समय तो वह इस बात को समझ नहीं पाया था कि बमनी की ऐसी हालत क्यों थी और वह वहाँ क्या करने गयी थी। लेकिन बाद में आगीमुता ने उसे बताया था कि उसके मुहल्ले में एक दाई रहती है जो देशी दवाओं की मदद से गर्भ गिराना जानती है। इसलिए तुम्हारे इलाके के लोग इधर बच्चा गिरवाने आते हैं।

जब वह पहली बार विधवा गली के मकान नंबर दो सौ बाइस में गया था, तब भी वह बमनी की उठी हुई साड़ी के नीचे से उभर आयी उसकी पिंडली देखकर सोच रहा था कि उसने इस पिंडली को कहीं देखा है और इस बात की पुष्टि करने के लिए उसने गाना सुनने के लिए बमनी को चुना। जबकि दूसरी लड़कियाँ उससे ज़्यादा बेहतर गाती थी। नाचती थी। रिझाती थी। और अपनी बाँहों में उलझाती थी।

उस दिन बमनी के साथ कमरे में पहुँच कर गाना सुनने की बजाय दरस ने उससे बात करना बेहतर समझा और उसने खाट पर पसरी बमनी की गोरी सी पिंडली को देखते ही पूछ लिया था, ''क्या तुम वही हो जो गंदे नाले के उस पार से अपना चेहरा छिपाये आ रही थी?''

दरस के सवाल से बमनी देर तक पथरा गयी थी। वह अपने जवाब से घबरा गयी थी। उसने कोई जवाब नहीं दिया। बल्कि वह रोने लग गयी थी। एक स्त्री को रोता देखकर दरस रूआंसा हो जाता था। लेकिन तब वह ऐसी स्थितियों से निपटना सीख गया था। उसने रोती हुई बमनी को अपनी बाँहों में भर लिया और देर तक उसे चूमते रहा था।

उसके बाद वह जब भी बमनी के पास जाता, तब वह किसी भी तरह का कोई भी सवाल नहीं करता। वह या तो चुप बैठकर बमनी को हारमोनियम बजाते देखता। उसे गाना गाते देखता। उसे पास आते देखता। उसे गालों पर चुम्बन करते देखता। या फिर देखता कि वह दरस की हथेली को अपने हथेली में लेकर सहला रही है।

जब वह दूसरी बार गया था, तब इसी तरह उसकी हथेली सहलाने के समय बमनी चौंक गयी। उसने देखा कि दरस की सारी उंगलियाँ घायल हैं। उन पर कटने के छोटे छोटे निशान हैं, जो अभी पूरी तरह सूखे भी नहीं है। दरस की सारी उंगलियों के पोर पर दर्द और हमर्ददी

की पुकार थी। दरस की उंगलियों के पोर में मौजूद सूखे घावों को बमनी चूमने लगी। मानो उसके होंठ के स्पर्श से वे ग़ायब हो जाने वाले हों।

उसे इस तरह प्यार करते देख, उसे इस तरह सहानुभूति जताते हुए देख कर दरस व्याकुल हो उठा। उसे सुगना की याद आने लगी। वह भी दरस की उंगलियों के पोर में मौजूद गिटार के तारों के दिये घावों को देखकर घबरा उठी थी। उसने दरस की मुलायम उंगलियों को देर तक सहलाया था। जिस तरह बमनी सहला रही थी।

बमनी ने रूंधे गले से पूछा, ''ये कैसे हुआ?''

''उस दिन तुमने जो मुझे पैंट का बटन बंद करना सीखया था ना। बस उसका ही अभ्यास कर रहा था और मेरी उंगलियाँ घायल हो गयीं।'' दरस ने छोटे बच्चे की तरह जवाब दिया, जैसे कि वह सुगना के सवाल का जवाब दे रहा था।

वह बमनी के स्नेह में बेहोश होने लगा। उसके माथे पर पसीना आने लगा। दरस ने बमनी के कंधे पर अपना सिर टिका दिया। वह उसके सिर का भार सहन न कर सकी। उसने धीरे से दरस को खाट पर लिटा दिया और सामने के टेबल पर रखे लोटे की ओर लपकी।

उसके इस लपकने के दौरान दरस की आँखों में अंधेरा छाने लगा। उसे अंधेरे के भीतर से मुर्गे की बाँग की आवाज़ सुनाई देने लगी। वह अपने होने के असमंजस में पड़ा रहा। उसे देर तक वह आवाज़ सुनाई देती रही। लेकिन बमनी सामने के टेबल पर रखे लोटे का पानी लेकर नहीं लौटी। दरस अपने ख़याल में जागते हुए खोया सा पड़ा रहा। तब भी मुर्गे की बाँग की आवाज़ आ रही थी।

उसकी आँखों का अंधेरा जैसे जैसे कम होने लगा, वैसे वैसे ही मुर्गे की बाँग की आवाज़ साफ़ और तेज़ सुनाई देने लगी। दरस ने झट से

अपनी आँखें खोल दी। सामने ना बमनी थी और ना ही कोई टेबल, जिस पर पानी का लोटा रखा हो। बल्कि वह अपने घर के खाट पर लेटा पड़ा था। समय के इस किनारे पर। अकेला और बूढ़ा।

'कू कड़क कूँ, कू कड़क कूँ....'

'कू कड़क कूँ, कू कड़क कूँ....'

कॉलबेज की आवाज़ एकदम साफ़ और जानी पहचानी सी लग रही थी। अपनी देह की अकड़न से छूटते ही दरस धीरे से खाट पर उठ बैठा। उसे लगा कि सुबह हो गयी है और संतो काम पर आयी है। वही कॉलबेल बजा रही है। लेकिन उसे अपने लगने पर भरोसा नहीं था। कमरे का पीला बल्ब जल रहा था। उसने दीवार घड़ी की ओर देखा, जिस पर सात बजकर बत्तीस मिनट हो रहे थे।

दरस ने पास रखे चश्मे को पहन कर दोबारा दीवार घड़ी की ओर देखा। सच में शाम के सात बजकर बत्तीस मिनट हो रहे थे। यह सच इतना सच था कि दरस को मानना ही पड़ा। वह खाट से उठा और अपनी पुरानी स्लीपर पहन कर धीरे-धीरे पैर घसीटते हुए मुख्य दरवाज़े की ओर जाने लगा, जिधर से लगातार मुर्गे की बाँग की आवाज़ आ रही थी।

'कू कड़क कूँ, कू कड़क कूँ....'

दरवाज़ा खोलते ही उसने देखा कि सामने चिरपोटी खड़ा है। उसके हाथ में एक थैली है, जिसके भीतर बीयर की दो बोतलें हैं। दरस की जीभ उसके मुँह के अंदर फड़फड़ाने लगी। उसकी ठंडी रगों में लालच की लहर दौड़ गयी। वह अपने सारे ख़याल और स्मृतियों को झटके में भूल गया।

चिरपोटी ने दरस को इस तरह देख कर पूछा, ''ऐसे कहाँ जाने वाले हो दरस?''

''मीनाबाजार!'', दरस ने ज़ोर से कहा।

गली के उस पार बैठे लड़के उसकी ओर देखकर ज़ोर ज़ोर से हँसने लगे। उन आवारा लड़कों की हरकतों पर दरस ने ध्यान नहीं दिया।

तब तक चिरपोटी अंदर जा चुका था। दरस ने जैसे ही मुख्य दरवाज़े की किवाड़ को बंद किया, वैसे ही उसने लड़कों को चीख कर कहते सुना, '' अरे बुढ़ऊ आज भी नंगा घूम रहा है!''

—

दरस ने ध्यान से देखा कि बमनी की देह पर भी सूरजमुखी की लतायें लिपटी हुई हैं। उन लताओं पर भी सूरजमुखी के फूल खिल गये हैं। बमनी की देह पर लिपटे फूलों को दरस सहलाने लगा। वह उन फूलों की पँखुड़ियों को आहिस्ता आहिस्ता छूने लगा। फूल और देह की गंध और मारक होने लगी। सारे फूल दो हृदयों की धुकधुकी को सुन रहे थे। सारे फूल उन्हें साथ साथ और अकेले अकेले रुआँसा होता देख रहे थे।

अध्याय – चार

जौ की ठंडी महक से बार का टुटहा केबिन भर गया था, हालांकि भट्ठी पर पक रहे गोश्त और गरम मसाले की तीखी गंध बीयर की काल्पनिक बू को रौंद रही थी। चिरपोटी ने बीयर की दो बोतलें टेबल पर रख दीं। उन बोतलों के अंदर झाग में छिपा आनंद साफ़ नज़र आ रहा था। तब दरस उन बोतलों को नहीं देख रहा था, अपितु वह उस केबिन को देख रहा था, जिसकी लकड़ी की बनी दीवार पर दीमक लग गये थे। केबिन पर जिस कपड़े का परदा लगाया गया था वह कई जगहों से फट गया था। उस पर तेल और मसालों के धब्बे भरे पड़े थे, जिनके नीचे उसकी बहुत पुरानी कसीदाकारी घाव की तरह नज़र आ रही थी।

केबिन में जो बल्ब जल रहा था, उस पर कालिख जम गयी थी, फलस्वरूप उसकी रोशनी में उजाला कम कालिख ज़्यादा नज़र आ रही थी। बगल की दीवार का पलस्तर झड़ चुका था। जहाँ वह बचा हुआ था, वहाँ पर किसी ने नीले डॉट पेन से अपनी बेवफा प्रेमिका के लिए भद्दी बातें लिखी थीं, जिसे सफ़ेद चूने से मिटाने की कोशिश साफ़ नज़र आ रही थी। दरअसल वह औपचारिक और घोषित बार नहीं था, बल्कि होटल मालिक उसे अवैध तरीके से चलाता था। अवैध काम वैध से ज़्यादा फायदेमंद और लाभकारी था।

केबिन का मुआयना करने के दौरान दरस परदा हटाकर बाहर झाँक भी ले रहा था ताकि कोई उन्हें देख ना ले। हालाँकि वह होटल

अपनी रात्रिकालीन सेवाओं के लिए बदनाम ज़रूर था, लेकिन फिर भी उसे कस्बे के लोग सम्मान की नज़र से देखते थे और सच में बाहर से दो अधेड़ उस होटल की ओर सम्मान से देख रहे थे।

दरस ने परदे के पीछे से बाहर झाँक कर देखा। बाहर उनकी केबिन से लगकर तीन और केबिन बनी हुई थीं, जो दिन के समय होटल के लिए फैमिली केबिन का काम करती थी। बाहर जो टेबल और कुर्सियाँ लगी थी, उन पर कुछ ग्राहक बैठ कर रात का खाना खा रहे थे। होटल के एकदम सामने मालिक बैठा हुआ था, जो भट्ठी से आ रही आँच के कारण पसीने से भीग गया था, हालांकि उसके सामने टेबल पंखा चल रहा था।

भट्ठी के पास कई बड़े बर्तन रखे हुए थे, जिनसे चावल, दाल और सब्जी निकाल कर वेटर वहाँ मौजूद ग्राहकों को दे रहा था। उसके बाजू में जो बर्तन थोड़ा अलग रखा हुआ था, उसमें बिरयानी रखी हुई थी। उस बर्तन से दो प्लेट बिरयानी लेकर वेटर उनकी तरफ ही आ रहा था। दरस ने झट से अपने केबिन का परदा लगा दिया और सामने बैठे चिरपोटी को देखने लगा, जो बीयर की बोतल को अपने दाँतों में फँसाकर उसका ढक्कन खोलने की कोशिश कर रहा था।

बोतल के अंदर तूफान उठ गया था। झाग और ठंडक की धार बीयर की बोतल का ढक्कन तोड़कर बाहर आने को लग रही थी। उसे इस तरह ढक्कन खोलता देखकर वेटर मुस्कुराने लगा और अपनी पेंट की जेब से ओपनर निकाल कर देते हुए कहा, ''ऐसे में कहीं दाँत ही ना निकल जाये।''

उसके व्यंग्य से चिरपोटी खीझ गया, लेकिन वह अपनी मौज को बेमजा नहीं करना चाहता था। उसने वेटर से ओपनर लेकर हाथ के

इशारे से बाहर जाने को कहा। वेटर टेबल पर बिरयानी की प्लेट रख चुपचाप बाहर चला गया।

वेटर के बाहर जाते ही चिरपोटी ने पास रखी काँच के दो गिलासों में बीयर उड़ेल दी। बीयर की बोतल में बंद जौ का उन्माद और उसका आवेग गिलास में उफन कर आ गया था। उसकी सफेदी देखकर दरस को लगा कि गिलास में समुद्र का कोई टुकड़ा आ गया है, जो भीतर जाते ही तूफान मचा देगा।

चिरपोटी ने अपनी जीभ पर नमक छिड़ककर उसे जागृत किया, मानो वह किसी स्वाद के देव का आह्वान कर रहा हो। फिर उसने गिलास उठाकर पूरी बीयर एक साँस में ही ख़त्म कर दी। उसे देख कर दरस देखता ही रह गया। उसने भी पूरी गिलास एक बार में अपनी हलक में उतार दी। अंदर से डकार की लहर उसकी आँत से बाहर कूद पड़ी। दरस ने देखा कि उसे सब कुछ साफ़ दिख रहा है।

दरस ने टेबल पर रखी बिरयानी की प्लेट को ध्यान से देखा। चावल के पीले दानों के बीच बीच में बड़ी इलायची और लौंग साबुत पड़ी हुई थीं। भीतर गोश्त के टुकड़े दबे हुए थे। दरस ने बिरयानी को ठंडा करने के लिए चम्मच से उसे हिलाया। उसने देखा कि चावल के दानों से लिपटा गोश्त का एक बड़ा सा टुकड़ा बाहर आ गया है। उसने अंदाज़ लगाया कि यह बकरे का जबड़े वाला हिस्सा हो सकता है।

उसने गौर से देखा। सच में वह जबड़े वाला हिस्सा था, जो कुछ कहने के लिए हिलने लगा। जबड़े को इस तरह प्लेट पर हिलता देखकर दरस घबरा गया। उसकी आँखों की स्मृति में दबा बहुत पुराना दृश्य बाहर आ गया और किसी फिल्म की तरह उसकी रेटिना पर पसर गया। ठीक इसी तरह उस सुअर की मुंडी का जबड़ा भी हिल रहा था, जिसे

आगीमुता ने धड़ से अलग कर दिया था, जिसकी आँखें सेकेंड भर के लिए दरस को घूरने लगी थीं और जब निढाल होकर उसकी पलकें बंद हो गयी थीं, तब दरस घबरा कर उस कटी हुई मुंडी से दूर हो गया था।

अपनी स्मृति के इस खौफनाक पल से उसका जी घबराने लगा था। दरस ने अपनी आँखों को बंद किया और फिर किसी दहशत से बाहर आने की कोशिश में अपनी भारी पलकों को खोल दिया। उसने ध्यान से प्लेट की ओर देखा, जिस पर गर्म चावल के दानों से हल्की भाप निकल रही थी। गोश्त के उस टुकड़े में कोई हलचल नहीं थी। उस टुकड़े में लिपटें माँस से केसर और जाफ़रान की तेज़ ख़ुशबू आ रही थी।

एक ज़ोर की हिचकी से दरस के गले में खराश आ गयी। नीचे आँत की ओर जाती जौ की धार उसके गले में आकर फंस गयी थी। नशे का असर उसकी आँखों पर होने लगा था। उसे आसपास की चीज़ें धुंधली दिखने लगी थीं। उसके ख़यालात भी धुंधले हो रहे थे। वह चुपचाप बैठा चिरपोटी को देख रहा था, जो बिरयानी में छिपे काजू के टुकड़े को अपनी उंगलियों से टटोल रहा था।

बगल की केबिन में बैठे शराबियों की तेज़ आवाज़ें आ रही थी, लेकिन उसका पता ना दरस को था और ना ही चिरपोटी को। चिरपोटी ने बोतल में बची पूरी बीयर अपने गिलास में उड़ेल ली। उसने दरस की ओर देखकर हवा में गिलास उठा दिया और बिना कुछ कहे एक बार में सारी बीयर गटक कर पी गया। दरस ने बीयर के नशे में गोश्त के टुकड़े को उठाया और उसके माँस को चबाकर हड्डी से निकालने लगा। उसके मुँह में माँस और चावल के पीले दाने पिसने लगे। जब उसने बिरयानी ख़त्म कर ली, तब अपनी गिलास में बची बीयर पीने लगा।

केबिन पर लगा परदा हवा में लहराने लगा। परदे के पीछे से वेटर अंदर आया और उसने झुककर कहा, ''और कुछ चाहिए?'' दरस उसके झुकने की अदा को देखकर मुस्कुराने लगा। वेटर ने भी उसकी ओर मुस्कान फेंक दी। दरस चाह रहा था कि वह अपनी पेंट की जेब से दो रूपये निकाल कर उस वेटर को दे दे। लेकिन उसकी सोच ने उसे ऐसा करने से मना कर दिया क्योंकि वह ठीक उसी समय यह भी सोच रहा था कि इस दो रूपये की टिकट में तो उसे मीनाबाजार जाकर कानी डांसर का नाच भी देखना है।

वह अपनी सोच पूरा होने के दौरान जेब में धँसी उंगलियों से अपनी जाँघ खुजलाने लगा, जहाँ अंडरवियर के कारण उसकी त्वचा सूख गयी थी। अचानक चिरपोटी अपनी कुर्सी से उछल कर कूद पड़ा। उसे देखकर दरस अपने ख़याल से बाहर आ गया। उसने देखा कि एक बड़ी सी बिल्ली उनके टेबल के नीचे बैठी है और गिरे हुए हड्डी के टुकड़े को नोच रही है। चिरपोटी उस बिल्ली की पूँछ की छुअन से डर गया था और वह अपनी कुर्सी से कूदकर बाहर चला गया। चिरपोटी के चीखने और भागने से बेखबर बिल्ली आराम से टेबल के नीचे बैठकर हड्डी में बचे हुए माँस को कुतर रही थी।

***

दोनों जब उस होटल से बाहर निकले, तब सबसे पहले उन्होंने इधर-उधर देखा कि कोई परिचित आसपास तो खड़ा नहीं है। फिर दोनों गांधी प्रतिमा वाले चौक के बाजू से निकल कर नगर निगम मैदान की ओर चले गये, जिसकी चकाचैंध भरी रोशनी दूर से ही आसमान पर दिखाई दे रही थी। वहाँ के हलचल और चिल्लमपों की आवाज़ धीरे-धीरे उनके पास आने लगी थी।

सड़क के दोनों किनारों पर दुकानें थी, जिनमें चहलपहल थी। कुछ दुकानदार अपनी कुर्सी बाहर निकाल कर बैठ गये थे और मीनाबाजार जाने वाली सजी-धजी स्त्रियों और लड़कियों को बड़े गौर से देख रहे थे। दुकानों के सामने इक्का दुक्का ठेले वाले भी थे। दरस ने देखा कि मूँगफली ठेले के ठीक पीछे अंधियारे उजियारे की झिलमिल में अंग्रेजी शराब की दुकान थी, जहाँ से चिरपोटी दो बोतल बीयर लेकर चुपचाप उस होटल आ गया था।

दूर चौक पर एक पुलिस की जीप खड़ी थी, जिसके भीतर बैठे सिपाही बाहर का मुआयना कर रहे थे। आने जाने वाले लोगों पर नज़र रखे हुए थे। भारी तोंदवाला सिपाही जीप से पीठ टिकाकर खड़ा था और अपनी टोपी निकालकर उसे अपनी काँख में दबा लिया था। बहुत कम अपराध वाले कस्बे में दो पुलिस थाना लगभग फिजूल ही था।

नगर निगम मैदान के पास पहुँचते ही दरस ने देखा कि सामने बड़ा सा द्वार बना हुआ है, जिसके बाजू में टिकट खिड़की है। उस द्वार को रंगीन कपड़ों और तोरणों से सजाया गया था। ऊपर से नीचे तक झालर लाइट की लड़ी लगी हुई थी और विभिन्न आवृत्तियों में वह जल बुझ रही थी। द्वार पर एक थानेदार अपनी बुलेट पर बैठा हुआ था। उसके हाथ में वायरलेस सेट था और वह लोगों को अजीब सी निगाह से देख रहा था।

चवन्नी वाली दो टिकट लेकर दोनों मीनाबाजार के अंदर दाखिल हो गये। अंदर मैदान के चारों तरफ अस्थायी दुकानें लगी हुई थीं। बीच की खाली जगह पर एक बड़ा सा हवाई झूला था। उसके आसपास और भी कई झूले थे, जिनके चलने की आवाज़ गूँज रही थी। बच्चों के चीखने की आवाज़, झूले के लोहे की घर्षण की आवाज़ में दब जा रही थी। तमाम दुकानों के बाहर खरीदार कम और सामान देखने परखने वाले ज़्यादा थे। चिरपोटी ने दरस को अपने साथ चलने को कहा। दोनों मुख्य द्वार

के दाहिनी ओर मुड़ गये, जिस तरफ स्टालों के पीछे से दैत्याकार रूप में नगर निगम का तीन मंज़िला भवन दिख रहा था।

सबसे पहले मेंहदी और उसकी डिजाइन पुस्तिका बेचने वाली महिला का स्टाल था। उसके बाद अचार की विभिन्न किस्मों की दुकान थी, जिसके भीतर करीने से कई आकार की बोतलों में अलग अलग प्रकार की आचार की किस्में रखी हुई थी। दोनों आगे बढ़ गये। आगे सूती कपड़े और चुनरी की दुकान थी। उसके बाजू में खिलौने की दुकान। उसके बाजू में स्टील के बर्तन की दुकान थी। उस दुकान के सामने महिलाओं की भारी भीड़ थी, जो प्याज आलू काटने के औजार को देखकर उतावली हो रही थीं।

लेकिन दरस का ध्यान हवाई झूले पर था। उसने देखा झूले पर बैठे हुए लोग चीख रहे हैं। चिल्ला रहे हैं। लेकिन उनकी आवाज़ नीचे तक नहीं आ पा रही है। ऊपर की ओर देखने के चलते दरस का पैर किसी लिजलिजी चीज़ से टकरा गया। उसने देखा कि ज़मीन पर ढेर सारे दोने पड़े हैं और उनमें चाट, पानीपूरी और भेल की जूठन बची हुई है, जिस पर मक्खियाँ भिनभिना रही हैं।

उसे उबकाई आने को हुई लेकिन उसने अपनी उबकाई को रोकने के लिए दूर के स्टाल पर नज़र दौड़ायी। उसने देखा कि दूर तीन चार टेंट लगे हुए हैं। उनकी अपनी अलग टिकट खिड़की है। लेकिन एक टिकट खिड़की पर भारी भीड़ है। उसने उस टेंट पर लगे बड़े से बैनर को दूर से ही देख लिया, जिस पर लिखा था 'सुलछनी नाचघर'।

सुलछनी नाचघर के बगल में जो टेंट लगा था, उसके अंदर विभिन्न प्रकार की झाँकियाँ लगी थीं और बाहर उस टेंट का मालिक ज़ोर ज़ोर से चिल्ला रहा था, ''आइये आइये, देखिये छह पैर वाली जादुई लड़की।''

जादुई लड़की वाले टेंट के बाज़ू में मौत का कुआँ लगा था, जिसकी लकड़ी के पटिये पर एक पुरानी मोटरसाइकिल के दौड़ने और लकड़ी के पटिये के हिलने की आवाज़ बहुत तेज़ आ रही थी। दरस ने ध्यान से देखा उस मौत के कुएँ के ऊपर खड़े दर्शक उत्तेजना में अपने पंजों पर खड़े होकर नीचे अंदर की ओर झाँक रहे थे। पुरानी मोटरसाइकिल का काला धुआँ लकड़ी की दरारों से बाहर आ रहा था।

सुलछनी नाचघर के लाउडस्पीकर पर एक महिला की आवाज़ आ रही थी, ''देखिये देखिये। बम्बई का नाच। अपनी आँखों से देखिये लड़का लड़की का नाच।'' दरस उस नाच को देखने का उतावला था। बरसों पहले जब वह छोटा था और सुलछनी नाचघर की टिकट खिड़की पर पहुँचा ही था, तब सुलछनी ने उसे टिकट खिड़की की कतार से बाहर धकेलते हुए कहा था, ''अबे छोटू अभी मूतना सीख। ऐसा नाच बाद में देखना।'' तब पास खड़े लोग उसे देखकर ज़ोर ज़ोर से हँस रहे थे। उसकी तीखी अनुगूँज अभी भी दरस के कानों में थी। लेकिन वह उसे सुनना नहीं चाहता था। उसने सुना, ''बारिश में भीगते हुए नाच देखिये। पहली बार।''

उसका सुनना और सुलछनी का सामने आ जाना एक साथ हुआ। उसने देखा कि सुलछनी का चेहरा नेवले की तरह दिख रहा है, जैसा कि वह पहले भी था। उसकी नुकीली नाक के ऊपर जो एक जोड़ी आँखें थी, उनमें मेल नहीं था। दोनों विपरीत दिशा में थीं, जिसे शुद्ध भाषा में उच्चारते हुए पास खड़े सिपाही ने कहा, ''अरे कानी जल्दी शो शुरू कर लोगों की भीड़ बढ़ रही है।''

सच में सुलछनी के नाचघर के सामने बहुत भीड़ हो गयी थी। दरस और चिरपोटी टिकट लेकर अंदर चले गये। इस बार उन्हें किसी ने भी नहीं टोका। अंदर भीड़ हो रही थी। दोनों सबसे आगे की कतार में

जाकर खड़े हो गये क्योंकि नाच खड़े होकर ही देखना था। सामने ऊँचा सा स्टेज था, जिस पर नाच होने वाला था। दर्शक स्टेज तक ना पहुँच पायें इसलिए स्टेज से दस फीट पहले ही बाँस और बल्लियों से घेराबंदी कर दी गयी थी।

जब नाचघर पूरी तरह युवाओं और अधेड़ों से भर गया, तब कानी के उद्घोष होने पर नाच शुरू हुआ। स्टेज के अंधियारे पर लाल रंग की रोशनी, पानी में चायपत्ती उबलने की तरह उतर रही थी। स्टेज के दो अलग अलग कोनों से एक लड़का और एक लड़की संगीत की धुन पर थिरकते हुए ठीक बीच में आये और संगीत की धुन और अपनी प्रतिभा अनुसार नाचने लगे। गाना बारिश पर था। लड़की एक झीनी साड़ी पहनी हुई थी। लड़का उसे बार बार पकड़ लेता। आलिंगन करता। उनके चाहने के बावजूद भी उनका प्रदर्शन मादक लगने की बजाय फूहड़ लग रहा था।

पीछे खड़े दर्शक चिल्ला रहे थे, ''अबे बारिश के गाने में बारिश तो करवाओ।'' उनकी चीख सुनकर स्टेज पर खड़ी कानी पानी की बाल्टी से मग भरकर उन पर उसे छिड़कने लगी ताकि बारिश का माहौल बन जाये। लड़का भींगने की बजाय दर्शकों को उकसाने में लगा था। लड़की की झीनी साड़ी पानी में भीग कर ग़ायब हो गयी थी। उसकी देह के अनावृत्त हिस्सों को देखकर चिल्लाने वाले लड़के शांत हो गये। सब तन्मयता से लड़की की भीगी देह देखने लगे।

अधेड़ मुँह बिचकाते हुए खड़े रहे, 'धोखा हो गया। हमें तो लगा पूरा खोल देगी।' लेकिन उनकी इस अंदरूनी हताशा को किसी ने नहीं सुना। पीछे अवाक खड़े युवाओं को देखकर कानी सुलछनी ख़ुश थी। दरस और चिरपोटी नाच ख़त्म होने पर चुपचाप ऐसे बाहर निकल आये, जैसे उन्होंने कुछ देखा ही नहीं। बीयर के रिमझिम असर में मीनाबाजार की

चकाचैंध कुछ अलग ही महसूस हो रही थी और देर रात भी हो रही थी। दोनों मीनाबाजार से बाहर आ गये।

देर रात का कस्बा एकदम अलग ही नज़र आ रहा था। जहाँ दुकानें थीं और चहलपहल थी, वहाँ गायों का झुंड बैठा था। एक बड़े कपड़े की दुकान की शटर से पीठ टिकाकर बैठा आदमी कोई गाना गुनगुना रहा था। रिक्शेवाले बिना सवारी लिये अपने घर लौट रहे थे। सड़क और गलियों में पसरे सुनसान को चीरते हुए चमगादड़ों का एक झुंड निकल गया था। जौ की गंध थी लेकिन असर धीरे-धीरे उतर गया था। दोनों घड़ी चौक से अपने घर जाने के लिए अलग हो गये।

***

घड़ी चौक पर अंधेरा था। मंदिर की सीढ़ियों पर भिखारी और बेघर लोग सोये हुए थे। मिसरा का होटल बंद हो गया था। बामहनपारा जाने वाली गली के अंधेरे में चिरपोटी के गुम होते ही दरस अपने घर जाने की बजाय विधवा गली की ओर मुड़ गया क्योंकि वह खेसराहा को यह बताकर निकला था कि वह चिरपोटी के घर पढ़ाई करने जा रहा है।

विधवा गली को सन्नाटे ने घेर लिया था। वह किसी तरह मकान संख्या दो सौ बाइस के दरवाज़े पर पहुँचा और उसने धीरे से दरवाज़ा खटखटाया। अंदर कोई हलचल नहीं थी। उसने फिर धीरे से दरवाज़ा खटखटाया। उसने सीढ़ियों पर किसी के उतरने की आवाज़ सुनी। वह दरवाज़े से थोड़ा पीछे हो गया। पदचाप और चूड़ियों के खनकने की आवाज़ आपस में घुलमिल गयी थी। दरवाज़े का किवाड़ हल्के से खुला और पीछे से किसी ने फुसफुसा कर कहा, ''बिना शोर किये अंदर आओ!''

वह रात के अंधियारे में सम्हल सम्हल कर बमनी के पीछे चलने लगा। अंधेरे में चलने के भय ने उसकी गति को मद्धम कर दिया था। जबकि बमनी अंधेरे की रानी की तरह तेज़ी से सीढ़ी चढ़ गयी। वह जैसे जैसे ऊपर जाने लगा, वैसे वैसे ही उसे एक नामालूम सी ख़ुशबू आने लगी। ऐसी ख़ुशबू जो नथुनों में ठहर सी गयी थी। सीढ़ी के आखिरी पायदान पर पहुँचते ही उसे बरामदे में पीले रंग के दाने इधर उधर फैले दिखे। उन दानों की पीली चमक अंधेरे में दूर से ही दिख रही थी। सारे चमकीले पीले दाने बमनी के पीछे उड़कर जाने लगे। वह उस मंजर से सहम सा गया। रात के सन्नाटे में कीटों की हल्की आवाज़ गुंथी हुई थी, जिसे किसी कलाई में खनकने वाली चूड़ी की आवाज़ ने तोड़ने का असफल साहस किया था।

दरस बरामदा पार करते हुए अन्य कमरों की ओर भी देख रहा था, जिनके दरवाजों की दरारों से खर्राटे की आवाज़ें आ रही थी। उन कमरों के अंदर फैला अंधेरा और देह की खामोशी बहुत जानी पहचानी थी। वह बमनी के कमरे के बाहर जाकर ठिठक गया। उसने दरवाज़े की ओट से अंदर देखा तो स्तब्ध रह गया। उसने अपनी आँखों को मिचमिचा कर पुनः कमरे के अंदर देखा। अंदर कमरे में ढेरों चमकीले पीले दाने पसरे हुए थे। बमनी के पलंग के पाएँ से गहरे हरे रंग की लतिकाएँ लिपटी हुई थी, जो आकाश की ओर जाने की ललक में इधर उधर डोल रही थी।

अंधेरे की रानी बमनी चुपचाप दरस को देख रही थी, जो इस अंधेरे के पोखर में उतरने से घबरा रहा था। उस कमरे की पीछे वाली खिड़की से हल्की रोशनी अंदर आ रही थी। खिड़की के पल्ले खुले हुए थे और उस खिड़की के लोहे के राड जंग लगकर निकल गये थे। बमनी की मुस्कान का उजाला भी कमरे में फैल गया। उसके मुस्कान के उजाले में दरस ने देखा कि कमरे में चारों तरफ लतिकायें फैली हुई हैं। बमनी की

देह पर भी हरे रंग की लतायें लिपटी हुई हैं। वह मासूम ख़ुशबू बमनी से ही आ रही थी, जिसकी मादकता सीढ़ी तक फैली हुई थी।

पोखर में उसे उतारने लगी। दरस ने घबराते हुए धीरे से अपना पाँव रखा। मानो अंधेरा उसकी देह से चिपट जायेगा और कभी उतरेगा ही नहीं। लेकिन अंधेरे में उसके पैर पड़ते ही न छपाक की आवाज़ आयी और न ही उसके छींटे इधर उधर पड़े। कमरे के अंदर उतरते ही उसने देखा चमकीले पीले दानों का आकार बढ़ता जा रहा है। और लतायें सर्प की तरह फुफकारने लगी हैं। वह डर गया। वह बमनी से लिपट गया।

उसके लिपटते ही बमनी के चेहरे का सूरज चमकने लगा। आशिक के गर्म आगोश की ताप से सूरज का उजाला कमरे में फैलने लगा। पीले परागकणों से धीरे-धीरे नन्हीं और मुलायम पंखुड़ियाँ निकलने लगी। अपने सूरज की ओर मुँह कर सारे सूरजमुखी के फूल खिलने लगे। कमरा उन फूलों की चमक और देहों की गंध से भरने लगा। कमरे की इस फंतासी से दरस मुग्ध होने लगा। बमनी उसे अपनी आगोश में कसने लगी।

दरस ने उसकी बाँहों में दबे हुए पूछा, ''तुमने कैसे जान लिया कि मैं ही आया हूँ इतनी रात?'' बमनी ने उसे और ज़ोर से पकड़ लिया और उसके कान पर अपने होंठ सटाती हुई फुसफुसाकर बोली, ''तुम्हारे दरवाज़ा खटखटाने की अदा से।''

चुम्बनों, स्पर्श और कामऊर्जा से कमरे के सारे फूल पूरी तरह खिल गये। दरस ने ध्यान से देखा कि बमनी की देह पर भी सूरजमुखी की लतायें लिपटी हुई हैं। उन लताओं पर भी सूरजमुखी के फूल खिल गये हैं। बमनी की देह पर लिपटे फूलों को दरस सहलाने लगा। वह उन फूलों की पँखुड़ियों को आहिस्ता आहिस्ता छूने लगा। फूल और देह की गंध

और मारक होने लगी। सारे फूल दो हृदयों की धुकधुकी को सुन रहे थे। सारे फूल उन्हें साथ साथ और अकेले अकेले रूआँसा होता देख रहे थे।

उनकी देहों के बीच ढेरों फूल दब कुचल जा रहे थे। परागकणों का रंग उनके जिस्म पर मोतियों की तरह चमक रहा था। दोनों एक दूसरे के जिस्म से परागों को सहलाकर हटा रहे थे। दोनों चुपचाप देह के फूलों की गंध को महसूस कर रहे थे। फूल और देह की जुगलबंदी से दोनों सनसनाहट से भर गये थे।

दरस प्रेम में उतरने ही वाला था कि नीचे से बुढ़िया के चिल्लाने की आवाज़ आयी, ''कौन इतनी रात कमरे में बत्ती जला दिया है रे!''

बुढ़िया की आवाज़ सुनकर दरस और बमनी दोनों घबरा गये। दोनों एक दूसरे अलग हो गये। उनके अलग होते ही बमनी के चेहरे का सूरज बुझ गया। कमरे में अंधियारा छा गया। फिर बुढ़िया की आवाज़ नहीं आयी। ऐसा लगा मानो वह नींद में ही चीख पड़ी हो। लेकिन इस कमरे में नींद नहीं थी।

वह खिड़की के पास गया और बाहर की रोशनी में कलाई घड़ी पर समय देखा, सुबह के साढ़े तीन बज रहे थे। उसने खिड़की से नीचे देखा। नीचे करीब चार फीट चौड़ी गली थी, जो सीधे ही मुख्य सड़क में जाकर मिल जाती थी। उसने बमनी को गले लगाया और धीरे से कहा, ''मैं खिड़की से नीचे उतर जाना चाहता हूँ। तुम्हारी इस साड़ी के सहारे।''

दरस जल्दी से कमरे से बाहर चला जाना चाहता था। बमनी ने अपनी साड़ी उतार दी, जिस पर ढेर सारे सूरजमुखी के फूल बने हुए थे। वह ब्लाउज और लहंगा पहने ही स्थिर खड़ी रही। दरस ने साड़ी को लपेटकर रस्सी की तरह बना लिया और उसका एक सिरा खिड़की के टूटे हुए रॉड से बांध दिया और दूसरा सिरा गली में नीचे लटका दिया।

बमनी ने खिड़की वाले सिरे को ज़ोर से पकड़ लिया। दरस धीरे-धीरे उस साड़ी की रस्सी के सहारे नीचे गली में उतरने लगा। साड़ी में बने सूरजमुखी के फूल उसके हाथों की रगड़ से उखड़ कर नीचे गिर रहे थे। दरस ने नीचे उतरते हुए देखा कि गली में सूरजमुखी के फूलों का ढेर बन गया है। वह उस ढेर पर कूद गया। वह फूलों की नर्म पंखुड़ियों पर पीठ के बल जा गिरा।

उसने फूल के ढेर पर पड़े हुए ऊपर खिड़की की ओर देखा, जहाँ बमनी सफ़ेद रंग की साड़ी का सिरा पकड़े हुए खड़ी उसकी ओर ही निहार रही थी। साड़ी के सारे फूल झड़ चुके थे। वह खाली साड़ी पकड़ी हुई उदास लग रही थी। दरस फूलों के ढेर पर यूँ ही देर तक पड़ा रहा। उसकी साँस फूल गयी थी। उसकी हथेलियाँ लाल हो गयी थीं। वह देर तक हाँफता रहा था।

इस दौरान बमनी ने सफ़ेद रंग की साड़ी पहन ली थी। वह खिड़की से लगातार नीचे ही देखे जा रही थी, जहाँ दरस एक लाश की तरह पड़ा हुआ था। बमनी ने हाथ हिलाकर उसे इशारा किया। दरस ने भी हाथ हिला कर अपने सकुशल होने का संदेश दिया। सफ़ेद साड़ी पहनी हुई बमनी किसी विधवा की तरह दिख रही थी।

वह किसी तरह फूलों के ढेर से उठा और गली से होता हुआ आगे मुख्य सड़क की ओर जाने लगा। जब वह गली में पड़े कूड़े के ढेर और गंदे पानी से बचकर निकल रहा था, तब उसे लगा कि कोई उसके पीछे पीछे आ रहा है। दरस बिना पीछे मुड़े ही तेज़ चलने लगा। किसी के पीछा करने का अहसास भी उसी तेज़ी से उसके पीछे चलने लगा। दरस ने अपनी चाल और तेज़ कर दी और अंत में वह दौड़ने लगा। फिर उसे लगा कि कहीं वह अपने भ्रम का मारा तो नहीं है। उसने डरते हुए पीछे पलट कर देखा। पीछे देखते ही वह स्तब्ध रह गया।

उसने देखा कि सुअर की एक मुंडी हवा में पक्षी की तरह उड़ती हुई उसका पीछा कर रही है। उसकी बड़ी आँखों में खून भरा हुआ है। उसके नथुने गुस्से में फूल सिकुड़ रहे हैं। सुअर की मुंडी ने दरस पर हमला करने से पहले अपना जबड़ा फैलाया। उसे ऐसा करते देख ही दरस तेज़ी से दौड़ते हुए घड़ी चौक की ओर भागा। उसे इस तरह भागता देखकर सड़क किनारे बैठे कुत्ते भी घबरा गये और वे भी दरस को देखकर भौंकने लगे। दरस बिना पीछे देखे भागता ही रहा। सुअर की मुंडी भी उसे दौड़ाने लगी।

जब वह ठीक सिंधी किराना दुकान के पास पहुँचा, तब उसने देखा कि सामने से बेनगाली अपने अलसेशियन कुत्ते को सुबह की सैर करा रही है। वह दौड़ते हुए बेनगाली के पास रूक गया। अलसेशियन उसकी ओर लपका लेकिन बेनगाली ने कुत्ते की चैन को खींच कर उसे ऐसा करने से रोक दिया।

दरस के रूकते ही सुअर की मुंडी उस पर हमला करने के लिए बढ़ी, लेकिन अलसेशियन कुत्ते ने हवा में ही उसे झपट लिया। अलसेशियन के मुँह में सुअर की मुंडी फड़फड़ा कर रह गयी। बेनगाली तब पास के बगीचे में खिले हुए मोंगरा फूलों को देख रही थी। अलसेशियन ने तेज़ी से उस मुंडी को नोच लिया और उसकी आँखों के बुझ जाने के बाद उसे पास की नाली में गिरा दिया।

दरस की साँस गति सामान्य हो चुकी थी। उसके पसीने से जौ की गंध आ रही थी। बेनगाली ने उसे देखकर पूछा, ''तुम रोज सुबह दौड़ने जाते हो क्या?''

दरस ने जवाब दिया, ''कभी कभी।''

***

घर पहुँचते ही उसे बिस्तर पर झट से नींद आ गयी। नींद में उसे सपने ने झपट लिया। वह अपनी नींद के भीतर की सपने की गली में दबे पाँव चलने लगा। उसने पीछे मुड़कर देखा, जहाँ आकाश में एक चमकती हुई खिड़की थी, जिसमें सफ़ेद साड़ी पहनी हुई बमनी का धड़ दिख रहा था। बमनी दरस को देख कर बेमन से अलविदा का हाथ हिला रही थी। दरस का पैर गली की नाली में धँस गया। उसने अपना पैर नाली से बाहर निकाला और फिर उस आकाश की ओर देखने लगा, जिधर खिड़की से उसे देखते हुए बमनी हाथ हिला रही थी। लेकिन वहाँ ना कोई खिड़की थी और ना ही बमनी।

वह गली के अंधियारे से तेज़ी से निकल जाना चाहता था। उसके ऐसा चाहते ही उसे ऐसा अहसास हुआ कि उसके पीछे पीछे दबे कदमों से बमनी भी चली आ रही है। वह तेज़ कदमों से आगे बढ़ गया। वह जैसे ही गली के मुहाने पर पहुँचा, वैसे ही उसे लगा कि कोई विशाल जानवर उसका पीछा कर रहा है और उस पर झपटने ही वाला है। वह तेज़ चलते हुए अचानक भागने लगा और भागते हुए पीछे देखा। पीछे एक सुअर की मुंडी हवा में फड़फड़ाते हुए उसकी ओर झपटने ही वाली थी।

वह अपनी पूरी ताकत से दौड़ने लगा और दौड़ते दौड़ते वह उस सुअर की मुंडी की पकड़ से दूर चला जाना चाहता था। उसकी चाहत ने उसका साथ देना शुरू कर दिया। वह दौड़ते दौड़ते कस्बे से बाहर चला गया। वह जशपुर के जंगलों की ओर चला गया। उसने कई पहाड़ों की श्रृंखला पार कर ली।

वह भागते हुए गाँवों की पगडंडियों, खेतों की मेड़ों और तालाबों को पार कर सुनसान जगह में बने कच्चे मकान के पास रूका और उसका दरवाज़ा खोलकर अंदर घुस गया। उसने बिना अंदर देखे ही मकान का

दरवाज़ा बंद कर लिया और उससे पीठ टिकाकर ज़ोर ज़ोर से साँस लेने लगा।

तब ही उसे एक महिला की आवाज़ सुनाई दी, ‘‘क्या हुआ दरस?’’

उस मीठी सी पुकार से दरस की देह के रोएँ जाग गये। उसने भय मिश्रित जिज्ञासा में देखा। सामने सुगना खड़ी थी। अपने लम्बे काले बालों की लटों से पानी की बूंदों को झाड़ती हुई। उसे देखकर दरस घबरा गया लेकिन उसने अपनी दशा को जाहिर होने नहीं दिया। बल्कि उसका ध्यान उस दरवाज़े पर था, जिस पर सुअर की मुंडी बाहर से हमला कर रही थी।

दरस को घबराया हुआ देखकर सुगना ने कहा, ‘‘डरो मत दरस। वह सुअर की मुंडी अंदर नहीं आ सकती। यहाँ सशरीर कोई नहीं आ सकता।’’

सुगना की मुस्कान से दरस सामान्य महसूस करने लगा। दरवाज़े पर हो रही धम धम की आवाज़ थोड़ी ही देर में शांत हो गयी। वह दरवाज़े से हट गया और किवाड़ हल्का सा खोलकर बाहर देखने लगा। बाहर सुअर की मुंडी खून से सराबोर हो कर ज़मीन पर शांत पड़ी हुई थी। दरस ने पलटकर पीछे देखा। वहाँ सुगना नहीं थी। वहाँ कोई भी नहीं था। वहाँ वह भी नहीं था।

वह तो उन्हीं रास्तों और पगडंडियों से वापस अपने कस्बे लौट रहा था। इस भरोसे के साथ कि अब सुअर की मुंडी उस पर कभी हमला नहीं करेगी। उसने लौटते हुए रास्तों में महुआ बीनती हुई आदिवासी महिलाओं को देखा। उसने गाँव के बाहर माँदर बजाते हुए युवकों और उसकी थाप पर युवतियों को झूमते नाचते देखा। उसने कमल फूलों से भरे नीले पानी वाले तालाब में नग्न नहाती साँवली अप्सराओं को देखा।

उस तालाब के किनारे स्वर्ण रंग के तने वाले पौधों को देखा, जिन पर गहरे लाल रंगों के फूल खिले थे। उन पौधों में लदे और पके फलों को चख कर देखा, जिनका स्वाद आँसू की तरह था। उसने भागते हुए हिरणों को देखा। उसने पेड़ों की छाँव के नीचे आराम करते हाथियों के झुंड को देखा।

उसने विशालकाय चर्च को भी देखा, जिसकी चाहरदीवारी के अंदर प्रार्थना और गरीबी की मिलीजुली सिसकियाँ गूँज रही थीं, जिसे लोग चर्च की घंटी बजने की आवाज़ समझ कर सुन रहे थे। दरस को चर्च के घंटे के आवाज़ के पार्श्व में सुगना की आवाज़ सुनाई देने लगी, ''यहाँ सशरीर कोई नहीं आ सकता।''

सुगना की उस चीखती हुई आवाज़ से दरस घबरा गया। अपनी घबराहट में वह जाग गया। उसने देखा कि वह अपने कमरे में खाट पर पड़ा है और वह बायीं ओर करवट लेकर सो रहा है, जिधर उसका हृदय अपनी ही देह के वजन से दब गया है। उसे खेसराहा की बात याद आ गयी, ''हृदय की ओर करवट लेकर सोने से बुरे सपने आते हैं।''

उसने अपनी जागी हुई आँखों से देखा। पीछे आँगन में धूप टेढ़ी हो रही थी। जामुन के पेड़ों की पत्तियों में हल्का कंपन हो रहा था। एक कोयल बिना आवाज़ किये डगालों पर इधर उधर फुदक रही थी। खाट के सामने की दीवार पर लगी घड़ी में दोपहर के दो बज रहे थे। उसे अपनी आँत में ऐंठन महसूस हुई। वह जम्हाई लेते हुए उठ बैठा और थोड़ी देर बाद उठकर पीछे आँगन चला गया। उसने वॉश बेसिन में अपना चेहरा धोया। उसने कुल्ला किया। उसने दाँत साफ़ किये। उसने अपना चेहरा दोबारा धोया। उसके चेहरे पर उग आयी हल्की दाढ़ी और मूँछें साफ़ दिख रही थीं।

उसमें खाना खाने की कोई इच्छा नहीं थी। उसने चूल्हे पर चाय बनाई और कप में लेकर घर के बाहर बने चबूतरे पर जाकर बैठ गया। उसने देखा कि सामने खरपतवार के मैदान के खुले इलाके में खानाबदोशों के टेंट लगे हुए हैं। उन टेंटों के बाहर बैठी महिलायें और पुरुष आपस में किसी बात पर बहस कर रहे हैं। लेकिन उनकी भाषा और विमर्श से अनजान दरस चुपचाप उन्हें ही देख रहा था।

एक टेंट के सामने एक युवक चाकू में धार दे रहा था। उसके सामने दरी पर कई चाकू, चिमटे, तवा और विभिन्न आकार प्रकार के करछुल रखे हुए थे। दूर एक अधेड़ ज़मीन में सुराख बनाकर तैयार किये गये अजीब से चूल्हे में लोहे की पाइप से फूँक मारकर आग को भड़का रहा था। उसके ठीक पीछे एक युवती खड़ी थी, जिसने राजस्थानी अंदाज़ वाली चोली और लहंगा पहना हुआ था, लेकिन वह राजस्थानी नहीं थी।

कई युवकों ने सिक्खों जैसी पगड़ी पहन रखी थी, लेकिन वे सिक्ख नहीं थे। बच्चे एक पुरानी गाड़ी से बँधी बकरियों को दूहने की कोशिश कर रहे थे। लेकिन दरस की नज़र इधर उधर भटक कर वापस उसी युवती पर लौट आयी, जो अपनी छाती तक लटक आयी मोतियों और सीपियों की अजीब सी मालाओं को ठीक करते हुए उसकी ओर ही देख रही थी। दरस युवती को देखकर देखता ही रह गया।

युवती के चेहरे पर गोदना बना हुआ था। उसके माथे पर एक कत्थई बिंदी थी। उसकी ठुड्डी के ठीक बीच में माँस दो भागों में विभक्त सा लग रहा था। दरस युवती की धँसी हुई ठुड्डी को देखकर हरसा को याद करने लगा, जिसके लौटने या ना लौटने के सवाल पर दरस ने कभी सोचा नहीं। और जब उसने सोचा, तब तक वह हरसा को भूल चुका था, ऐसा उसे लगा।

दरस को अचानक कुत्तों के भौंकने की आवाज़ सुनाई दी। उसने देखा कि दूर गली में आगे कुत्तों का एक झुंड आपस में एक दूसरे को नोच रहा है। एक दूसरे पर झपट रहा है। एक दूसरे पर हमला कर रहा है। उसने उन कुत्तों से अपनी नज़र हटा ली। उसने देखा कि बगल में जर्जर हो चुका चउबे का मकान अनुपस्थित की तरह मौजूद है। उसकी अनुपस्थिति इतनी सहज हो गयी थी कि लोग उस ओर देखते ही नहीं थे, जैसे कि वह हो ही नहीं।

चउबे के कहीं चले जाने के किस्से उसके चले जाने के बहुत दिनों बाद तक कस्बे में सुनाये जाते रहे हैं। लेकिन उन किस्सों में चउबे के प्रति ईर्ष्या ज़्यादा और सच्चाई कम होती थी। सिंधी किराना दुकान वाले का कहना था कि वह मंदिर बनाने का भारी चंदा दबा कर भाग गया। होटल वाले मिसरा का कहना था कि वह उत्तर प्रदेश के अपने पुश्तैनी गाँव चला गया, जहाँ सैकड़ों एकड़ की खेती के बँटवारा विवाद में उसके अपने सगों ने काट कर नेपाल सीमा के उस पार फेंक दिया।

आगीमुता ने दरस को बताया था कि चउबे को विधवा गली से निकलता देखकर उसके समर्थक लोग भड़क गये थे, इसलिये उसे बिना बताये कस्बे से भागना पड़ गया। हालाँकि दरस जानता था कि चउबे को अपने परिवार के साथ क्यों जाना पड़ा।

उसने चउबे के मकान से करीब सात मकान दूर बने दोमंज़िला मकान को देखा। उस मकान की रंगत में ना जाने क्यों सरकारीपन था। गेरूआ रंग की दीवारों पर सफ़ेद रंग की धारियों को देखकर ऐसा लगता था, मानो वह पशु प्रजनन केंद्र का भवन हो। लेकिन वह वैसा नहीं था। मकान की चाहरदीवारी पर लोहे की ग्रिल लगी थी, जिस पर नुकीले भाले का आकार बना हुआ था, ताकि कोई घुसपैठ ना कर सके।

हालाँकि वहाँ घुसपैठ करने जैसी कोई बात नहीं थी, क्योंकि उस मकान का मालिक खड़ूस शिक्षक था, जिसके तीनों लड़के आवारा किस्म के थे। उन लड़कों को एक बार दरस ने कस्बे के श्याम टाकीज में टिकट खिड़की पर लड़ते हुए भी देखा था, जब दरस अपने मित्रों के साथ वहाँ फिल्म देखने गया था।

उसे लगा कि वह अभी भी फिल्म ही देख रहा है, जिसमें चारों ओर गलियों का मकड़जाल है। उन गलियों के दोनों ओर नये पुराने मकान बने हुए हैं। फिल्म में अचानक उसे उस दो मंज़िला मकान के लड़कों की याद आयी। यह सोचकर ही दरस के मन में ख़ुद के लिए घृणा और उन लड़कों के लिए बद्दुआ निकली।

उसने शिक्षक के बड़े लड़के का चेहरा याद करने की कोशिश की। उसे धीरे-धीरे उस लड़के का चेहरा दिखने लगा। चेचक के दाग से भरा उसका चेहरा, जिस पर सिगरेट से जली हुई होंठों की एक जोड़ी थी। उसके बालों में जुओं के सफ़ेद अंडों की जगमग दूर से ही दिख जाती थी।

लड़का जब दरस की केबिन में दाखिल हुआ था, तब कमरे में गाँजे की बासी महक फैल गयी थी। दरस की चेतना में एक अजीब सी सनसनाहट आ गयी थी। उसे तुरंत ही खरपतवार मैदान के भीतर जमा गंजेड़ियों का दृश्य याद आ गया, जो ज़मीन पर उकड़ू बैठकर सौहार्द्रपूर्ण तरीके से एकदूसरे की ओर चिलम बढ़ा रहे थे।

लड़के ने उज्जडता से कहा, ''मुझे भी टेस्ट कराना है।''

उसकी आवाज़ सुनकर दरस अपने ख़याल से बाहर आ गया। उसने देखा कि लड़का उसके सामने की कुर्सी पर बैठ गया है और अपनी पैंट का बटन खोलते हुए फिर से उठ खड़ा हुआ, ''किधर मूतना है बता दो?''

दरस ने लड़के को इशारे से केबिन से बाहर जाने को कहा, जिधर मूत्रालय था, लड़का उधर चला गया। जब वह लौटा तो उसके हाथ में काँच की एक छोटी पारदर्शी शीशी थी, जिसमें उसका मूत्र नमूना था। लड़के ने बाहर खड़ी नर्स को वह नमूना सौंप दिया और केबिन की ओर देखकर चीखा। लेकिन काँच की वजह से दरस कुछ सुन नहीं पाया। लड़के ने केबिन का दरवाज़ा खोला और ज़ोर बोला, ''मुझे शुगर टेस्ट नहीं कराना है। ये पता करना है कि मैं बीए पास हो जाऊँगा कि नहीं?''

दरस उसके इस रवैये से हैरान हो सकता था लेकिन वह नहीं हुआ क्योंकि खेसराहा ने उसके लिए ऐसी विरासत छोड़ दी थी कि उसे यह सब भुगतना ही था। वह कहना चाहता था कि वह मेडिकल टेस्ट तो कर सकता है, लेकिन अपने पिता की तरह मूत्र ज्योतिष वह नहीं कर सकता। लेकिन वह चुप रहा। लड़का बिना दरस के प्रत्युतर का इंतज़ार किये ख़ुद ही बाहर चला गया।

जब वह दो दिन बाद लौटा तो उसने दरस की लैब में हंगामा कर दिया। नर्स ने उसे समझाया कि दरस सिर्फ मेडिकल टेस्ट ही करते हैं और उसने मूत्र से भविष्य बताना बंद कर दिया है। वह गुस्से में तमतमाते हुए केबिन के अंदर आ गया और टेबल पर मुक्का जमाते हुए चीखा, ''तेरा बाप तो सब बता देता था और तू है निकम्मा।''

''मैं बेवकूफ बनाने में विश्वास नहीं रखता।'', दरस ने उसे समझाने की कोशिश की। लेकिन वह अपने गाँजें की तुनक में था। वह दरस की ओर झपटा और उसका कॉलर पकड़ लिया, ''अगर तुमने नहीं बताया कि मैं परीक्षा पास होऊँगा या नहीं तो तुम्हारी खैर नहीं।''

उसकी धमकी से केबिन में लगी काँच की पारदर्शी दीवारों में दरार आ गयी। उन दरारों के कारण बाहर का दृश्य कुछ अजीब सा विकृत

दिखने लगा था। दरस को ख़ुद के इस काम से नफरत होने लगी थी। वह अपने पिता की वजह से ही इस पैथोलॉजी लैब का काम कर रहा था। और वह अपने पिता की वजह से आज इस मुसीबत में फंस गया था।

आत्मग्लानि और गुस्से में दरस लैब से बाहर चला गया और फिर वह कई दिनों तक उधर नहीं गया। उसने अपने सहकर्मियों को बता दिया था कि वह कब काम पर लौटेगा वह नहीं जानता। इसलिए कोई नया काम ना लें और हो सके तो अपने लिए कोई दूसरी जगह देख लें।

दरस उस लड़के का विकृत और गुस्से से भरा चेहरा भूल नहीं पा रहा था। वह उस दृश्य को नहीं भूल पा रहा था, जिसमें उस लड़के ने दरस का कॉलर पकड़ लिया था। पहली बार दरस के अंदर आक्रोश जैसी भावना पनप रही थी, जिससे कैसे निपटना है उसे पता नहीं था। उसे अपने लहू में पारा दौड़ने सा महसूस हुआ। उसे अपनी हड्डियों में करंट की तपिश महसूस होने लगी। उसे घबराहट होने लगी। वह अपनी याद में पथराने लगा। उसे अपना पूरा जिस्म पत्थर का लगने लगा। लेकिन उसके इस लगने को कुत्तों के भौंकने की आवाज़ ने बाधित कर दिया।

उसने देखा कि उन कुत्तों का हिंसक समूह, जो थोड़ी देर पहले गली के छोर पर धमाचौकड़ी मचा रहा था, दरस के पास आ गया। वह घबराकर चबूतरे पर खड़ा हो गया। उसने उन कुत्तों को भगाने की कोशिश की, लेकिन उन पर कुछ असर नहीं हुआ। दूर से खानाबदोशों में से एक युवक हाथ में डंडा लेकर दौड़ा। उसे देखकर सारे कुत्ते खरगोश की तरह भाग गये।

भागते हुए एक कुत्ते की मुँह में दबा टुकड़ा ज़मीन पर गिर गया, जिस पर तेज़ी से मक्खियों ने हमला कर दिया। डंडाबाज युवक के

वापस अपने टेंट में लौटते ही दूर खड़े कुत्तों में से एक तेज़ी से वापस आया और ज़मीन पर अधनोचे खाये सुअर की मुंडी को अपनी मुँह में दबाकर, गली की उस ओर भाग गया, जिसके अंत में कस्बे का कूड़ा फेंका जाता था।

उन कुत्तों के भाग जाने के बाद भी दरस को सड़े हुए माँस की बदबू आ रही थी। उस बदबू से उसका नथुना सुन्न हो गया था। उसे उबकाई आने ही वाली थी। वह तेज़ी से घर के अंदर चला गया और सागौन की लकड़ी वाला दरवाज़ा बंद कर लिया।

लेकिन वह चाहकर भी अपनी सोच का दरवाज़ा बंद नहीं कर पाता था। बरामदे में रूक कर उसने खेसराहा के बंद लैब के दरवाज़े को देखा। फिर आगे बढ़ गया। अपने कमरे की टेबल पर फैली पैथोलॉजी की किताबों को देखने लगा। वह पास रखी हरसा की तस्वीर को देखने लगा, जिस पर एक पतंगा आकर बैठ गया था। वह पतंगे के फड़फड़ाने की आवाज़ को सुनने की बजाय ध्यान से देखने लगा।

ऐसे ही एक बरसात के मौसम में जब कमरे में एक बड़ा सा कीड़ा घुस आया था, तब हरसा ने उसे अपनी सैंडिल से कुचलकर मार दिया था। फिर एक के बाद एक कई कीड़े कमरे में घुस आये, तब हरसा ने उन्हें मारने के लिए झाड़ू उठा लिया था और देर तक उसने ढेरों कीड़ों को मार दिया था। उसे इस तरह आवेशित देखकर दरस सहम गया था, लेकिन उसने दिमाग से काम लिया और कमरे की खिड़की व दरवाज़े को बंद कर दिया। कीड़ों का अंदर आना बंद हो गया।

***

वह कई दिनों तक अपने घर में ही रहा। इस दौरान कामवाली बाई आती और अपना काम कर चुपचाप चली जाती। कामवाली के जाने के बाद दरस सुबह बिस्तर से उठता और इधर उधर टहलता रहता। इस अज्ञातवास के दौरान उसकी दाढ़ी बढ़ गयी थी। उसकी आँखों के आसपास गहरे रंग उभर आये थे। चिरपोटी और तोतवा ने उसे घर से बाहर आने जाने का सुझाव भी दिया था, लेकिन उसने घर में ही रहना बेहतर समझा। इस दौरान उसने अपने लिए वैकल्पिक रोजगार के बारे में सोचा।

सबसे पहले उसे लगा कि चोटी महराज की तरह वह भी ज्योतिष का काम करेगा। इसके लिए उसने साधना पाकेट बुक्स की बहुत सारी ज्योतिष संबंधी किताबें भी खरीद ली थीं। उसने पहले पन्द्रह दिन तो उन किताबों को पढ़ने में खर्च किया। उसने जीवन रेखा, भाग्य रेखा और हृदय रेखा के बारे में विस्तार से पढ़ा। लेकिन किसी भी किताब में उसे मृत्यु रेखा के बारे में कुछ भी नहीं मिला। यह जानकर उसे ज्योतिष विज्ञान की अक्षमता पर आश्चर्य हुआ। उसने प्रयोग के लिए कामवाली बाई लबरी का हाथ लेकर देखा।

दरस ने देखा कि लबरी की हथेली में किताबों में बतायी गयी रेखाओं से भी ज़्यादा रेखायें हैं। वह लबरी की हथेली देखने लगा। लबरी उसे देखने लगी। लबरी की ठंडी और सफ़ेद पड़ चुकी हथेली में जीवन, भाग्य और हृदय रेखायें आपस में गड्डमड्ड थी। वह उन्हें देखकर ज्योतिष के अनुसार कुछ भी अनुमान नहीं लगा पा रहा था। लबरी उसे देखकर मुस्कुरा रही थी। मानो कहना चाह रही हो, 'क्यों बाबू गरीब का हाथ देखकर ज्योतिष भी ठंडा गया।' सच में दरस ठंडा गया था। वह झूठ बोलने का पाप नहीं लेना चाहता था। उसे मीनाबाजार की झाँकी

की याद आ गयी, जिसमें उसने देखा था कि झूठ बोलने वाले आदमी का सिर आरी से काट दिया जाता है।

वह ज्योतिष के आधार पर सच बोलना चाहता था। इसलिए वह एक दोपहर बमनी के पास चला गया। उसे देखकर बुढ़िया कुछ झल्ला सी गयी, लेकिन कुछ बोली नहीं। दरस मकान संख्या दो सौ बाईस के आँगन में ठहर गया। उसने इधर उधर देखा। कुछ लड़कियाँ आँगन में बैठी एक दूसरे की बाल सुलझा रही थी। कुछ चावल चुन रही थी। कुछ अपने हाथों में मेंहदी लगा रही थी। जो लड़का शाम को दरवाज़े पर बैठ कर मेहमानों की अगुवाई करता था, वह नज़र नहीं आ रहा था। दरस को इस तरह आँगन में अकेला खड़ा देखकर बुढ़िया ने कहा, ''जा जा।''

दरस चुपचाप पीछे की सीढ़ी से ऊपर चला गया। सीढ़ियों के सीलन की बू ऊपर बरामदे तक आ रही थी। उसने देखा कि तख्त पर दो लड़कियाँ सो रही हैं। दोनों इतनी बेसुध सो रही थीं कि उन्हें अपनी खुली हुई देह और बिखरे हुए कपड़ों का पता ही नहीं था। उन दोनों को दरस ने ध्यान से देखा। दोनों में बमनी नहीं थी। वह आगे के कमरे के पास जाकर रूक गया। फिर उसने धीरे से दरवाज़ा खटखटाया। भीतर से आवाज़ आयी, ''अभी!''

''हाँ अभी। लेकिन बात दूसरी है।'', दरस ने दरवाज़े के इस पार से बमनी को जवाब दिया। उसका वाक्य पूरा होते ही बमनी ने दरवाज़ा खोल दिया। बाहर की रोशनी में बमनी का चेहरा उजागर हो गया। उसके चेहरे पर चादर की सिलवटों से दाग बन गया था। उसके बाल इधर उधर बिखरे हुए थे। उसने अपना आँचल ठीक करते हुए कहा, ''कौन सी बात?''

‘‘अंदर तो आने दो।’’, दरस कमरे के अंदर आ गया। उसने हाथ पकड़ कर बमनी को अपने पास बिठाया और उसकी हथेली लेकर ध्यान से देखने लगा। बमनी की मुलायम हथेली में मेंहदी की पुरानी आकृतियों की हल्की लकीरें भरी पड़ी थी। उनके नीचे उसकी गहरी जीवन रेखा दुबकी पड़ी थी। भाग्य रेखा कई जगह से कटी फटी थी। हृदय रेखा किसी विशाल नदी की तरह हथेली के एक किनारे से दूसरे किनारे तक जा रही थी। शुक्र पर्वत का उभार माँसल और गुलाबी सा था। दरस उसकी हथेली को देखकर मुस्कुराने लगा। उसे इस तरह मुस्कुराता देखकर बमनी ने पूछा, ‘‘ये क्या पागलपन है?’’

दरस ने धीरे से कहा, ‘‘पागलपन नहीं। मैं नया काम शुरू करने जा रहा हूँ।’’

‘‘तो पेशाब कौन जांचेगा?’’, बमनी ने खीझते हुए कहा। क्योंकि वह इस समय आराम करती थी ताकि देर रात तक वह अपने क़द्रदानों को सेवा दे सके। और दरस उसके सुख के इस निजी पल को अपने ज्योतिष से खराब कर रहा था।

‘‘कोई और।’’, दरस ने उसकी हथेली को छोड़ दिया और वह बमनी को देखने लगा, जो गुस्से में लग रही थी। दरस उसकी मनःस्थिति को भाँप गया। वह उठकर जाने ही वाला था कि बमनी ने उसका हाथ पकड़ लिया, ‘‘अच्छा ठीक है। कुछ तो बताओ कि मेरी हथेली की रेखायें क्या कहती हैं?’’

दरस ने फिर से बमनी की हथेली को अपने हाथों में ले लिया और उसका गंभीरतापूर्वक मुआयना करने लगा। उसने हथेली को घुमा फिराकर देखा। फिर धीरे से कहा, ‘‘एक खासियत तो है।’’

''क्या?'', बमनी ने बिना उत्साह के दरस का दिल रखने के लिए कहा।

''तुम्हारी हथेली में कई विवाह का योग है।'', दरस की आवाज़ कमरे की दीवारों से टकरा कर ज़मीन पर गिर गयी। पीछे की खिड़की से आकाश साफ़ दिखाई दे रहा था, जिधर से इक रात वह बमनी की साड़ी के सहारे निकल कर भागा था। दरस बमनी के चेहरे को देख रहा था, जिस पर कोई भाव नहीं था।

बमनी ने झटके से अपना हाथ छुड़ा लिया और उसे कमरे से बाहर चले जाने को कहा। दरस घबरा गया। वह कुछ समझ नहीं पाया कि आखिर बमनी को हुआ क्या है। बमनी ने उसे कमरे से धकियाते हुए कहा, ''हमारी तो रोज रात होती है। इसमें ज्योतिष वाली क्या बात है।'' बमनी ने दरवाज़े को इतनी ज़ोर से बंद किया कि उसकी आवाज़ सुनकर तख्त पर सो रही दोनों लड़कियाँ नींद से बाहर आ गयीं। उन्होंने दरस को देखकर कहा, ''कभी भी चले आते हो। भागो यहाँ से।'' दरस तेज़ी से बाहर आ गया।

बाहर वह अपने कमरे में खड़ा था। हरसा की तस्वीर को देखता हुआ। ज्योतिष की किताबें आलमारी के ऊपर चली गयी थीं, जिसे उसने एक चादर से ढक दिया था। दरस समझ गया था कि वह झूठ नहीं बोल सकता और लोग सच नहीं सुनना चाहते। इसलिए उसने ज्योतिष का विचार त्याग दिया।

जब उसे टैक्स बाबू के मकान में रह रहे चावल व्यापारी का ध्यान आया, तब उसने सोचा कि क्यों ना उड़ीसा से चावल तस्करी का काम किया जाये। इस बाबत उसने एक पुरानी जीप खरीदने का सौदा भी कर लिया था। लेकिन जब व्यापारी को पुलिस मारते हुए पैदल थाने ले गयी,

तब उसे देखकर दरस सिहर उठा था। उसने डर में यह काम करने का ख़याल छोड़ दिया।

फिर उसे लगा कि वह कस्बे की अपनी डिस्पेंसरी को किराये पर दे देगा और उससे गुजारा कर लेगा। जैसा कि मुहल्ले के आवारा लड़के बिना कुछ काम किये आराम से रहते हैं। रोज सुबह देर से उठते हैं। तालाब जाकर नहाते हैं और अपने पिताओं के काम पर चले जाने का अंदाज़ लगाते हुए घर लौटते हैं।

फिर नाश्ता कर साफ़ कपड़े पहनकर घर से निकल जाते हैं। कभी किसी पेड़ के नीचे बैठकर शतरंज खेलते हैं। कभी ताश खेलते हैं। हार जीत पर झगड़ा भी कर लेते हैं। स्कूल आने जाने वाली लड़कियों को घूर भी लेते हैं। मुहल्ले में होने वाले रामायण पाठ में भीड़ बन जाते हैं। मंदिर में लगने वाले भंडारा में सहयोग करते हैं। युवा वाहिनी के सैनिक बन जाते हैं। इस तरह आराम से उनका गुज़र बसर हो जाता है।

उसने मुहल्ले की तीन पीढ़ियों को इसी तरह बेगारी में मौज से जीते देखा है। उनके घरों की महिलायें कुछ कामकाज कर पैसे कमा लेती हैं। अनाज गाँव से आ जाता है। और जब ज़्यादा पैसा हो जाता है, तब उन आवारा लड़कों की शादी भी हो जाती है। फिर उनके बच्चे आगे चलकर बेगारी के सुख में शामिल हो जाते हैं।

लेकिन उनके जीवन की बोरियत के बारे में सोचकर दरस बेगारी के बारे में भूल गया। क्योंकि उसने कई अधेड़ों और लड़कों को शराब के नशे में मरते हुए देखा था। शराब वे इसलिये पीते थे, क्योंकि उनके पास कोई काम नहीं था। काम इसलिए नहीं था, क्योंकि वे करना नहीं चाहते थे।

जबकि दरस शिद्दत से काम करना चाहता था। वह मूत्र और उसके परीक्षण से ऊब गया था। लोग खेसराहा की तरह उससे अपेक्षा रखते थे, जबकि वह झूठ नहीं बोलना चाहता था। वह नहीं चाहता था कि जब वह मर जाये तो ऊपर उसकी खोपड़ी को आरी से काटा जाये।

***

एक शाम अपने अकेलेपन और बेचैनी से होने वाली घबराहट को दूर करने के लिए दरस घर से निकल गया और पैदल ही राआमभांठा होते हुए ईसाईयों के क़ब्रिस्तान चला गया। क़ब्रिस्तान का बड़ा लोहे का दरवाज़ा बंद था, लेकिन उसके बाजू में एक छोटा सा दरवाज़ा था, जिससे लोग आना जाना करते थे। उस दरवाज़े से अंदर जाते ही दरस को गीली ज़मीन, हरी घास और क़ब्रों के नीचे आराम कर रहे लोगों की बू आने लगी। उसने देखा कि कई क़ब्रों पर ताज़े गुलाब के फूल रखे हुए हैं और उनके पास मोमबत्तियाँ जल रही हैं।

कुछ क़ब्र एकदम ताज़े और सफ़ेद रंग से रंगे हुए थे। उनके सिरहाने पर संगरमर का बना मृत्युलेख पट्ट लगा हुआ था, जिन पर उनके आखिरी संदेश दर्ज थे। पता नहीं उन संदेशों को कौन पढ़ता होगा। मरे हुए लोग तो नीचे लेटे हुए हैं और जिंदा लोग बाहर अपनी दुनिया में मगन हैं। कुछ काली चींटियाँ समर्पित मिठाई पर टूट पड़ी थीं। पीछे पुराने क़ब्र थे। उस तरफ क़ब्रिस्तान का माली उर्फ रखवाला झाड़ियों को साफ़ कर रहा था। उसने दरस को देखकर इशारे से अपने पास बुलाया।

दरस पत्थर के टुकड़ों से बने रास्ते से होते हुए उस माली के पास जाने लगा, जो झाड़ियों को काट छाँट रहा था। दरस ने बीच रस्ते पर खड़े होकर चारों ओर देखा। सब तरफ क़ब्र ही क़ब्र नज़र आ रहे थे। उसे लगा कि वह मरे हुए लोगों के कस्बे में आ गया है। नीम पेड़ के पत्ते

अपना रंग बदलने लगे थे। क़ब्रिस्तान की चाहरदीवारी पर काई जम गयी थी। बाहर दूर चर्च का बड़ा सा घंटा दिखाई दे रहा था।

दरस जैसे ही माली के पास पहुँचा, वैसे ही उसने कहा, ‘‘तुम खेसराहा के?’’ उसके वाक्य पूरा होने के पहले ही दरस ने सिर हिलाकर सहमति जता दी कि वह खेसराहा का बेटा है। माली ने उस पास के नीम पेड़ की छाँव में बैठ जाने का इशारा किया और ख़ुद भी उसके पीछे चला गया।

माली का चेहरा धूप से काला हो गया था। उसके काले माथे पर पसीने की बूंदें चमक रही थीं। मोटे होंठ और घुंघराले बालों के कारण उसका चेहरा किसी आदम की तरह दिख रहा था, जिसे अभी अभी स्वर्ग के बगीचे से नीचे इस लोक में धकेल दिया गया हो। उसकी आँखों में ठंडापन था, जिसके भीतर झाँक लेने की कोई खिड़की नहीं थी। उसकी पलकें लगभग स्थिर सी थीं, जो बहुत देर देर में मुंद जातीं और देर तक खुली रहती थीं।

माली ज़मीन पर पसर कर बैठ गया और दरस को भी पास बैठ जाने का इशारा किया। पास बैठते ही उसने दरस से पूछा, ‘‘क्या तुम भी अपने पिता की तरह परीक्षण करना जानते हो?’’ दरस को उसके उच्छवास से कोसना की महक आयी। वह माली से थोड़ा दूर हो गया और माली के सवाल का जवाब देने की बजाय उसने अपना सवाल दाग दिया, ‘‘क्यों?’’

‘‘वो क्या है ना कि मुझे सपने नहीं आते और मैं चाहता हूँ कि तुम परीक्षण कर बताओ कि इसका कारण क्या है?’’, माली अपनी इच्छा जाहिर कर दूर देख रहा था, जिधर से उसे इस इहलोक में नीचे धकेल दिया गया था। वहाँ आकाश में रूई के फाहे की तरह हल्के बादल थे।

‘‘हालाँकि मैंने वह सब छोड़ दिया है, लेकिन तुम्हारे लिए कर सकता हूँ। अभी इसी वक्त।’’ दरस भले मानुष को निराश नहीं करना चाहता था। दरस उसे चाहरदीवारी के पास ले गया और माली से कहा, ‘‘तुम अभी इस जगह मूत दो।’’ दरस के निर्देश पर माली ने दीवार के सहारे उत्सर्जन कर दिया। थोड़ी ही देर में उसके मूत्र पर ढेर सारी चींटियाँ मंडराने लगीं। माली ने दरस की ओर देखा, जो चींटियों को देखकर मुस्कुरा रहा था।

‘‘क्या हुआ डाक्टर?’’, माली ने चकित होकर पूछा।

‘‘तुम्हें एक्यूट शुगर है तो सपने कैसे आएँगे?’’

‘‘मतलब?’’

‘‘मतलब। तुम्हारे स्नायु मिठास से भर गए हैं और सपने उन्हीं रास्तों से आते हैं। मीठा ज़्यादा खाते हो क्या?’’

‘‘हाँ। यहाँ क़ब्रों पर लोग जो मिठाई रख कर जाते हैं, सब मैं ही खा लेता हूँ।’’

‘‘और मुर्दे नाराज़ होकर तुम्हारी इन्सुलिन पी जाते हैं।’’, दरस ने कहा।

माली चुप रहा। उसे दरस की बात समझ में नहीं आयी। वह उठ गया और झाड़ियों की ओर जाते हुए पूछा, ‘‘तो दवा लेनी होगी?’’ दरस ने धीरे से कहा, ‘‘हाँ’’

माली को दूर काम करता देख दरस भी उठ खड़ा हुआ और सामने की पुरानी क़ब्रों को देखने लगा। कुछ क़ब्रों के चबूतरे में दरार आ गयी थी। कुछ के सिराहने पर लगी संगमरमर की पट्टी टेढ़ी हो गयी थी। तो कुछ संगमरमर की शिलाओं में दर्ज नाम मिट से गये थे। बेनाम और

बेशिनाख़्त क़ब्रों के आगे वह एक क़ब्र के पास जाकर रूक गया। उसने क़ब्र के सिराहने पर लगी संगमरमर की पट्टी को ध्यान से देखा, जिसमें लिखा था, सुगना एक्का, जन्म 1952, मृत्यु 1972।

उस क़ब्र को देखकर दरस को सुगना की याद आ गयी। उसे सुगना की मुस्कान याद आयी। उसे सुगना की हँसने की आवाज़ सुनाई देने लगी। उसे सौंफ की हल्की ख़ुशबू आने लगी। घबराये और चकित दरस की त्वचा में सनसनी के दाने उग आये। उसके माथे पर पसीना आने लगा। वह डर गया। डर कर वह भाग जाना चाहता था। लेकिन उसने देखा कि माली तेज़ी से उसकी ओर आ रहा है। वह रूक गया। पास आते ही माली ने पूछा, ''बिना सपनों के मर जाऊँगा क्या?''

दरस ने कहा, ''पता नहीं!'' फिर वह तेज़ी से उस क़ब्रिस्तान से बाहर आ गया। वह राआमभांठा की ओर जाने लगा। वह इतना घबरा गया था कि उसे लगा कि वह प्रेत बाधा में आ गया है। उसने पास के नीम पेड़ की कुछ पत्तियाँ तोड़ी और उसे चुभलाने लगा। पत्तियों की कड़ुवाहट से उसे राहत मिली क्योंकि वह जानता था कि प्रेतबाधित इंसान को नीम पत्तियों की कड़ुवाहट पता नहीं चलती। फिर वह रास्ते में आने वाले सारे मंदिरों में सिर झुकाकर प्रणाम करते हुए चलने लगा। जब वह धांगर मुहल्ले के पास पहुँचा, तब उसने देखा कि मियाँ लेडिज टेलर की दुकान में बहुत भीड़ है। वह भीड़ देखकर आगे बढ़ गया। आगे उस मियाँ टेलरमास्टर का बड़ा सा मकान था, जिसके बाहर प्रीमियर कार खड़ी थी। मकान के चारों ओर पेड़ लगे थे। मकान की ऊपर की मंज़िल में एक युवती खड़ी थी, जिसे देखकर दरस आगे बढ़ गया।

वह आगे घड़ी चौक चला गया और चौक में स्थित मंदिर की सीढ़ियों पर जाकर बैठ गया, ताकि अगर अभी भी उसके अंदर नकारात्मक ऊर्जा

हो तो वह मंदिर की शक्ति से घबरा कर उसका शरीर छोड़ कर भाग जाये। सीढ़ियों के बगल में पूजा सामग्री बेचने वाले का ठेला था, जो गुड़ाखू कर रहा था। दूर हैंडपम्प पर बच्चे मस्ती कर रहे थे। पीछे जो सरकारी स्कूल था, उससे बच्चों के पहाड़ा रटने की तेज़ आवाज़ आ रही थी।

दरस ने देखा कि उसकी ओर चिरपोटी आ रहा है। पहले की तुलना में चिरपोटी अब दुबला नहीं था बल्कि बहुत मोटा हो गया था। उसका पेट फूला हुआ था। साइकिल अभी भी उसकी सवारी थी। वह कचहरी में राजस्व विभाग में काम करता था। वेतन के अलावा भी कमाई होने के बावजूद वह दिखावा नहीं करता था। चुपचाप साइकिल से आना जाना करता था। चिरपोटी ने साइकिल पास खड़ी की और दरस की ओर देखकर मुस्कुराने लगा, ''आखिर अज्ञातवास से बाहर आ गये!''

चिरपोटी के पास बैठ जाने के बाद दरस देर तक चुप रहा। फिर उसने पूछा, ''दर्ज़ी के काम में भी तो अच्छी कमाई होती होगी?'' दरस की जिज्ञासा को जानकर चिरपोटी मुस्कुराने लगा। उसने मजाकिया लहजे में पूछा, ''तो अब टेलर मास्टर बनना है क्या?''

दरस ने दृढ़ता के साथ जवाब दिया, ''हाँ। लेडिज टेलर।''

''तुम बाप बेटा दोनों सनकी हो।'', चिरपोटी ने गंभीरता से कहा। लेकिन दरस अपनी योजना के बारे में गंभीर था। वह चाहता था कि आज ही जाकर मियाँ मास्टर से दर्ज़ी का काम सिखाने की गुजारिश करे। लेकिन वहाँ भीड़ देखकर उसने इसे आज के लिए टाल दिया।

''तो तुम सच में कभी पैथोलॉजिस्ट का काम नहीं करोगे?'', चिरपोटी ने दरस की ओर देख कर पूछा। पीछे मंदिर में कोई भक्त आ चुका था। अंदर से घंटी बजने की आवाज़ आ रही थी। अगरबत्ती की

ख़ुशबू भी आ रही थी। स्कूल के बच्चों के चीखने की आवाज़ बंद हो चुकी थी और वर्दीवाले बच्चे दौड़ते हुए स्कूल से बाहर निकल रहे थे।

''कभी नहीं।'', दरस ने आँखें मूंदकर जवाब दिया। उसकी बंद आँखों के अंदर उस दोमंज़िला मकान की ऊपर छत पर खड़ी मियाँ मास्टर की बेटी उसे हाथ हिलाकर इशारा कर रही थी। दरस अपनी बंद आँखों के अंदर उसे हाथ हिलाकर जवाब दे रहा था।

''ठीक है बाद में बात करते हैं।'', यह कहकर चिरपोटी वहाँ से चला गया। दरस देर तक आँखें मूँदे हुए उसी तरह अपने ख़याल में डूबा रहा। वह उस ख़याल से तब बाहर आया, जब फूल माला बेचने वाली लड़की ने उससे कहा, ''बाबू ये मेरी जगह है। आप कहीं और बैठ जाइये।'' दरस अचकचा गया। वह चुपचाप उठा और घर की ओर लौटने लगा।

उसे रास्ते भर उस युवती का चेहरा दिख रहा था, जो उसे छत से इशारा कर रही थी। अचानक उसे चारमीनार के पुकारने की आवाज़ सुनाई दी, ''दरस ओ दरस!'' दरस ने मुड़ कर पीछे देखा। एक पुरानी एम्बेसडर कार से उतरते हुए चारमीनार उसे पुकार रहा था। दरस रूक गया। चारमीनार के चेहरे पर व्यग्रता थी। उसका शरीर उम्र के हिसाब से ज़्यादा मोटा हो गया था। उसने नेतागिरी छोड़ दी थी और ठेकेदारी का काम करने लगा था।

''तुम्हें पता है?'', चारमीनार ने फुसफुसाते हुए कहा।

''क्या?''

''अरे कस्बे में सुअर की मुंडी के हमले का आतंक बढ़ते ही जा रहा है। पहले एक ही सुअर की मुंडी लोगों पर हमला करती थी। लेकिन

अब तो एक साथ तेरह मुंडी कस्बे में रात को निकलती है और लोगों पर हमला कर देती है। सेठ जी के बेटे को पिछली रात स्कूटर से उठा कर फेंक दिया था और उसका रूपये भरा बैग भी ग़ायब हो गया। तुम भी सम्हल कर रहना।'', चारमीनार ने पूरी बात तेज़ी से कह दी। जैसे वह यही बात कहने के लिए निकला हो।

''लेकिन यह तो किसी अखबार में नहीं आया।'', दरस ने चारमीनार की ओर सवाल फेंका।

''अखबारों में तो बहुत कुछ नहीं आता।'', चारमीनार ने किसी तरह जवाब दिया क्योंकि उसका दम फूलने लगा था। उसने अपनी दमा की दवा अपने मुँह से सटा ली। वह देर तक ज़ोर ज़ोर से साँस लेता रहा।

''लेकिन ये सब मुझे क्यो बता रहे हो?''

''क्योंकि हमला चउबे के साथियों पर ही हो रहा है।'', यह कहकर चारमीनार ने दवा की शीशी अपनी जेब में रख ली और अपनी कार की ओर जाने लगा।

दरस तेज़ी से कार की ओर गया और उसके दरवाज़े के पास खड़े चारमीनार से धीरे से पूछा, ''तो क्या चउबे ने कुल चौदह सुअर की मुंडी लाने की योजना बनाई थी?''

चारमीनार ने मुँह बिचकाते हुए कहा, ''क्या पता!''

दरस चारमीनार के खुलासे से चौंकने की बजाय व्यग्र हो उठा कि आखिर यदि चारमीनार की बात सच है, तब आगीमुता ने और तेरह सुअरों को जिबह किया होगा। हालाँकि जब दरस उससे सौदा कर रहा था, तब आगीमुता ने कहा था कि व्यस्क सुअरों को जिबह करना महंगा

होता है जबकि सुअरों के पिल्लों की कीमत कम होती है। क्योंकि उनके बड़े होने में खर्च कम हुआ होता है। इसलिए उसने दरस को सुअर के पिल्ले की मुंडी ले जाने का सौदा किया था, लेकिन उसने यह नहीं बताया कि युवा वाहिनी के और भी सैनिक उससे सुअर के पिल्लों की मुंडी का सौदा कर चुके हैं।

वह इतने बरसों से इस अवसाद में था कि उसने चउबे के कहने पर एक प्यारे से सुअर के पिल्ले को कटवा डाला। अब वह जिज्ञासा में डूब गया कि क्या सचमुच और तेरह मुण्डियाँ उस दिन काटी गयी थीं, जब वह गंदे नाले के उस पार गया था। उसने अपनी स्मृति के सारे कोनों को छान मारा। उसने अपनी पूरी ताकत से उस दिन के पल पल को याद करने की कोशिश की, लेकिन वह असफल रहा। उसे कुछ भी संकेत नहीं मिल सका कि उस दिन मुहल्ले के दूसरे लड़के भी गंदे नाले के उस पार गये थे। यह सब सोचते हुए कब वह घर के पास आ गया, उसे पता ही नहीं चला।

***

पैदल चलने की थकान और सोचने के परिश्रम से उसका जिस्म और उसका मस्तिष्क बोझिल हो गया था। वह घर के अंदर चला गया, जहाँ कामवाली बाई बुहार रही थी। उसे देखकर दरस ठिठक कर रूक गया। जब बाई सामने का कमरा बुहार कर बाहर की ओर निकल गयी, तब वह बरामदे से होता हुआ अंदर शयनकक्ष में चला गया और बिस्तर पर जाकर पसर गया। उसे अचानक याद आया कि लैब का जो कमरा उसने किराये पर दिया है, उसका भाड़ा लेना है। महीना पूरा हो रहा है। बाई भी अपना पगार मांगेगी। राशन भी भरना होगा। बिजली बिल जमा करना होगा।

हालाँकि उसकी यह सोच नकली थी। असल में तो वह मियाँ मास्टर के पास जाकर दर्जी का काम सीखने को उतावला था। उसे कस्बे का दूसरा नामी लेडिज टेलर बनना था। वह पैथोलॉजी के काम से कमायी गयी बदनामी को मिटा डालना चाहता था, क्योंकि उसे देखकर आवारा लड़के चिढ़ाते थे, 'वो देखो पेशाब डाक्टर!'' दरस को यह बात चुभ जाती थी। इसी चुभन और अपमान से बचने के लिए उसने पैथोलॉजी का काम छोड़ दिया था। चूँकि खेसराहा भी जशपुर के जंगल में चला गया था और उसकी कोई खबर नहीं थी, इसलिए उसे अपना काम छोड़ देना आसान हुआ।

खेसराहा को गये बरसों हो गये थे, लेकिन वह लौटा नहीं और दरस को उसके लौटने की प्रतीक्षा भी नहीं थी। वह अपने जीवन के उतार चढ़ाव, दुख, पीड़ा, अकेलेपन, उदासी और अपने होने के नामालूम उद्देश्य के कारण हमेशा व्याकुल रहा करता था। हरसा से जिस प्रेम और साथ की उम्मीद थी, वह कब की छोड़ कर जा चुकी थी। बमनी के प्रेम का सहारा था, लेकिन वह भी एक मायावी प्रेम था, जिसके ग़ायब हो जाने की पूरी आशंका थी। क्योंकि बमनी के ढेरों प्रेमी थे और वह उन सब से प्रेम करती थी जो प्रेम पाने के लिए अपनी जेब खाली करने को उत्साहित रहते थे। ऐसे धोखेबाज प्रेम के भरोसे कोई भी ज़्यादा दिन तक चल नहीं सकता।

लेकिन उसे प्रेम की तलाश नहीं थी, उसे साथ की तलाश थी। उसे देह की तलाश नहीं थी, उसे रूह की तलाश थी। वह किसी के साथ आत्मीय होकर बात करना चाहता था। उसे अपना सुख दुख साझा करना चाहता था। वह देर तक उसके कंधे पर सिर रखकर सोना चाहता था। रोना चाहता था। वह इतना कुछ चाहता था कि उसे लगा कि सच में वह कुछ नहीं चाहता था। उसकी सारी चाहतों को अकेलापन दिनोंदिन

खुरचता रहता था। लहूलुहान खरगोश की तरह उसका मन उसकी देह के भीतर छटपटाता रहता था। इधर उधर भागता रहता था। वह अपनी चाहत, अपनी सोच और अपने अकेलेपन से मारा जाने लगा, जिसका पता उसे था भी और नहीं भी था।

वह झिझकते हुए मियाँ मास्टर की दुकान पहुँचा। सुबह के समय दुकान तुरंत खुली ही थी। मियाँ दुकान के हैंगरों में लटके तैयार वस्त्रों से धूल झाड़ कर उसे वापस उन्हीं जगहों पर टाँग रहा था। दुकान के अंदर नये कपड़ों की अजीब सी महक थी। कोने में तीन सिलाई मशीनें रखी थीं और नीचे ज़मीन पर एक बड़ा सा लकड़ी का पाटा रखा था, जिसकी ऊँचाई मात्र तीन इंच रही होगी। पीछे एक लकड़ी की आलमारी रखी थी, जिसके दरवाज़े पर शीशा लगा हुआ था, अंदर तह कर रखे हुए कपड़ों का रंग साफ़ दिखाई दे रहा था। दुकान से बाहर की ओर मुख़ातिब एक टेबल थी, जिसके पीछे लकड़ी की कुर्सी रखी थी। उस कुर्सी पर बैठ कर ही मियाँ मास्टर महिलाओं से कपड़े लेता था और तैयार कपड़े देता था। टेबल में एक ड्राअर था लेकिन मास्टर पैसा अपने कुर्ते की जेब में रखता था।

दरस को सामने चुपचाप खड़ा देख मास्टर ने पूछा, ‘‘अरे पैथोलाजिस्ट कैसे?’’ मास्टर के चेहरे पर झुर्रियाँ भी मोहक लग रही थी। उसकी उम्र के लिहाज से वह ज़्यादा बूढ़ा तो नहीं था लेकिन वह बूढ़ा लग रहा था। उसके नाक के कोने में उसका चश्मा अटका हुआ था, जिसे देखकर लग रहा था कि अब गिरा कि तब। मास्टर के कंधे पर टेप लटका हुआ था। उसकी देहयष्टि कमज़ोर लग रही थी। कुर्ते के पतले कपड़े से उसकी पसलियाँ साफ़ नज़र आ रही थी। बकरे के जैसी ठुड्डी से लटकी दाढ़ी पूरी सफ़ेद हो चुकी थी। दरस ने उसकी भूरी पुतलियों वाली धँसी हुई आँखों की काँपती हुई नज़रों से नज़र मिलाते हुए कहा,

''मुझे काम सीखना है।''

''लेकिन तुम तो अच्छे भले डाक्टर हो।'', मास्टर ने बिना उसकी ओर देखे कहा, क्योंकि तब वह किसी कपड़े पर सफ़ेद चॉक से निशान लगा रहा था।

''मैंने वह काम छोड़ दिया है।'', दरस ने आवाज़ साधते हुए कहा।

''तो टेलरिंग करोगे!'', मास्टर ने टेप उठाकर एक बाजू में रख दिया और सफ़ेद चॉक से बनी रेखा पर कैंची चलाकर

कपड़े को काटने लगा। दरस उसकी भागती हुई हथेली और सधी हुई कटाई को देख रहा था। मास्टर ने ब्लाउज की बाँह काटकर अलग कर दिया।

''हुँ!'', दरस ने बस इतना ही कहा। मास्टर अपनी कुर्सी से उठा ज़मीन पर रखे लकड़ी के पाटा पर बैठ गया और बचे हुए कपड़े को फैलाकर उस पर निशान लगाने लगा। दरस ने देखा कि टेबल के पीछे की दीवार पर एक पोस्टर लगा हुआ था, जिस पर अरबी में कुछ लिखा हुआ था।

''इससे पहले कभी कैंची पकड़ी है? कुछ सिला है?'', मास्टर अपना काम करते हुए दरस से बात कर रहा था। वह बीच बीच में दुकान के बाहर की सड़क की ओर देख भी ले रहा था, जहाँ इक्का दुक्का लोग आ जा रहे थे। सुबह के वक्त दूर धूप में कुछ बकरियाँ बैठी हुई थीं। उनके पेशाब की बदबू दुकान तक आ रही थी।

''कभी नहीं।''

''तो एकदम शुरू से शुरू करना होगा।''

''हुं।''

''सिखाने की फीस लूँगा।''

''ठीक है कितनी?''

''ज़रुरत के समय बता दूँगा। आज से सीखोगे?''

''हाँ।''

''तो पहले इन कपड़ों को तह लगा दो और फिर वो मेरा मकान दिख रहा हैं, वहाँ से बकरम ले आओ। यहाँ सब ख़त्म हो चुका है।'', मास्टर ने अपनी बात के बीच में हाथ के इशारे से दरस को अपना मकान दिखाया, जिसे दरस पहले से ही जानता था। उस मकान जाने की उतावली में दरस ने सारे फैले हुए कपड़े तह कर दिये और सिले हुए को हैंगर में टाँग दिया। फिर उसने अपना हाथ झाड़ते हुए कहा, ''आता हूँ मैं बकरम लेकर।'' मास्टर ने सिर हिला दिया।

***

मकान की चहारदीवारी ज़्यादा ऊँची नहीं थी। बाहर लोहे का छोटा सा दरवाज़ा था। दरवाज़े पर बनी ग्रिल की डिजाइन एक जगह से टूट गयी थी। उस दरवाज़े से अंदर जाते ही दरस को बकरियों की पेशाब और लेड़ियों की बदबू आने लगी। दरवाज़े से लेकर मकान तक सीमेंट की पतली सी पगडंडी बनायी गयी थी, जिसके दोनों ओर गेंदा फूल के पौधे लगे हुए थे। दीवार से सट कर बकरियों को रखने के लिए टिन का शेड बना हुआ था।

उस सीमेंट की पगडंडी पर चलते हुए दरस को ऐसा अहसास हो रहा था, जैसे वह किसी बड़े से पानी जहाज के अंदर जा रहा हो और उसके

चारों ओर गेंदा के फूलों का समुद्र हो। मकान की दीवार को हरे रंग से पोता गया था। मकान में बाहरी दरवाज़ा लकड़ी का था, जिस पर कई प्रकार की आकृतियाँ बनी हुई थीं। उसने दरवाज़े पर दस्तक दी। अंदर से किसी के चीखने की आवाज़ आयी, ''कौन है रे!''

दरस को आश्चर्य हुआ कि किसी महिला की इतनी कर्कश आवाज़ हो सकती है। उसे जिस भी महिला का सान्निध्य मिला या जिसे भी वह नज़दीक से जानता था और जानता है, वे सभी बहुत विनम्रता से बात करती थी। सुगना तो इतना मुलायम बोलती थी कि उसके शब्द हवा में उड़ने लग जाते थे, जिसे बटोर कर दरस एक वाक्य बना लेता था और उससे आगे का संवाद करता था।

हओ की आवाज़ में मिठास इतनी थी कि उसकी चिपचिपाहट देर तक दरस के जिस्म पर बनी रहती थी। जब वह घर लौट कर नहाता था, तब हओ के सारे मीठे शब्द उसकी देह से झर कर गिर जाते थे और उन्हें चींटियाँ ढोकर अपने बिल में ले जाती थी। शायद वे हओ के शब्दों का इस्तेमाल कर आपस में बातचीत करती थी।

और बमनी की आवाज़ में इतनी नजाकत और आरोह अवरोह कि कई बार लगता था कि वह बोलते बोलते रोने लगी है। तब दरस झुककर उसकी आँखों की ओर ध्यान से देखता था और बमनी लजाकर अपना मुँह फेर लेती थी, ''प्रेम में मरने वाले का चेहरा ऐसे झुककर नहीं देखा करते।''

दरस की लम्बी चुप्पी के बाद उसे दरवाज़े के पीछे से किसी तेज़ कदमों से चलकर आने की आवाज़ आयी। किवाड़ खुलते ही अंदर की दुनिया उजागर हो गयी। दरस ने देखा कि आँगन में कई औरतें बैठी हुई हैं। सब का लिबास उसकी देखी हुई औरतों से अलग है। दरस को

दरवाज़े पर खड़ा देखकर सारी औरतें दरस की ओर देखने लगी। उनकी आँखों की हैरत दूर से ही दिख रही थी। जिस लड़के ने दरवाज़ा खोला उसने पूछा, ''क्या है?''

''मास्टर ने बकरम लाने भेजा है।'', दरस की आँखें जिसे ढूँढ रही थीं, वह वहाँ कहीं नहीं थी। अंदर से यूनानी दवाओं की मिलीजुली गंध आ रही थी। दूर खाट पर लेटी एक बुढ़िया अपने बुर्के के अंदर खाँस रही थी।

''नया काम पर लगा है क्या?'', सलवार कुर्ता पहनी हुई एक अधेड़ महिला दरवाज़े तक आयी और उसने दरस का अच्छे से मुआयना किया क्योंकि उसने इससे पहले दरस को कभी देखा नहीं था। दरस दरवाज़े से थोड़ा दूर हो गया।

''नहीं काम सीखने लगा हूँ?'', दरस ने हवा में लहरा गये अपने बालों को ठीक करते हुए कहा।

''अरे कल्लू मियाँ जाओ अंदर से बकरम ले आओ।'', उस अधेड़ ने किसी को आवाज़ दी। थोड़ी ही देर में कल्लू मियाँ बकरम का बंडल लेकर बाहर आ गया। कल्लू की कमर झुकी हुई थी, उसने सिर पर जालीदार टोपी पहनी हुई थी। उसने एक हाथ से अपनी लुंगी को पकड़ा हुआ था। बकरम का बंडल थमाकर वह बिना कुछ बोले अंदर चला गया।

अधेड़ महिला ने आँगन की ओर झाँकते हुए दरस को देखकर कहा, ''अब क्या? जाओ!''

दरस चुपचाप मियाँ मास्टर की दुकान लौट आया। पहले दिन मास्टर ने उसे रद्दी काग़ज़ पर कैंची चलाने का अभ्यास करने को कहा।

फिर दूसरे दिन उसे काग़ज़ पर ब्लाउज का आकार काटना, उसकी बाँह काटना सिखाया। फिर आगे उसे महिलाओं की नाप लेने की तमीज़ सिखाई कि कैसे उन्हें सहज रखना है? कैसे उनकी देह पर टेप सटाये बिना ही नाप लेनी है? कैसे पीठ की नाप लेनी है? कैसे गले की नाप लेनी है?

अभ्यास के लिए मास्टर महिला बन जाता था और दरस को टेप देकर उसे ब्लाउज का नाप लेने को कहता। जब मास्टर को लगता कि दरस देह की सीमा का अतिक्रमण कर रहा है, तब वह उसे चेताता। रोक देता और टेप लेकर उसे समझाता, ''देखो ऐसे लेते हैं नाप। टेप छुआये लेकिन हमारा हाथ महिला की देह को नहीं छुआना चाहिए। वैसे भी तुम्हारी उम्र कम है। महिलायें नाराज़ हो सकती हैं।''

***

एक दिन जब मास्टर के पास ज़्यादा काम नहीं था, उस दिन दोनों देर तक इधर उधर की बातें करते रहे। फिर अचानक मास्टर दुखी हो गया और अपना चश्मा उतार देखने लगा। चश्मे की काँच पर उसके आँसू की बूंद लग गयी थी, उस बूंद को अपने कुर्ते के कोने से पोंछते हुए उसने कहा, ''पहले सब मिल जुल कर रहते थे। लगता ही नहीं था कि हम मुसलमान हैं। वे हिंदू हैं।''

दरस किसी पुरूष को पहली बार रूआँसा होता देख रहा था। वह मास्टर की अवस्था देखकर असहज हो गया। वह उस बुजुर्ग को दिलासा भी नहीं दे सकता था, क्योंकि अनुभव और जीवन में मास्टर वरिष्ठ था और वरिष्ठ को कनिष्ठ की दिलासा भी बदतमीजी मानी जा सकती थी। ''लेकिन आप रो क्यों रहे हैं?'', दरस ने पूछ ही लिया।

''बस बेटे की याद आ गयी।''

''मतलब।''

''मतलब वो अल्लाह के पास चला गया।''

मास्टर ने चश्मा पोंछ कर पहन लिया। फिर देर तक चुप रहा। वह चुप्पी दरस को भारी लगने लगी थी। दरस ने काग़ज़ पर ब्लाउज की बाँह काटकर दिखाया। मास्टर ने ध्यान नहीं दिया। वह दूर कहीं देख रहा था, जिधर उसका बेटा चला गया था। लेकिन उसकी आँखों में चमक लौट आयी। दरस ने देखा कि मास्टर के चश्मे की काँच में दूर से आती किसी लड़की की आकृति धीरे-धीरे पास आती जा रही है।

दरस ने पीछे मुड़कर देखा, जिधर से लड़की आ रही थी। लड़की के पास आते ही दरस पहचान गया। मास्टर के मकान की छत से उसे इशारा कर रही वही लड़की थी, जिसके बारे में वह सोचता रहता था। लड़की का रेशमी कुर्ता धूप में चमक रहा था। उसने अपने कंधे पर दुपट्टा लिया था, जिसके झीनेपन से उसकी कसावट साफ़ दिख रही थी। लड़की के गले में ताबीज लटका हुआ था। उसके पास आते ही इत्र की तीखी गंध फैल गयी।

''अरे खातून कैसे?'', मास्टर ने अपनी मनोदशा को एकदम से बदलते हुए कहा। लगा ही नहीं कि यही बूढ़ा अभी थोड़ी देर पहले अपने बेटे की याद में रो रहा था और अभी अपनी लड़की को देखकर मुस्कुराने लगा है। उसकी मुस्कुराहट में उसके चेहरे की झुर्रियाँ भी चमक उठी थी।

''अब्बू। चाय के लिए बुलाने आयी हूँ।'', लड़की ने दरस को अनदेखा करने का स्वांग किया। लेकिन उसका यह स्वांग चल नहीं

पाया। दरस ने देखा कि लड़की कनखियों से उसे ही देख रही है। दरस काग़ज़ पर निशान लगाने लगा। जैसे उसे किसी इत्र से भरी देह की उपस्थिति से कुछ लेना देना ही नहीं है।

''अरे हाँ हाँ। चलो चलो।'' मास्टर ने अपने गले की ख़राश को ठीक करते हुए कहा। तब तक खातून दुकान से बाहर जा चुकी थी।

''तुम भी चलोगे डाक्टर!'', मास्टर दुकान की सीढ़ियों से उतरते हुए बोला।

''लेकिन दुकान कौन देखेगा?''

''अरे हाँ। ठीक कहा। मेरे आने के बाद तुम चले जाना।''

''नहीं ज़रुरत नहीं है।'', दरस ने अपना वाक्य पूरा करते हुए देखा कि तब तक मास्टर अपने मकान का लोहे का दरवाज़ा खोलकर अंदर चला गया था। मास्टर जब लौटा, तब वह एक हाथ में चाय की केतली पकड़े हुए था और दूसरे हाथ में कप।

''लो बेटा तुम भी पी लो। चुस्ती आ जायेगी।'', यह कहते हुए मास्टर ने कप में चाय उड़ेल दी। उसकी भलमनसाहत और अपनी उबासी दूर करने के लिए दरस को भी उस चाय की ज़रुरत थी, लेकिन एक ही बार में मान जाना उसे ठीक नहीं लगा। इसलिए उसने अपनी पूरी जिज्ञासा और उतावलेपन के बावजूद चाय पीने से मना कर दिया था। हालाँकि उसकी इच्छा थी कि वह भी मास्टर के साथ उसके घर जाये और उस अधेड़ औरत को बता दे कि वह नौकर नहीं बल्कि प्रशिक्षु है। हालाँकि उसकी सच्ची इच्छा यह थी कि वह खातून को पास से देख सके। देर तक देख सके और हो सके तो कुछ परिचय जैसा परिचय हो जाये।

चाय की चुस्कियों के बीच उसका मन खातून की ओर ही जा रहा था, इसलिए वह ठीक से ब्लाउज की कटिंग नहीं कर पा रहा था। उसने ढेरों रद्दी काग़ज़ बरबाद कर दिये थे। उसने कैंची रख दी और चाय की अंतिम चुस्की लेकर मास्टर से कहा, ''आज का हो गया। कल आऊँगा।''

मास्टर ने बिना कुछ कहे सिर हिला दिया। दरस मास्टर के मकान के सामने से निकल गया। उसकी हथेली में कैंची चलाने का दर्द था। उसकी कमर में अकड़न आ गयी थी। उसे अपनी उंगलियों के पोर में पीड़ा महसूस हो रही थी। वह सीधे घड़ी चौक पहुँचा। चौक के मंदिर में शाम का उजाला हो गया था। फूल माला बेचने वाली कई लड़कियाँ दरस की ओर लपक पडीं। लेकिन दरस माला खरीदने से इंकार करते हुए उनसे दूर हो गया और मंदिर के पीछे जाकर बैठ गया।

***

दरअसल वह इंतज़ार में था। शाम के वक्त चिरपोटी और दरस कस्बे के बाहर बने ढाबे में जाते और देर रात तक बीयर पीते थे। अपनी चुप्पी और अपनी बातें साझा करते थे। अपने आक्रोश और अपनी असफलताओं पर चीखते थे। अपनी उदासी और अकेलेपन को कुचल डालते थे। वह कुछ नहीं सोचने की कोशिश में देर तक बहुत सारी बातें सोचता था।

यह सोचते हुए दरस को ख़याल आया कि वह तो अपने पिता खेसराहा के बारे में सोचना ही भूल गया है। कितने बरस हो गये उसे घर छोड़कर जशपुर के जंगल में गये हुए। यह भी तो नहीं जानता कि खेसराहा कहाँ गया है? किससे पास गया है? किस ओझा बैगा के चक्कर में जंगल के किस कोने में होगा?

पिछली बार उसने अपने पिता को तब याद किया था, जब मास्टर ने उससे पूछा था कि खेसराहा कैसा है, तब दरस के पास उसके सवाल का कोई जवाब नहीं था, क्योंकि खेसराहा तो था ही नहीं और जहाँ था जैसे था उसका दरस को पता नहीं था। फिर भी दरस ने जवाब दिया था, ''ठीक हैं। जशपुर गये हैं।''

उसके बाद उनकी बातचीत कस्बा और उसकी राजनीति पर चली गयी थी। वे दोनों देर तक कस्बे में हो रहे बदलाव के बारे में बातें करते रहे थे। मास्टर अतीत और अपनी स्मृतियों पर बात करते हुए कहीं खो जाता था। वह जहाँ खो जाता था, वहीं उस कस्बे और उसके लोगों को खोजता था। लेकिन कस्बा और लोग तो कब के बदल गये थे।

यह बात दरस भी महसूस करता था। हैदराबाद में पढ़ाई करने के बाद वह दो साल तक वहीं पैथोलॉजी के काम का अनुभव लेने के लिए रूक गया था। फिर वह हैदराबाद के एक निजी अस्पताल में काम करने लगा था। जब खेसराहा से अकेला रहा ना गया, तब वह दरस को लेने हैदराबाद पहुँच गया था और दरस उसके साथ कस्बा लौट आया था।

उसे तो तब ही कस्बा में बहुत बदलाव महसूस हुआ। लेकिन वह बिछोह से ग्रस्त था। वह हरसा की याद में खोया रहता था। और जब उससे रहा नहीं गया, तब उसने हरसा को अपने साथ रहने के लिए कस्बा बुला लिया। उस दिन हरसा ने कहा था, ''पहले कुछ दिन साथ रह कर देखते हैं। यदि तालमेल नहीं हुआ तो हम अलग हो जाएँगे।''

हरसा को याद करते हुए दरस चिरपोटी को भूल गया। वह मंदिर के पीछे की गली से अपने घर लौटने लगा। सँकरी गली में लोगों के मकानों का दरवाज़ा खुलता था। कुछ महिलायें अपने दरवाज़े पर बने चबूतरे पर बैठ कर बातें कर रही थी। कुछ बच्चे दौड़ रहे थे। कुछ घरों के सामने

पीले रंग का बल्ब लोगों की सुभीता के लिए जलाया गया था। गली आगे जाकर खरपतवार मैदान में खुलती थी।

गली के अंत में खरपतवार मैदान की शुरूआत थी। जैसे ही दरस खरपतवार मैदान के अंदर आया, उसे अजीब सी सनसनी ने घेर लिया। उसे लगा कि उसे बुखार होने वाला है। उसे लगा कि उसे डर लगने वाला है। उसे लगा कि वह अभी दौड़कर भागने वाला है। पैदल चलते हुए दरस अचानक दौड़कर भागने लगा।

वह दौड़ते हुए खरपतवार की उबड़खाबड़ पगडंडी में भागने लगा। उसने अपना चप्पल अपने हाथ में ले लिया था। उसे लगा कि उसके पीछे अजीब से जानवरों का झुंड दौड़ रहा है। फिर उसे लगा कि वह अपने दिमाग में हावी भय और खरपतवार मैदान के रहस्यों के कारण घबरा गया है। उसे भागता हुआ देख कर काम से लौट रही बाई भौंचक रह गयी। जब वह खरपतवार मैदान के बाहर आ गया, तब उसके भीतर के भय ने उसे छोड़ दिया। वह पसीने से लथपथ हो गया था। वह हाँफते हुए खड़ा था। उसे इस तरह खरपतवार मैदान से डरकर बाहर आता देखकर पास खड़े लड़के ने कहा, ''क्यों अंकल! डर गये क्या?''

दरस उस लड़के से उलझना नहीं चाहता था। वह चुपचाप अपने घर की ओर चला गया, जिसकी दीवारों को सन्नाटे की लताओं ने घेर लिया था। घर में महज कमरे थे। उन कमरों की दीवारें पुरानी होती जा रही थीं। दीवारों का रंग उतर गया था। कुछ जगहों पर से प्लस्तर उखड़ रहा था। आंगन की ओर जाने वाले बरामदे की टाइल्स टूटने की कगार पर आ गयी थीं। वाश बेसिन टूट कर गिर चुका था। उस जगह पर एक पानी भरने का प्लास्टिक का बड़ा सा ड्रम रखा हुआ था। लेकिन दरस को इन सब बातों की कोई परवाह नहीं थी। वह टेलरिंग के बारे में सोचता रहता था।

उसने सोच लिया था कि यदि वह पक्का टेलर मास्टर बन गया, तब वह भाड़े पर दी अपनी डिस्पेंसरी को खाली करा लेगा और अपनी टेलरिंग की दुकान खोलेगा। बाहर लकड़ी का बड़ा सा काउंटर होगा, जिसके पीछे एक घूमने वाली कुर्सी रखेगा और कटिंग का काम वहीं पर करेगा। सहकर्मी के लिए वह कोने में एक सिलाई मशीन रखवा देगा और पीछे की दीवार से लगाकर आलमारी बनवा देगा, जिसमें वह सिले और तैयार किये हुए कपड़े टाँग कर रखेगा।

दुकान का नाम रखेगा, 'हरसा टेलरिंग'।

***

अगले दिन जब वह मियाँ मास्टर की दुकान जा रहा था, तब उसने देखा कि मिसरा होटल वाले के घर के सामने एक एम्बुलेंस खड़ी है और लोगों की भीड़ है। दरस ने भीड़ में खड़े एक लड़के से पूछा, ''क्या हुआ है?'' लड़का दरस की जिज्ञासा जानकर थोड़ा चकित हुआ कि आखिर इस राह चलते आदमी को हमारे पारिवारिक मामले के बारे में जानने की क्या ज़रुरत है। लेकिन वह दरस की सहज जिज्ञासा में कोई साजिश ना पाकर बोल पड़ा, ''वो नाना जी बीमार हैं रायपुर ले जा रहे हैं।

''मतलब मिसरा होटल वाले!'', दरस ने निश्चित करना चाहा। लड़के ने सहमति में सिर हिला दिया। तब तक पास खड़े लोग मिसरा को एम्बुलेंस में लिटा चुके थे। दरस ने एम्बुलेंस की खिड़की से झाँक भीतर देखा। अंदर मिसरा की बूढ़ी देह शिथिल पड़ी हुई थी। उसका पेट गुब्बारे की तरह फूला हुआ था। उसकी धोती से एक प्लास्टिक की पतली पाइप निकली थी, जो नीचे लटकी थैली से जुड़ी थी। उस थैली में उसका पेशाब बूंद बूंद कर गिर रहा था।

“क्या हो गया?”, दरस ने उस लड़के से पूछा।

“पता नहीं।”, लड़के ने जवाब दिया और तेज़ी एम्बुलेंस के पीछे चला गया, जहाँ मिसरा की बेटियाँ सिसक रही थी। दरस रोती हुई स्त्रियों को देख नहीं पाता था। वह ख़ुद को रूआँसा होने से रोकने की गरज से वहाँ से आगे बढ़ गया। वह चलते हुए सोचने लगा कि आखिर आदमी को जब मरना ही है, तब वह पैदा ही क्यों होता है? वह मिसरा का उन दिनों का चेहरा याद करने लगा, जब वह दरस को आते जाते देखकर छेड़ दिया करता था। उसकी मज़ाक करने की आदत से दरस भी बुरा नहीं मानता था। लेकिन उन दिनों के चेहरे से अब का चेहरा एकदम अलग दिख रहा था। दरस को लगा कि उसने किसी दूसरे मिसरा को एम्बुलेंस में लेटे हुए देखा है।

यह सोचते हुए वह मियाँ मास्टर की दुकान पहुँच गया। टेलर किसी महिला की नाप ले रहा था। दरस ने दुकान की सीढ़ियाँ चढ़ते हुए बड़ी शालीनता से कहा, “चचा नमस्कार।” लेकिन मास्टर का ध्यान उसकी बात पर नहीं गया। वह नाप लेने में व्यस्त था। जबकि वह महिला दरस को कौतुक से देख रही थी, तब दरस पास की सिलाई मशीन में बैठ कर काम कर रहा था। महिला ने अपना पूरा सिर घुमाकर दरस की ओर किया। वह देर तक उसे घूरती रही, फिर उसने अचानक ज़ोर से कहा, “अरे पेशाब डाक्टर!” उसकी चीख से मास्टर भी सकपका गया और महिला से दूर हो गया।

मास्टर ने धीरे से कहा, “उसने वह काम कब का छोड़ दिया है।” महिला मास्टर की बात को मज़ाक समझ कर ज़ोर ज़ोर से हँसने लगी। उसकी हँसी दरस को चुभने लगी। उसकी हँसी देर तक दुकान में रूकी रही।

‘‘दरस जाओ घर से बचे हुए कपड़े ले आओ वहाँ तुम्हारी चाची को तुरपाई करने के लिए दी थी।’’, मास्टर की आवाज़ में कफ की घर्राहट मिली हुई सी लग रही थी। दरस चुपचाप उठा और मास्टर के मकान की ओर चला गया। मकान के पास पहुँच कर उसने देखा कि छत के ऊपर खड़ी खातून नीचे देख रही थी और नहीं देखने का स्वांग कर रही थी। वह रस्सी पर कपड़े सुखा रही थी। कपड़े सुखाने से पहले वह उसे निचोड़ रही थी। दरस सिर नीचे कर मकान के अंदर चला गया।

वह जैसे ही अंदर पहुँचा, वैसे ही खातून सीढ़ियों से तेज़ी से नीचे उतर कर आ गयी और उसे दूर से ही देखने लगी। उसे सीढ़ी के पास खड़ी देखकर दरस भी देखने लगा। जैसे वह उसे देखने ही आया हो। जबकि वह तुरपाई हो चुके कपड़े लेने आया था। वह दरस को मन भरकर देख लेने के बाद अंदर चली गयी और उसकी हल्की आवाज़ बाहर तक आयी, ‘‘अम्मी कोई आया है और चुपचाप खड़ा है।’’

थोड़ी देर बाद मास्टर की बीवी बाहर आयी। उसने दरस को देखते ही पूछा, ‘‘अरे दरस कैसे आये हो?’’

‘‘तुरपाई वाले कपड़े लेने चचा ने भेजा है।’’, दरस के संक्षिप्त से जवाब से वह बातचीत पूरी हुई और दरस तुरपाई किये हुए कपड़े लेकर बाहर आ गया। उसे छत से किसी के जबरन खाँसने की आवाज़ आयी। दरस ने पलट कर पीछे देखा। ऊपर छत पर खड़ी खातून उसकी ओर ही देख रही थी। वह दुकान लौट आया।

दूसरी बार जब खातून से मिला, तब वह अपने मकान के बाहर खड़ी बकरियों को हकाल रही थी। बकरियों के साथ ही उनके बच्चे भी इधर उधर भाग रहे थे। उसे इस तरह देखकर दरस रूक गया और वह खातून को बकरियों के बच्चों के पीछे दौड़ते भागते देखने लगा।

जब खातून को ध्यान आया कि कोई उसे इस तरह बकरियों के पीछे दौड़ते भागते देख रहा है, तब वह ठिठक गयी और दरस की ओर देखकर मुस्कुराने लगी। दरस भी उसकी ओर देखकर मुस्कुराने लगा। दोनों देर तक एकदूसरे को देख कर मुस्कुराते खड़े ही रहते यदि उसकी अम्मी बाहर ना आती।

कुछ दिनों बाद जब खातून चाय की केतली और कप लेकर दुकान आयी थी, तब दरस उसे देखकर भौंचक रह गया था। रेशमी हल्के हरे रंग की सलवार कुर्ती में वह चमक रही थी। खातून की आँखें चमक रही थीं। उसकी देह चमक रही थी। उसके कपड़े पर बने फूल महक रहे थे। उसकी चूड़ियाँ खनक रही थीं। वह ख़ुद भी चहक रही थी। हालाँकि वह बड़े अदब और तहजीब के साथ दुकान के अंदर आयी।

उसने बिना किसी ओर देखे अपने अब्बा से कहा, ''अब्बू चाय।'' तब मास्टर अपनी आँखों को आराम देने के लिए कुर्सी पर टिककर लेटा हुआ था। खातून की आवाज़ सुनकर वह अपनी कुर्सी में लेटे हुए ही हड़बड़ा गया। ''दोपहर में चावल खाने से ऐसे ही आँख लग जाती है।'', मास्टर की बात को किसी ने नहीं सुना। ना दरस ने और ना ही खातून ने।

दोनों सजग थे। दोनों रोमांचित थे। दरस उसके कपड़ों की प्रशंसा करना चाह रहा था। खातून अपने सौंदर्य और उपस्थिति की तारीफ़ सुनना चाह रही थी। लेकिन दोनों चुप थे और मास्टर अपनी अधपकी नींद में बड़बड़ा रहा था, ''उम्र भी हो गयी है अब। बार बार नींद आती है। कमर दुखता है। आँखों का पानी सूख गया है। नहीं चाहते हुए भी नींद दबोच ही लेती है।''

खातून की उपस्थिति की महक से दरस को अजीब सा आवेग आ रहा था। वह काम में ध्यान लगाने की कोशिश में असफल हो रहा था।

उसने धीरे से खातून की ओर देखा। तब तक मास्टर अपनी कुर्सी से उठ गया था और अपना चेहरा धोने पास के हैंडपम्प की ओर जाने वाला था। वह अचानक रूका और खातून की ओर देखकर बोला, ''दरस को दे दो।''

दरस ने खातून के हाथों से चाय की केतली और कप ले लिया और अपना स्पर्श उसकी हथेली पर छोड़ दिया। खातून खड़े खड़े सिहर गयी लेकिन उसने अपनी देह पर किसी तरह काबू पा लिया। उसके हाथ से चाय की केतली लेते हुए अनजाने में दरस का हाथ खातून के हाथ पर फिसल गया।

लेकिन खातून को लगा कि ऐसा दरस ने जानबूझकर किया। जबकि दरस ने ऐसा जानबूझकर ही किया था लेकिन खातून यह मानकर चुपचाप घर लौट गयी कि ऐसा अनजाने में हुआ। दोनों देर तक स्पर्श के नशे से जूझते रहे।

चौथी बार दरस जब खातून से मिला था, तब वह घर में अकेली थी। बाकी लोग किसी की मैय्यत में गये थे। बूढ़ा मास्टर क़ब्रिस्तान जाने के नाम से ही घबरा जाता था और वह किसी भी बहाने से वहाँ जाना टाल देता था। दरअसल वह मौत से घबराता था इसलिए वह दुकान में बहुत काम का बहाना बनाकर रूक गया और अपने प्रतिनिधि के रूप में कल्लू मियाँ और उसकी बड़ी बहन यानी अपनी बीवी को भेज दिया था। उस दिन दरस मास्टर की रसोई का बल्ब बदलने गया था। उसे आता देखकर घर में अकेली खातून खुशी से उछल जाना चाहती थी।

खातून ने देखा कि जिसे वह सिर्फ देख और छू ही सकी थी वह मर्द उसके सामने अकेले खड़ा है। ''आइये ना।'', खातून की बच्ची सी आवाज़ आँगन में तैर गयी। दरस ने उस खाली मकान का मुआयना किया। चारों तरफ बरामदे का घेरा था जिससे लगकर कई सारे कमरे थे।

पीछे सीढ़ी थी, जिसके नीचे बकरियों के लिए पीपल की पत्तियाँ रखी हुई थी। उससे लगकर ही पीछे छोटा सा आंगन था और आंगन के उस पार पक्के मकान से अलग मिट्टी की दीवारों वाली रसोई थी, जिसमें दिन के समय भी अंधेरा सा रहता था।

जब दरस रसोई का बल्ब बदलकर टेबल से नीचे उतरा, तब रसोई में अचानक से अंधेरा छा गया। उसे लगा कि उसने बल्ब को होल्डर में शायद ठीक से नहीं लगाया होगा। वह अंधेरे में टेबल टटोलने लगा। लेकिन उसके हाथ में खातून की देह आ गयी।

वह उससे दूर होना चाहता था लेकिन उसे किसी बाँहों ने ज़ोर से पकड़ लिया। वह नाज़ुक हड्डियों से बनी बाँहों के बीच कसमसाने लगा और उसकी घेराबंदी और कड़क हो गयी। दरस को इस तरह छटपटाता देखकर अंधेरे में बच्ची सी आवाज़ आयी, ''इतनी उम्र हो गयी और फिर भी घबरा रहे हो। चुपचाप खड़े रहो।''

दरस सच में घबरा रहा था। वह इस उम्र में भी घबरा रहा था। उसे पता था कि यदि किसी ने भी उसे देख लिया, तब उसकी खैर नहीं। इसी रसोई के सामने के आँगन में उसे काटकर दफ़न कर दिया जाएगा और कस्बे में किसी को पता भी नहीं चलेगा कि उसका क्या हुआ। सब यही सोचेंगे कि बाप की तरह बेटा भी एक दिन अचानक ग़ायब हो गया और सब भूल जाएँगे। लेकिन उसे सब कुछ याद था। उसे याद था कि जावेद के साथ बेनदरी के चले जाने पर कस्बे में कैसा हंगामा हुआ था। युवा वाहिनी वालों ने पूरे तुरकारीपारा में बखेड़ा कर दिया था। पुलिस और स्पेशल फोर्स बुलानी पड़ी थी। यदि उसे खातून के साथ इस हालत में कोई देख लिया तब तो नया हंगामा हो जाएगा और उसे कोई बचाने भी नहीं आएगा। वह डर कर काँपने लगा। उसे काँपता हुआ देखकर खातून ने धीरे से कहा, ''डरो मत कोई काट कर दफ़न नहीं करेगा। मैं बचा लूँगी।''

उसने धीरे से अपनी बाँहों की पकड़ ढीली की और रसोई का बल्ब जला दिया। बल्ब के उजाले में दरस के माथे पर पसीने की बूंदे चमकने लगीं। वह सुन्न और सन्न रह गया था। खातून ने उसकी पीठ सहला कर कहा, ''जल्दी जाओ नहीं तो अब्बू आ जाएँगे।'' दरस तेज़ी से रसोई से निकला और मकान के दरवाज़े से बाहर जाने ही वाला था कि उसे पीछे से खातून की आवाज़ सुनाई दी, ''डरपोक आशिक।''

इस हादसे के असर में दरस बहुत दिनों तक रहा। वह आते जाते मास्टर के मकान की ओर देख लेता था। कभी खातून दिखती और कभी नहीं भी दिखती। जब वह दिखती, तब वह नहीं देखता और जब वह छत पर नहीं दिखती, तब वह देर तक उस खाली छत की ओर देखता। धीरे-धीरे उसने अपनी घबराहट और भय पर काबू पा लिया। कई दिनों तक वह खातून को देख नहीं पाया। वह अब चाय की केतली लेकर दुकान भी नहीं आती थी। छत पर भी नहीं दिखती थी। उसे यह जानने की जिज्ञासा थी कि आखिर खातून को क्या हुआ। लेकिन वह उसे जाहिर नहीं कर सकता था। मास्टर भी उसे कोई सामान लेने अपने घर नहीं भेजता था। दरस को लगा कि कहीं रसोई वाली बात मास्टर को पता तो नहीं चल गयी। लेकिन पता चल गयी होती तो वह उसे अपनी दुकान में कदम नहीं रखने देता। मतलब किसी को पता नहीं चली है। उसने ख़ुद को आश्वस्त किया।

***

करीब तीन महीने बाद जब वह ब्लाउज की कटिंग करना पूरी तरह सीख गया, तब मास्टर ने उसे सिलाई करने का काम सिखाया। वह मशीन पर बैठ कर बेकार कपड़ों पर सिलाई का अभ्यास करने लगा। वह धीरे-धीरे अपने काम में मन लगाने लगा था। लेकिन उसके मन का परिंदा

इतने चैन से कैसे रह सकता था? अचानक एक दिन खातून दुकान आ पहुँची। उसे देखकर दरस देखता रहा गया। खातून ने गुलाबी रंग के सलवार पर लाल रंग की कुर्ती पहनी हुई थी। उसने सफ़ेद रंग का दुपट्टा अपने कंधे पर डाला हुआ था। वह थोड़ी हड़बड़ी में आयी लग रही थी। उसने दुकान में कदम रखते ही कहा, ''अब्बू मुझे परीक्षा का फार्म भरने कॉलेज जाना है किसी को साथ भेज दो। मैं अकेले नहीं जा सकती।''

''किसे भेजूँ। अभी शादी का सीजन है। बहुत काम है।'', मास्टर ने अपना चश्मा ठीक करते हुए कहा।

''ठीक है मैं अकेले ही चली जाती हूँ। फिर बाद में कुछ ना कहना।'', खातून के जवाब में उसका गुस्सा मिला हुआ था। वह पैर पटकते हुए दुकान से बाहर जाने लगी। तब ही मास्टर ने धीरे से कहा, ''इसके साथ चली जाओ।'' अपने अब्बू की आवाज़ सुनकर खातून थम गयी और उसने पलटकर पीछे देखा। उसके अब्बू की उँगली दरस की ओर थी। खातून ने अनिच्छा जताते हुए कहा, ''ठीक है। लेकिन समय लग सकता है। वहाँ फॉर्म जमा करने की भीड़ होगी।''

''ठीक है। ठीक है।'', अब्बू ने अपने गले के कफ को समेटते हुए कहा।

दोनों उस बस्ती की गलियों से होते हुए सरकारी कॉलेज की ओर जाने वाली मुख्य सड़क पर आ गये। इस दौरान ना दरस ने कुछ कहा और ना ही खातून ने उससे बात की। दोनों चुपचाप पैदल चलते रहे। कस्बे की उमस और दोपहर की अजीब सी गर्मी से दोनों पसीने से तरबतर हो गये थे। दोनों पीपल पेड़ की छाँव में खड़े होकर दूर से आते खाली रिक्शे की ओर देखने लगे और इस तरह दोनों एकदूसरे को ना देखने की सायास कोशिश में लगे रहे।

दरस ने देखा कि खातून की लाल रंग की कुर्ती पर कत्थई रंग की धारियाँ बन आयी हैं। पसीने की उन महीन धारियों से जाने पहचाने इत्र की गंध आ रही थी। तब खातून मुँह बिचकाते हुए दूर रिक्शे वाले को देख रही थी, जो अभी भी करीब बीस मीटर की दूरी पर रिक्शा खींचते हुए उनकी ओर आ रहा था। हालाँकि इस दूर देखने के दौरान उसने पास खड़े दरस को भी चुपके से देख लिया था जो एक पुराने रूमाल से अपने माथे का पसीना पोंछ रहा था।

जब रिक्शा पास आया, तब दरस ने उसे हाथ से रूकने का इशारा किया। बनियान और लुंगी पहना हुआ रिक्शावाला उनके पास आकर रूक गया। उसके बदन से पसीने की तीखी बदबू आ रही थी। रिक्शा एकदम नया लग रहा था। उसके टब पर रंगबिरंगे रेक्जीन से फूल और पत्तियाँ बनायी गयी थी। टब के तीनों ओर परदा लगा था जिसे सवारी की फरमाइश पर गिरा दिया जाता था।

''डिग्री कॉलेज'', दरस ने रिक्शे पर बैठते हुए कहा। खातून पहले ही बैठ चुकी थी और टब के नीचे थोड़ी राहत महसूस कर रही थी। उसने अपना दुपट्टा हाथ में लेकर दरस के बैठने के लिए जगह बनायी। रिक्शा धीरे-धीरे आगे बढ़ने लगा। उबड़ खाबड़ रास्ते पर हिचकोले खाता हुआ। रिक्शे की सीट पर दोनों की देह बिल्कुल सट गयी थी। दोनों रिक्शे के बाहर देख रहे थे। दोनों चुप थे। उनकी चुप्पी में उनकी शरारतें उछाल मार रही थीं।

खातून ने अपने नाखून दरस की जाँघ में धँसा दिये। वह चौंक गया। उसे अपनी जाँघ के मांस में तीखी जलन महसूस होने लगी। वह युवती की व्याकुलता को समझ गया। उसने खातून को चुप्पी से बाहर निकालते हुए पूछा, ''जब तुम्हें पहली बार मैंने छत पर देखा था, तब तुम अपने हाथ हिलाकर मुझे इशारा क्यों कर थी?''

खातून ने तिरछी नज़रों से दरस की ओर देखा और मुस्कुराते हुए जवाब दिया, ''इशारा नहीं कर रही थी। पतंग उड़ा रही थी।''

''लड़की होकर पतंग उड़ाती हो?'', दरस ने व्यंग्यात्मक लहजे में बोला।

''अच्छा। आप भी तो आदमी होकर ब्लाउज सिलते हो तब?'', खातून ज़ोर से हँसने लगी। उसकी हँसी सुनकर आसपास गुज़र रहे लोग उनकी ओर देखने लगे। लोगों की नज़रों में सवाल थे। अफवाहों की बुनियाद थी। लेकिन दरस ने उनकी ओर ध्यान नहीं दिया। उसने अपनी ओर का परदा गिरा दिया। खातून ने भी अपनी ओर का परदा गिरा दिया।

उस दिन दरस खातून से ढेर सारी बातें करना चाहता था लेकिन उसके शरारती अंदाज़ और सवालों से दरस अचकचा गया था। उसने चुप रहना ही मुनासिब समझा और वह कॉलेज से दुकान लौटने तक चुप ही रहा। जो भी बातें कीं सिर्फ खातून ने कीं। उन बातों में दरस को बिल्कुल भी दिलचस्पी नहीं थी। सिवाय इसके कि वह उसे बीच बीच में अपने तीखे नाखूनों से नोच लेती थी। मानो वह किसी पुरूष देह से उसकी दुष्टता और रूष्टता का कोई पुराना बदला ले रही हो।

इस घटना के सप्ताह भर बाद खातून बाज़ार में दिखी। तब दरस बैंक से बाहर निकल रहा था। उसने दूर से ही खातून को देख लिया था। जो बाजार के किनारे एक पेड़ की छाँव में अपनी अम्मी के साथ खड़ी थी। उनके पास दो बड़ी थैलियाँ थीं, जिसे उन्होंने ज़मीन पर रख दिया था।

दरस को पास आता देखकर अम्मी ख़ुश हो गयी थी। उसने दरस को खातून के पास रूकने को कहा और वह ख़ुद पीछे के रहमानी दवाखाना

चली गयी। बाजार की भीड़ और उसके कोलाहल में दरस ने धीरे से खातून से कहा, ''आओ उस चबूतरे पर बैठ जाते हैं।''

दोनों चबूतरे पर बैठ गये। बड़ी थैली को पास में रख लिया। खातून चुप थी। दरस के पास सवाल था। लेकिन उसकी हिम्मत उसका साथ नहीं दे रही थी। दो बार उसने अपना सवाल अंदर ही अंदर कर लिया, जिसकी कोई आवाज़ उसके गले से बाहर नहीं निकली। उसे लगा कि गले में कफ अटक गया है। खातून बच्ची की तरह पास की दुकान में बाहर लटक रहे सूट के कपड़ों को ध्यान से देख रही थी। उसे इस बात का अहसास ही नहीं था कि उसके बगल में बैठा एक अधेड़ अपने रूह में अटकी प्रेम की अभिलाषा में जल रहा है। उसकी आग उसे भीतर से बेचैन किये हुए है।

दरस ने अपने भीतर साहस बटोरा और ज़ोर से बोलने से पहले खखारा और फिर उसने कहा, ''क्या तुम मुझ से..''

तब तक सामने से खातून की अम्मी आ गयी। अम्मी ने दवा की पुड़िया खातून के हैंडबैग में रख दी। फिर दोनों थैली उठाकर बाज़ार से बाहर चले गये। दरस खड़ा रह गया।

***

सातवीं बार दरस का सामना खातून से मास्टर की दुकान में हुआ, जब वह अपनी कुर्ती की बाँह ढीली करवाने आयी थी। उस वक्त दुकान में कोई नहीं था। सिर्फ दरस अकेला था। दरस को अहसास हुआ कि वह जानबूझकर उसे अकेला देखकर आयी है। कुर्ती की बाँह तो ठीक ही दिख रही है।

दुकान की कुर्सी पर बैठी हुई खातून बाहर देख रही थी। जबकि दरस ने अपने हाथों में टेप लिये पहले कुर्ती की बाँह को नापा फिर उसने खातून की बाँह के चारों ओर टेप लगाकर नापा। उसे लगा कि वह खातून का रक्त दबाव नाप रहा है। उसने देखा कि सच में खातून की साँस तेज़ हो गयी थी। उसके गुलाबी होंठों के ऊपर पसीने की महीन बूँदें उभर आयी थीं। उसने झटके से दरस का हाथ अलग करते हुए कहा, ''आपके छुअन में नामालूम क्या है। पूरे बदन में सुरसुरी छूट जाती है।''

दरस चुप रहा। उसने नाप से पाया कि कुर्ती और खातून के बाँह की नाप समान है। उसने टेप नीचे रख दिया और खातून की ओर देखते हुए बोला, ''दरअसल मेरी उंगलियों के पोर में दुख का खुरदुरापन है इसलिए।'' दरस ने अपनी उंगलियों के पोर खातून की ओर कर दिये, जिसमें छोटे छोटे गहरे निशान बने हुए थे।

''लेकिन तुम बाँह ढीली करने के बहाने क्यों आयी हो। ऐसे भी तो आ सकती हो। तुम्हारी ही तो दुकान है।''

खातून अपने अब्बू को आता देखकर कुर्सी उठ गयी और दुकान की सीढ़ी उतरते हुए उसने दबी आवाज़ में कहा, ''लेकिन आप तो मेरे नहीं हो!''

फिर महीनों तक दोनों एकदूसरे से मिल ना सके। देख ना सके। दरस को लगा कि शायद उसकी अम्मी को शक हो कि बात कुछ अलग है। इसलिए दरस ने बाजार में खातून से कहा भी था कि थोड़ा दूर बैठो। लेकिन वह नहीं मानी और उससे सट कर ही बैठ गयी। दरस मन लगाकर सिलाई सीखना चाहता था लेकिन उसका मन नहीं लग रहा था। वह दुकान से मास्टर के मकान की ओर ताका करता था। छत पर

उतरी नीम पेड़ की टहनियों पर सिर्फ गिलहरियों की भागदौड़ दिखती थी। लेकिन वह नहीं दिखती थी जिसे देखने की उम्मीद में दरस उधर देखा करता था।

एक रोज मास्टर ने उससे कहा कि वह घर जाकर कल्लू मियाँ की हालत देख ले। बहुत दिनों से बीमार बिस्तर पर पड़ा हुआ है। दरस ख़ुशी ख़ुशी बीमार को देखने निकल पड़ा। वह जैसे ही मकान के अंदर दाखिल हुआ। उसने देखा कि मकान का रंग रोगन हो रहा है। दरवाज़े पर किया गया रंग एकदम ताज़ा है। वह उससे बचते हुए अंदर पहुँचा। उसे देखते ही अम्मी दरस को कल्लू मियाँ के कमरे की ओर लेकर गयी।

कमरे की खिड़की से ढेर सारी धूप और ज़रुरत भर की हवा अंदर आ रही थी। कमरे के ठीक बीच में एक खाट पर कल्लू मियाँ की दुबली देह धँसी हुई थी। कोने में पानी का एक मटका रखा हुआ था। खाट के कोने में एक पुरानी चादर पड़ी हुई थी। टेबल पंखा बंद पड़ा था। अम्मी दरस को कमरे में अकेला छोड़ बाहर चली गयी। वह चुपचाप खाट पर पड़ी देह को देख रहा था जिसकी आँखें मुँदी हुई थीं। जिसकी पसलियों के नीचे कुछ धड़क सा रहा था। उसके होने या ना होने से किसी को कोई मतलब नहीं था। ख़ुद कल्लू भी अपने होने या ना होने से परे हो गया था।

दरअसल वह एक मरता हुए जिस्म था, जिससे बाहर निकल जाने का रास्ता उसकी रूह खोज रही थी। इस अवस्था को ही लंबी बीमारी कहते हैं। दरस ने ख़ुद से फुसफुसा कर कहा। उसकी फुसफुसाहट से कमरे के अंदर दाखिल होती खातून सुनकर चौंक गयी। उसने कहा, “अरे आप यहाँ!”

“हाँ मास्टर ने भेजा है। नब्ज जाँचने के लिए।”, दरस ने अपनी जिज्ञासा और तड़प को छिपाते हुए कहा। उसने देखा कि खातून घर के लिबास में भी उतनी ही सुंदर लग रही थी जितना कि वह सजने सँवरने के बाद लगती है। इस सौंदर्य में वह सच्ची और मासूम लग रही थी।

कमरे में धूप और हवा के अलावा भी एक चीज़ थी, जिसके सम्मोहन में दो देह एकदूसरे की ओर खिंचे जा रहे थे। दरस ने कल्लू मियाँ की नब्ज टटोली और फिर उसके हाथ को धीरे से रख दिया। खातून उसके पास आ गयी। दरस ने खातून का हाथ पकड़ लिया। खातून की रगों की धुकधुकी दरस की उंगलियों की पोर में गूँजने लगी। उसने खातून को अपने पास खींच लिया। वह भी उसके पास खिंच ही गयी। उसने खातून को ज़ोर से अपनी बाँहों में धर लिया। वह भी बिना मिंमियाये उसकी बाँहों में सिमट गयी।

कमरे में एक मरती हुई देह की मौजूदगी में दो काँपती कौंधती देह एकदूसरे से देर तक चिपकी रहीं। दरस जब दुकान लौटने लगा तब उसके होंठों पर खातून के ढेर सारे चुम्बन चिपके हुए थे।

फिर खातून की यादों और ख्यालों में दरस ने कितने महीने बीता दिये उसे खबर ही नहीं थी। एक दिन मास्टर मियाँ ने उससे कहा, “बेटा तुम सिलाई तो सीख चुके हो। अब इस ब्लाउज में काज और बटन लगा दो।”

दरस ने ब्लाउज में काज बना दिया। बटन टाँक दिया। उसने मास्टर को ब्लाउज उठाकर दिखाया। मास्टर ने दूर से उस ब्लाउज को देखकर कहा, “ये तो ठीक है। लेकिन इसके बटन तो लगा दो।”

बटन लगाने की बात सुनकर दरस के माथे पर पसीना आ गया। उसकी उंगलियाँ काँपने लगीं। उसकी साँस तेज़ हो गयी। खून का लोहा पिघलने लगा। उसे बमनी की याद आने लगी। उसे सुगना की याद आने

लगी। वह लगभग रूआँसा होने लगा। तब मास्टर की तेज़ आवाज़ उसके कानों पर पड़ी, "क्या हुआ। काँप क्यों रहे हो?"

दरस ने लगभग हकलाते हुए कहा, "मैं बटन नहीं लगा पाता।"

मास्टर उसकी बात सुनकर स्तब्ध रह गया। फिर उसकी चुप्पी गुस्से में बदल गयी। अपने हाथ में रखा चाक उसकी ओर फेंक कर चीखते हुए मास्टर ने कहा, "भाग साले यहाँ से। बटन लगाना नहीं आता और दर्जी बनने चला है।"

दरस गुस्से और अपमान की परवाह किये बिना ही तेज़ी से दुकान से निकल गया। उसने पीछे पलटकर भी नहीं देखा। मास्टर के मकान की छत की ओर भी नहीं देखा। वह तेज़ कदमों से चलता हुआ मुख्य सड़क की ओर जाने लगा।

जैसे ही वह गली के कोने में पहुँचा उसे पुकारने की जानी पहचानी आवाज़ सुनाई दी। वह ठिठक गया। उसे लगा कि उसे किसी ने पीछे से कहा, "ओय डरपोक आशिक"। उसने पलट कर पीछे देखा। पीछे खातून खड़ी थी। उसने अपना हाथ पीछे किया हुआ था। उसने दरस को अपने पास बुलाया। खातून को देखते ही दरस अपमान की बातें भूल गया। उसने सोचा कि पिता की गलती की सज़ा बेटी को नहीं दी जानी चाहिए।

वह खातून के पास गया। खातून के देह की ख़ुशबू से वह पिछली सारी बातें भूल गया। वह यह भी भूल गया कि वह गली में खड़ा है और लोग आ जा रहे हैं। दूर खड़े आवारा लड़के उनकी ओर ही देख रहे हैं। खातून ने पीछे किया अपना हाथ सामने कर लिया और उसकी ओर एक लिफाफा बढ़ाती हुई बोली, "मेरे निकाह का निमंत्रण पत्र।"

दरस के हाथों में कार्ड थमाते हुए खातून ने अपना स्पर्श उसकी त्वचा में उतार दिया। दरस पथराया सा उसे देखता रहा। जाती हुई खातून की पीठ पर उसकी नज़र जाकर बैठ गयी। वह अपने घर लौट आया। वह अपनी दशा में लौट आया। वह अपनी दुर्दशा में लौट आया। वह अपने अकेलेपन में लौट आया।

बिस्तर पर पड़े हुए वह अपनी उंगलियों के पोरों को छूने लगा। धीरे-धीरे सहलाने लगा। मानो अपने जागे हुए दुखों को सुला रहा हो। स्पर्श की सारी कथाओं और यातनाओं को याद करते हुए वह यह बात भूलना चाहता था कि वह खातून की आँखों को देख नहीं सका, जिसमें क्षमा कर देने निवेदन था। जिसमें रात भर रोने की सुर्खी थी। जिसमें याद रखने की पुकार थी। लेकिन वह चुपचाप पड़ा रहा, एक युवती की प्रार्थना की अवहेलना कर, चैन से बिस्तर पर पसरे हुए दुखों के देव की तरह।

—

उन सुअरों की लाल आँखों में गुस्सा था। उनके कान लम्बे और फैल गये थे, जिसे वे पँख की तरह फड़फड़ाते हुए उड़ने में इस्तेमाल कर रहे थे। दरस को इस तरह भागते और अस्पताल के बाथरूम में छिपते देखकर सफाईकर्मी ज़ोर-ज़ोर से हँसने लगे। भागते हुए दरस अपने हाथ हवा में हिला रहा था और 'हुस हुस' की आवाज़ निकाल रहा था। जब दरस बाथरूम से सात मिनट बाद बाहर निकला, तब नर्स ने आपत्ति जताते हुए उससे कहा भी था, "तुम महिला वाशरूम में क्या करने घुसे थे?"

अध्याय – पाँच

दोपहर की नींद उसे दबोच ही लेती थी और ऐसे अनजान किनारों पर ले जाकर पटक देती थी कि जिसे देख कर वह अचकचा जाता था। अभी वह अपने ख़्वाब के जिस किनारे पर घूम रहा है। वहाँ से तुरकारीपारा की गलियाँ काली रेखाओं जैसी दिख रही हैं। उसने देखा कि वह दूर के कबरा पहाड़ के ऊपर बैठा है और वहाँ से अपने कस्बे को देख रहा है। कबरा पहाड़ का नाम याद आते ही वह घबरा गया क्योंकि उस पहाड़ी पर भालुओं का डेरा था। वह पहाड़ी की ढलान से तेज़ी से उतरने लगा।

दरस अपने ख़्वाब में हाँफने लगा। अपनी धमनियों और शिराओं की व्याकुल गलियों में भागने लगा। और जब वह सपने में थक गया, तब वह इतनी ठोस नींद में चला गया कि काली चींटियों का समूह उसकी छाती से होकर खाट के दूसरी ओर उतर रहा था, जिसका उसे पता ही नहीं चला। इस नींद से बाहर आने को वह मौत से बाहर आना मानने लगा था। उसने बाहर आकर देखा कि सारी काली चीटियाँ दूर एक मरे हुए कॉकरोच पर टूट पड़ी हैं। वह कॉकरोच की मैय्यत को चींटियों के बिल में बिलाते हुए देख रहा था।

वह घबरा कर उठ बैठा। उसे अपनी त्वचा पर सुरसुरी छूट जाने का अहसास होना चाहिए था लेकिन ऐसा कुछ भी नहीं हुआ। उसने अपनी त्वचा को सहला कर देखा। त्वचा में कहीं भी कोई दाने उग नहीं आये थे। वह अपनी त्वचा के मुरझा जाने को लेकर संशय में पड़ गया। उसे छूछमुँही की बात याद आ गयी। ''स्त्री के स्पर्श से झुर्रियाँ मर जाती हैं।''

अपनी देह पर फैल रही हल्की झुर्रियों को दरस सहलाने लगा। मानो उन्हें त्वचा पर ही सुला देना चाहता हो। झुर्रियों को त्वचा में मार देने की बात सोच कर उसे बेनगाली की याद आने लगी। बेनगाली की गोरी त्वचा की तान इतनी चिकनी थी कि धूप भी फिसल जाती थी। वह सोचता था कि शायद बेनगाली मछली बहुत खाती है इसलिए उसकी त्वचा चमकदार और कसी हुई है।

वह जब उसे पास से देख पाया था, तब उनकी टेनिस गेंद टैक्स बाबू के मकान के बगल में बने बंगले के अंदर जा गिरी। सारे लड़कों की ओर से उसे ही गेंद लाने भेजा गया था। उस दिन पहली बार वह डर गया था। डर के मारे उसकी त्वचा के रोएँ जाग गये थे। उसकी पीठ पसीने से भर गयी थी।

डर को अपने अंदर दबाये हुए, जब उस बंगले के बड़े से दरवाज़े के पास पहुँचा, तब उसने देखा कि बेनगाली अपने अलसेशियन कुत्ते के मुँह में दबे पीले रंग की टेनिस गेंद को छुड़ाने की कोशिश कर रही थी और वह अपना सिर इधर उधर हिला रहा था। दरस ने डरते हुए दरवाज़े पर एक डरी हुई दस्तक रख दी, जिसके रखने की आवाज़ सुनकर बेनगाली दरस की ओर देखने लगी। उसने इशारे से अंदर आने को कहा।

''मुझे कुत्ते से डर लगता है!'' दरस ने चीख कर कहा। उसके चीखने की आवाज़ सुनकर कुत्ता दरवाज़े की ओर झपटा, लेकिन तब तक बेनगाली के नौकर ने उस कुत्ते के गले में पड़े चैन को पकड़ लिया। कुत्ते का पंजा ज़मीन में घिसट गया। कुत्ता दरस को देखकर गुर्राने लगा। नौकर कुत्ते को कुत्ते की तरह घसीटते हुए बंगले के पीछे ले गया और कटहल पेड़ के तने से उसे बाँध दिया। कुत्ते के भौंकने की आवाज़ पीछे से आने लगी, जिसकी अवहेलना करती हुई बेनगाली ने दरस से सीधे ही सवाल किया, ''गेंद लेने आये हो ना!''

दरवाज़े के इस पार खड़े दरस ने सिर हिलाकर सहमति जता दी। तब तक नौकर सामने के बगीचे में पौधों को पानी देने लगा। वह नौकर धोती कुर्ता में ही दिखता था। वह थोड़ा बूढ़ा हो गया था और उसकी कमर अकड़ गयी थी। इसलिए उसका शरीर सामने की ओर थोड़ा सा झुका हुआ दिखता था। नौकर ने दरस की ओर देखा, फिर अपने काम में मगन हो गया।

"लेकिन अब ये किसी काम का नहीं रह गया है।", बेनगाली ने अपने हाथों में चिथड़ाग्रस्त गेंद को दिखाते हुए कहा। "कल मैं नया गेंद लाकर दे दूंगी। ठीक है अभी तुम जाओ।" दरस चुपचाप लौट आया।

अपने भीतर की स्मृतियों के मुरब्बा बन जाने को जान कर वह मुस्कुराने लगा। उसने दीवार पर टँगी घड़ी की ओर देखा। दो बज कर पचपन मिनट हो रहे थे। वह सीधे आँगन गया। अपना चेहरा धोया। अपने बालों को ठीक किया और मन ही मन बुदबुदाया, "वह आती ही होगी।"

दरस ने चेहरे पर ख़ुशबूदार क्रीम लगाया। आलमारी से नया कुर्ता निकाल कर पहना और सामने वाले बैठक कमरे में चला गया, जहाँ वह बच्चों को अंग्रेजी की ट्यूशन पढ़ाया करता था। उसने बाहर की ओर खुलने वाली खिड़की को खोल दिया। कमरे में रोशनी और हवा एक साथ अंदर आने लगी। उसने ज़ोर की साँस ली। स्त्री देह की गंध पाकर वह जान गया कि बाहर सन्नो आ गयी है। दरस ने दरवाज़ा खोल दिया।

सामने सन्नो खड़ी थी, अपनी छाती से दो सौ पेज का पुराना रजिस्टर चिपकाये हुए। उसके बालों से आँवला तेल की ख़ुशबू आ रही थी, जिसे उसने अपने सिर के बालों में चुपड़ा हुआ था। उसकी दो चोटियाँ सिर के दोनों ओर लटक रही थीं, जिसे गुलाबी रंग के फीते से बाँधा हुआ था। माथे पर लगी बिंदी चमक रही थी। उसके कुर्ते में पड़ी सिलवटों को नज़रअंदाज़ करते हुए दरस ने उसे अंदर आने को कहा।

सन्नो के अंदर आते ही दरस ने सामने का दरवाज़ा बंद कर दिया। सन्नो लोहे की कुर्सी पर बैठ गयी और दरस थोड़ी दूर रखे सोफे पर बैठ गया। उनके बीच जो लकड़ी की टेबल रखी थी, उस पर अंग्रेजी व्याकरण की किताब और एक छोटी डिक्शनरी रखी थी। डिक्शनरी हाथ में लेकर दरस उसके पन्ने पलटने लगा। फिर अचानक ही सन्नो की ओर मुखातिब होकर उसने कहा, ''आज हम प्रेजेंट टेंस पढ़ेंगे।''

फिर दरस उसे प्रेजेंट टेंस यानी वर्तमान काल के व्याकरण के बारे में विस्तार से समझाने लगा। लेकिन अपने ख़यालों में उलझी सन्नो उसे सुन कर भी नहीं सुन पा रही थी। वह हाथ में लिये पेन को इधर उधर घुमा रही थी। सन्नो का मन बाहर खड़े अपने मित्र की ओर था। सन्नो की बेचैनी और एकाग्रता की कमी को देखकर दरस चुप हो गया और उसने सीधे ही पूछा, ''मन नहीं लग रहा है क्या?''

''लग रहा है सर।''

''तो फिर?''

''पिछले बारह दिनों से आप यही पढ़ा रहे हैं सर।''

''क्योंकि तुम समझ नहीं पा रही हो।''

''बात दूसरी है।''

''क्या?''

''मेरा एक दोस्त भी अंग्रेजी पढ़ना चाहता है। आप उसे भी पढ़ा देंगे क्या?''

''हाँ क्यों नहीं। सुबह के समय जब मैं लड़कों को पढ़ाता हूँ उस समय भेज देना।''

''नहीं वह मेरे साथ ही पढ़ना चाहता है।''

"ऐसा हो नहीं सकता।"

"प्....ली....ज स....र... ।"

***

अपनी उंगलियों के पोरों की अक्षमता और खातून के चले जाने के कारण दरस ने बच्चों को अंग्रेजी पढ़ाने का काम शुरू किया था। पहले वह एकदम छोटे बच्चों को पढ़ाता था। फिर बाद में वह बड़े बच्चों को पढ़ाने लगा। इस ट्यूशन से उसे कमाई भी हो जाती थी और उसका अकेलापन भी थोड़ी देर के लिए ही सही दूर हो जाता था। लगभग किशोर होते लड़के इतने बातूनी और खुराफ़ात थे कि दरस कई बार घबरा भी जाता था।

ट्यूशन के लिए दरस ने एक आक्सफोर्ड डिक्शनरी, तीन ग्रामर की किताबें और कई अंग्रेजी की पत्रिकाएँ खरीद कर लायी थीं, जिसे उसने पास की लकड़ी की आलमारी में रख दिया था। सोफा के सामने रखा कॉफ़ी टेबल हटा दिया था ताकि उस खाली जगह पर रखी चटाई पर लड़के बैठ सकें। कुछ लड़के तो मुहल्ले के ही थे और कुछ गरीब मजदूरों और कामवाली बाई के बच्चे थे, जो सरकारी हिंदी माध्यम स्कूल में पढ़ते थे और अपनी कमज़ोर अंग्रेजी को मजबूत करने के लिए दरस के पास ट्यूशन पढ़ने आने वाले थे।

पहले दिन दरस ने भाषा, उसके संस्कार और उसके तौर तरीकों के बारे में लड़कों को विस्तार से समझाया। सारे लड़के ध्यान से उसकी बात सुन रहे थे। हालाँकि कोई भी उसकी बात को ध्यान से नहीं सुन रहा था। मास्टर के लड़के रमेश का ध्यान बाहर खरपतवार मैदान में हो रही हलचल की ओर था। कुलछनी का बेटा सोफा के सुंदर पाए को देख रहा था और उसे अपने हाथों से सहला रहा था। मंगरू अपनी जेब से चना

निकाल कर खा रहा था और दरस के चश्मे को देख रहा था, जिसमें वह किताब परावर्तित हो रही थी, जिसे वह पढ़ रहा था।

''सर बाथरूम प्लीज!'' रमेश के अनुनय पर दरस ने सिर हिलाकर अपनी सहमति दे दी। रमेश कमरे का दरवाज़ा खोलकर बाहर चला गया। चार लड़कों से घिरा दरस अपने पढ़ाने के जुनून में फिर से उतर गया। वह किताब पर लिखी बातों को ज़ोर ज़ोर से पढ़ रहा था और बीच बीच में लड़कों की ओर देख भी ले रहा था, जो उसकी गोद में रखी अंग्रेजी व्याकरण की किताब को ध्यान से देख रहे थे, जिसमें कोई भी चित्र नहीं था।

''सर इस किताब में कोई रंगीन चित्र नहीं है क्या?, मंगरू ने मुँह का चना चुभलाते हुए पूछा।

''पढ़ना है कि चित्र देखना है!'', दरस के प्रत्युत्तर पर मंगरू सकपका गया। उसने कुछ नहीं कहा। कुलछनी का बेटा मंगरू को देख कर मुस्कुराने लगा।

''सेंटेंस कैसे बनता है? पता है?'', दरस ने समीर की ओर देख कर पूछा, जो शहर के नामी वकील का बेटा था। समीर पूरी तन्मयता से दरस की बातों को सुन रहा था और जो उसे ज़रूरी लग रहा था, उसे अपनी कॉपी में उतार भी रहा था।

''सेंटेंस मतलब?'', समीर ने सवाल किया।

''मतलब वाक्य विन्यास।''

''अच्छा। अभी आपने बताया था वैसे ही। सबजेक्ट, एक्सलरी वर्ब, वर्ब और आब्जेक्ट से मिलकर बनता है।''

‘‘वेरी गुड!’’ यह कहते हुए दरस ने ट्यूशन समाप्ति की घोषणा की। उसके इस उद्घोष को सुनकर दरवाज़े के बाहर बीस मिनट से चुप खड़ा रमेश अंदर आ गया। उसे देखकर सारे लड़के मुस्कुराने लगे।

‘‘कहाँ मर गये थे तुम रमेश?’’, दरस ने व्यंग्य किया। जिसका रमेश ने बुरा नहीं माना, बल्कि उसने विनम्रता से जवाब दिया, ‘‘वहाँ खरपतवार मैदान में!’’

‘‘वहाँ क्या कर रहे थे?’’

‘‘कुछ नहीं सर बस ऐसे ही खड़ा था।’’

‘‘कुछ तो कर रहे होगे वहाँ।’’

‘‘हाँ सर देख रहा था।’’

‘‘क्या सेक्स?’’

उसकी बात सुनकर सारे लड़के खिलखिलाकर हँसने लगे। लेकिन दरस थोड़ी देर चुप रहा, फिर उसने रमेश की ओर मुखातिब होकर पूछा, ‘‘क्या अब भी वहाँ इतने खरपतवार हैं?’’

उसके इस सवाल के बाहर आने तक सारे लड़के कमरे से बाहर जा चुके थे। दरस ने धीरे से दरवाज़ा बंद किया और सोफे पर पसर गया। देर तक बोलने के कारण उसे थकान महसूस हो रही थी। उसे पहली बार अहसास हुआ कि लगातार बोलते रहना कितना कठिन काम है। उसे अपने जबड़े में दर्द महसूस होने लगा था। उसे कब झपकी लग गयी उसे पता ही नहीं चला।

***

जब वह विजय बुक डिपो से अंग्रेजी की किताबें और डिक्शनरी लेकर लौट रहा था, तब जचकी अस्पताल की सुनसान सड़क पर चलते हुए उसे अहसास हुआ कि कोई उसका पीछा कर रहा है। उसने धीरे से पलट कर देखा। यह देखकर वह घबरा गया। उसे समझ नहीं आया कि वह क्या करे। वह अपनी घबराहट में तेज़ी से भागने लगा। भागते हुए उसे चारमीनार की चेतावनी याद आ गयी। सुअरों की तेरह मुण्डियाँ दरस का पीछा करने लगी। वह किसी तरह भागकर जचकी अस्पताल में छिप गया। सुअरों की तेरह मुण्डियाँ देर तक अस्पताल के आसपास मंडराने के बाद चली गयीं।

उन सुअरों की लाल आँखों में गुस्सा था। उनके कान लम्बे और फैल गये थे, जिसे वे पँख की तरह फड़फड़ाते हुए उड़ने में इस्तेमाल कर रहे थे। दरस को इस तरह भागते और अस्पताल के बाथरूम में छिपते देखकर सफाईकर्मी ज़ोर ज़ोर से हँसने लगे। भागते हुए दरस अपने हाथ हवा में हिला रहा था और 'हुस हुस' की आवाज़ निकाल रहा था। जब दरस बाथरूम से सात मिनट बाद बाहर निकला, तब नर्स ने आपत्ति जताते हुए उससे कहा भी था, ''तुम महिला वाशरूम में क्या करने घुसे थे?''

नर्स की नाराज़गी और मामले को बिगड़ता देख दरस ने जवाब दिया, ''वो सुअरों की मुंडी मुझे मारने दौड़ा रही थी।'' तब पास खड़े वार्डब्वाय ने दरस को धकियाते हुए कहा, ''पगला गया है क्या? कहाँ है सुअरों की मुंडी?

''वो उड़ कर उधर चली गयी।'' दरस का जवाब सुनकर सब एक दूसरे का मुँह ताकने लगे। तब दूर खड़े एक सफाईकर्मी ने कहा, ''थोड़ा खिसक गया है। जाने दो।''

वार्डब्वाय ने दरस को मेनगेट से बाहर ज़ोर से धकेल कर कहा, ''दोबारा इधर दिखना नहीं।''

सड़क पर पसरा हुआ दरस उठा और ज़मीन पर बिखर गयी किताबों को समेटने लगा। उसकी कुहनी सड़की की गिट्टी से लगकर घायल हो गयी थी। उससे खून रिसने लगा था, जिसकी परवाह किये बिना वह तेज़ी से अपने घर लौट आया। उसने टेबल पर सारी किताबें रख दीं और सोफे पर पसर कर सोचने लगा कि आखिर ये तेरह सुअर की मुंडियां उसका पीछा क्यों कर रही हैं? उसने तो सिर्फ एक मुंडी का सौदा किया था। लेकिन वह कुछ भी याद न कर पाया।

बस उसे इतना याद था कि उस दिन सन्नो का पिता उससे ट्यूशन पढ़ाने का अनुरोध करने आया था। दरस चाहता तो नहीं था कि वह सन्नो को पढ़ाये। वह नहीं चाहता था कि उसके अंदर कुंद हो चुकी खुराफ़ात इच्छायें फिर से कुलबुलाने लगें। वह नहीं चाहता था कि एक स्त्री गंध उसके पास देर तक ठहर जाये और उसकी अधेड़ रगों में उत्पात मचाये। उसने इंकार करने के लिए जैसे ही सन्नो की ओर देखा। वह इंकार नहीं कर पाया।

उसने देखा कि सन्नो अपने दुपट्टे का कोना पकड़ कर उसे मोड़ रही है। उसकी दुबली हथेली में नीले रंगों वाले नाखून इतने आर्कषक लग रहे थे कि वह उसे देर तक देखता ही रह गया था। उसके पतले और गुलाबी होंठों को देखकर वह बोलना भूल गया था। वह उसकी निर्दयी आँखों को देखकर, उसमें दया ढूँढने लग गया था, जो कहीं नहीं थी। सिर्फ एक चुहल थी, जो उसे उकसा रही थी।

जब सन्नो कमरे के अंदर आयी, तब उसकी देह पर फैली ख़ुशबू की धूल हवा में तैरने लगी और वह धीरे-धीरे कमरे की सारी चीज़ों पर उतर गयी। कमरा उस ख़ुशबू से भर गया। सन्नो की देह उस ख़ुशबू से रिक्त हो गयी।

उस ख़ुशबू में मौजूद गुप्त ऊर्जा इतनी वेगवान थी कि दूसरी चीज़ें काँपने भी लग सकती थीं। लेकिन सन्नो ने मुस्कुरा कर कमरे में पसर रहे जादू को तोड़ दिया, जो दरस के उस वीरान कमरे को धीरे-धीरे जिंदा कर रहा था, बरसों बाद।

दरस उसकी मुस्कुराहट को देख नहीं पाया क्योंकि तब वह सन्नो के घुंघराले बालों को देख रहा था। क्योंकि तब वह उसके कान की लटकनों को देख रहा था, जो चाँदी का भ्रम पैदा कर रहे थे। हालाँकि सन्नो को किसी आभूषण की ज़रुरत नहीं थी। उसने अपने गुलाबी होंठों को फैला कर अपनी मुस्कान को बहुत देर से पहना हुआ था।

दरस ने आँखें मिचमिचा कर उस जादू की परत को अपनी पुतलियों से हटा दिया। कमरा जैसे का तैसा था। बस एक कमसिन लड़की उस कमरे में इधर उधर कुछ तलाश रही थी। शायद उदासी। शायद बैठने की जगह।

सोफा के गद्दे को चूहों ने कई जगहों से काट दिया था, उन जगहों पर बनी दरारों को दरस ने कपड़े ठूँस कर भर दिया था। पूरा सोफा कपड़ों की कतरनों का कोलाज लग रहा था। सामने के लकड़ी के टेबल पर रखा हिंदी-अंग्रेजी शब्दकोश बुढ़ा सा गया था। वह इतना थका सा था कि उसने कवर पृष्ठ पर पड़े धूल को भी साफ़ नहीं किया था। उसका एक पन्ना बाहर निकला हुआ था।

दरस के अंदर कौतुक था लेकिन वह उसे छिपा रहा था। वह नहीं चाहता था कि उसके अंदर हाइबरनेशन में पड़ा चाहतों का सुअर जाग जाये।

''तो फिर कल से भेज दूँ!'' सन्नो के पिता ने कमरे के सुनसान को तोड़ते हुए सवाल किया।

“मैं तो आज से ही तैयार हूँ।” दरस ने विनम्रता से जवाब दिया। लेकिन उसका लालच उसके दोनों जबड़ों के बीच से बाहर दिख ही आया, जिसे देखकर सन्नो थोड़ा झिझक उठी थी।

‘बुढ़वा दाँत साफ़ नहीं करता है क्या?’

***

दरस की दाँतों का पीलापन गहराता जा रहा था। उसने सन्नो की आँखों के आइने में अपने पीले पड़ चुके दाँतों को साफ़ साफ़ देखा था। उसके दाँतों के बीच की दरारें बड़ी होती जा रही थी। उसने अपने मुख की गुफा में अंदर ध्यान से देखा, जहाँ पीछे के उसके दाढ़ टूट चुके थे। उन टूटे हुए दाढ़ों की पीड़ा याद कर वह सहम गया।

सामने का एक दाँत अपनी जड़ से हिल रहा था। जबड़े से बिछड़ने को आतुर उस दाँत की जड़ के पास रक्त जैसा चिपचिपा दर्द मौजूद था, जिससे रह रह कर उठने वाली पीड़ा की तरंग पूरे जिस्म में फैल जाती थी। दाँतों के पीले रंग को देखकर उसे ख़ुद उबकाई आने वाली थी, लेकिन यह जानकर वह रूक गयी, क्योंकि उस उबकाई को उन्हीं पीले दाँतों की दीवार लाँघ कर उसके मुँह से बाहर उछाल मारना था।

उसके पीले पड़ चुके दाँतों को देखकर सुबह की पाली में अंग्रेजी सीखने आने वाले लड़कों को कुछ फर्क नहीं पड़ता था। न उन्हें उबकाई आती थी और न ही वह उसे देखकर मुँह चुराते थे। उन्हें देखकर ऐसा लगता था मानो उन्हें देह और उसकी पीड़ा के तमाम रहस्य मालूम हों। लेकिन ऐसा था नहीं। उन्हें कुछ भी नहीं पता था। इसलिए दाँतों के पीले या सफ़ेद होने का कोई मतलब उनके लिए नहीं था। बस दरस की लुंगी से कभी कभार बाहर आ जाने वाले उसके अंडकोश देखकर सभी अपना मुँह दबाकर हँसने लग जाते थे। उनकी हँसी में यह दुख चुपचाप उतर जाता था कि यह गति कभी उनकी भी होनी है।

दरअसल दरस अपने दाँतों से ज़्यादा अपनी त्वचा को लेकर चिंतित रहता था। त्वचा को वह ईश्वर का वरदान मानता था। बिना त्वचा के मनुष्य नंगे से भी ज़्यादा नंगा दिखता, यह सोचकर वह सिहर उठा था। कुछ दिनों पहले वह जब आँगन में फिसल कर गिर गया था और उसके पीठ की छह सेंटीमीटर वर्ग की त्वचा उतर गयी थी, तब उसने त्वचा के महत्व को जाना था। उस खुरची हुई जगह पर मक्खियाँ भिनभिनाने लग जाती थीं, जिन्हें वह अपनी बनियान लहराकर उड़ा देता था।

टिंचर आयोडीन की चुभन दिन भर उस जगह पर बनी रहती थी और उसके हाथ बरबस उस ओर दौड़ने को आतुर हो जाते थे लेकिन वह सायास उन हाथों को रोक लेता था। यह दुख याद कर उसका चेहरा मुरझा सा गया। उसके चेहरे को इस तरह मुरझाया देखकर सन्नो ने उससे कहा था, ''बेकिंग सोडा और नींबू के रस के मिश्रण का पेस्ट बनाकर अपने दाँतों पर मलने से पीलापन दूर हो जाता है।''

सन्नो की सलाह को मानकर दरस ने कुलछनी के बेटे से बेकिंग सोडा लाने का आग्रह किया था, जिसे मानते हुए जब उसने दरस को सोडा पावडर दिया, तब दरस ने उससे पूछा, ''सिंधी किराना दुकान से लाये हो ना?'' कुलछनी का बेटा दरस के सवाल सुनकर मुस्कुराने लगा और कुछ हिचकते हुए कहा, ''नहीं माँ ने बेनगाली के घर से मारकर लाया है।'' यह जानकर दरस ने उसे पैसे देने के विचार को निरस्त कर दिया।

कुलछनी का बेटा दरस से मुफ्त में अंग्रेजी सीखने आता था, क्योंकि बदले में कुलछनी कभी कभी दरस के घर साफ़ सफाई का काम कर जाती थी। दरस के यहाँ लड़कों को अंग्रेजी पढ़ता देखकर कुलछनी ने दरस से अनुनय किया था कि वह उसके बेटे को भी थोड़ी बहुत अंग्रेजी सिखा दे ताकि वह शहर के श्याम टाकीज में लगने वाली अंग्रेजी फिल्मों

का कम से कम नाम पढ़ सके। दरस को सहमत होना ही था। अन्यथा कुलछनी उसके घर की साफ़ सफाई का काम छोड़ सकती थी।

उसके सहमत होते ही एक सुबह कुलछनी अपने बेटे को लेकर दरस के यहाँ आ धमकी। उनके अंदर आते ही दरस को सरसों तेल की तीखी गंध आयी। उसे देखकर दरस को सुअरों के पीछे भागते बच्चों की बहुत पुरानी याद आयी। लड़का हाफ पैंट पहने हुए था, जिसकी तुरपाई कई जगहों से खुल गयी थी। उसने अपनी हाफ पैंट की जेब में बगीचे से चुराये हुए अमरूद रखे थे।

लड़के की कमीज़ का रंग पहचान पाना दरस के लिए मुश्किल था। उसके गले में काले रंग का धागा बँधा था, जिससे एक हरे कपड़े में लिपटा ताबीज लटक रहा था। लड़के ने अपनी नसिका से बाहर आते द्रव को तेज़ी से अंदर खींचा, जिसकी 'सू' की आवाज़ सुनकर खिड़की पर बैठी गौरेया उड़ गयी।

''इसका नाम क्या है कुलछनी?'', दरस ने लड़के की इस हरकत को नज़रअंदाज़ करते हुए पूछा।

''लहसुन!''

कुलछनी का जवाब सुनकर दरस चकित हुआ कि यह क्या शाकाहारी जैसा नाम है। हालाँकि उसने अपना यह भाव चेहरे पर नहीं आने दिया। बस धीरे से अगला सवाल किया, ''ये कैसा नाम रखा है?''

कुलछनी ने कहा, ''इसका बाप तो इसे और भी बुरे नाम से पुकारता है!''

तब लड़के की नज़र दीवार के आले में रखी पीतल की ढिबरी पर थी, जिसे चुराकर बेच देने पर ठीकठाक पैसे मिल जायेंगे। वह इस तरह के ख़याल में डूबा हुआ था या नहीं बता पाना मुश्किल है।

कुलछनी का जवाब सुनकर दरस ने उस बुरे नाम के बारे में कोई भी अनुमान नहीं लगाया। उसने तय किया कि वह लड़के को कुलछनी का बेटा ही कहेगा। लड़के को किसी भी नाम से पुकारे जाने पर तनिक भी आपत्ति नहीं थी। इसके विपरीत जब कोई उसे ज़्यादा शालीन तरीके से पुकारता था, तब वह अचकचा जाता था।

कुलछनी के बेटे ने ही दरस को बताया था कि सामने के खरपतवार वाली ज़मीन का मालिक उस पर आवासीय परिसर बनाने की योजना बना रहा है। बहुत जल्द ही उन खरपतवारों को साफ़ कर दिया जायेगा और उस ज़मीन पर मकानों के लिए छोटे छोटे टुकड़े बनाये जायेंगे ताकि उसे बेचा जा सके।

खरपतवार की बात निकलने पर दरस उससे जुड़े किस्सों और अपनी स्मृतियों में डूबने लगा। वह उन्हें याद करने की कोशिश करने लगा, लेकिन वह उन किस्सों और स्मृतियों से जुड़े पात्रों को ठीक ठीक याद नहीं कर पाया।

वह तो यह भी याद नहीं कर पाया कि सामने कमरे में बैठे लड़के उसका इंतज़ार कर रहे हैं। वह देर तक आँगन में उकड़ू बैठे रहने के कारण पथरा सा गया था। वह चाहकर भी उठ नहीं पा रहा था। उसने उठने की कोशिश में अपने दोनों घुटनों पर दोनों हथेलियों का ज़ोर दिया और किसी तरह उठ सका। इस प्रयास में उसकी साँसें फूल गयीं।

जब वह सीधा होकर पीछे पलटा, तब पीछे खड़ी हरसा को देखकर चौंक गया। उसने देखा कि हरसा उसे देखकर मुस्कुरा रही है। उसने अपनी आँखों को मिचमिचा कर पुनः उधर ध्यान से देखा। वहाँ कोई भी नहीं था।

वह धीरे-धीरे सामने वाले कमरे की ओर चला गया। कमरे के फर्श पर चटाई बिछी हुई थी, जिस पर बैठे लड़के उसका इंतज़ार कर रहे

थे। इस इंतज़ार में वे एक दूसरे से चुहल कर रहे थे, जो दरस को आता देखकर चुप हो गये। दरस की साँसें अभी भी मद्धम नहीं हो पायी थीं। वह सोफे पर टिककर बैठ गया। उसकी पीठ पर मौजूद पुरानी चोट किसी सुप्त ज्वालामुखी की तरह ठंडी हो गयी थी।

दरस ने बिना बच्चों की ओर देखकर कहा, ''आज हम गप्पें मारेंगे।''

बच्चों के चेहरों पर मुस्कान फैल गयी। वे उसे समेट कर रखे रहने की चालाकी से अनभिज्ञ थे।

''अरे कुलछनी का बेटा श्याम टाकीज में वो वाली फिल्म लगी है क्या?'', दरस की आँखें बंद ही थीं और मन खुला हुआ था, शहर की ओर भागते किसी अदृश्य हिरण की तरह।

''कौन वाली सर?''

''वही गरमागरम!''

''क्या मालूम सर। मैं तो उधर जाता ही नहीं हूँ।''

''क्यों?''

''वीडियो में और गरम वाला दिखाता है।''

यह संवाद उनके बीच हुआ या नहीं। इससे बेपरवाह दरस थोड़ी देर चुप पड़ा रहा। फिर उसने अचानक अपनी आँखें खोल दीं। उसने देखा कि कमरा खाली है। बच्चे नदारद हैं। उनकी कापियाँ चटाई पर इधर उधर बिखरी पड़ी हैं। वह धीरे से किसी तरह सोफे से उठा और दरवाज़े से बाहर झाँककर देखा। खरपतवार मैदान पर ढेर सारे मजदूर काम पर लगे हुए थे। वे अपने हाथों से उन खरपतवारों को उखाड़ रहे थे। मैदान के अंदर ज़मीन समतल करने वाली दो मशीनें थीं, जिसे देखने के लिए

मुहल्ले के लोग इकट्ठा हो गये थे। लोगों को इस तरह आनंदित देखकर दरस लौटकर सोफे पर बैठ गया।

***

उस रात दरस की नींद को ख़यालों ने कुतरना शुरू कर दिया। वह लहूलुहान नींद में धँसता चला गया। वह समझ ही नहीं पाया कि वह नींद में है या सपने में। वह कहीं नहीं था। वह वहीं था, जहाँ उसका मन उसे पिछले तीस सालों से घसीट कर ले जाना चाह रहा था। लेकिन दुनिया की असुविधाओं और दुखों ने उसे उधर जाने से रोक रखा था। वह बिसरने को याद करने की तरह बिसरना चाहता था और वह सफल इसलिए हो पाया कि उसने बिसरने को भी बिसर दिया था।

उसने अपनी बिसरी हुई याद में देखा कि उसके घुटनों से खून की कुँवारी धार बह रही है। इतना लाल और इतना पतला खून देखकर वह सिहर ही जाता लेकिन सामने लमचोंचवी को देखकर उसने चुप रहना ही मुनासिब समझा। वह एक डरपोक पुरूष नहीं दिखना चाहता था। उसने अपने घुटनों से बहती खून की धार को कमीज़ की बाँह से पोंछ दिया और खरपतवार के बीचोंबीच बने इस स्वर्ग में अप्सरा सी बैठी लमचोंचवी को देखने लगा, जिसे वह पहली बार देख रहा था।

हल्के भूरे पीले रंग के सलवार सूट में लमचोंचवी उस खरपतवार के रंगों में घुलमिल जा रही थी। ऐसा लग रहा था वह भी खरपतवार ही हो। उसके काले बाल हवा में लहरा रहे थे, जिसे वह बार बार चेहरे से पीछे धकेल रही थी। उनके पास होने के लिए सूरज भी राजी था और वह बादलों के पीछे छिप गया था। सितंबर मानुष की इच्छाओं को उकसा रहा था। लमचोंचवी ने दरस का हाथ पकड़ लिया और अपनी ओर खींच लिया।

‘‘पास तो आओ डाक्टर!’’

‘‘क्या मैं घर से दरी लेकर आ जाऊँ?’’

‘‘नहीं कोई देख लेगा। बस ऐसे ही।’’

लमचोंचवी ने स्नेह से दरस के बालों को सहलाते हुए कहा। वह उसके घुंघराले बालों को देर तक सहलाती रही। दरस ने उसे इतने पास से पहले कभी नहीं देखा था। उसका चेहरा तो बिल्कुल भी नहीं। वह जब भी बरामदे से गुज़रता, तब वह लमचोंचवी को अपने छोटे से कमरे में खिड़की की ओर मुँह कर टेबल पर सिर झुकाये पढ़ते हुए देखता था।

वह उसकी पीठ को पहचानता था। उसकी पीठ दरस को पहचानती थी। चेहरों की पहचान बस हो ही रही थी। लमचोंचवी ने अपना चेहरा दरस के चेहरे के पास ला दिया। उसके उच्छवास की गंध दरस को भिगोने लगी। वह उससे दूर होना चाहता था, लेकिन लमचोंचवी ने ज़ोर से उसकी कलाई पकड़ ली।

उच्छवास के उजाले में दरस ने देखा कि लमचोंचवी की सफ़ेद त्वचा पर हरी हरी रेखाएँ इधर से उधर फैली हुई हैं। आँखों के भीतर दो छोटे छोटे भूरे चंद्रमा इधर से उधर डोल रहे हैं। उसके कानों के पास सुनहरे रंग के महीन से रोएँ चमक रहे हैं। रोएँ की सुनहरी रंगत देखकर दरस को हओ की याद आ गयी। लेकिन वह उन यादों से दूर वर्तमान में ही रहना चाहता था। वह टेनिस गेंद की फिरौती में इस खरपतवार के सन्नाटे में आया था, जिसे चुम्बनों की आवाज़ तोड़ रही थी।

जब लमचोंचवी ने अपने होंठ दरस के गालों पर सटा दिये, तब उसे एक अजीब सी सनसनाहट हुई, जैसा कि उसे हओ की छुअन से होती थी। वह उन होंठों की आँच को अपने गालों पर पसरते हुए महसूस कर रहा था। उसका चेहरा दरस के चेहरे के इतने पास था कि वह एक

चेहराविहीन स्त्री लग रही थी। वह चेहराविहीन स्त्री के ख़याल से डर गया और ज़ोर से चीखना चाहा। लेकिन लमचोंचवी के होंठों ने उसके होंठों को जकड़ लिया।

फिर वह दरस को अपनी बाँहों में घेरने लगी। आगोश की गर्म और नर्म गहराइयों में उतरते हुए भी दरस उसकी पतली देह की अस्थियों से बचने का सायास प्रयास कर रहा था। वह दरस को दबोचे हुए धीरे से ज़मीन पर पसर गयी, जिस पर मिट्टी और खरपतवारों के पुराने ठूँठ थे। इस बेपरवाह की आपाधापी में दरस ज़मीन पर धम्म से गिर गया। उसके घुटने रगड़ से छिल गये। उससे खून की पतली धार बहने लगी। वह उस प्रेम की कोशिश में लहूलुहान होने लगा।

उसने सोचा भी नहीं था कि टेनिस गेंद लौटाने के बहाने लमचोंचवी उसे खरपतवार के बीच बुलाएगी और इस तरह दबोच लेगी। दरस को आसमान में चमगादड़ों के फड़फड़ाने की आवाज़ आयी। उसने ऊपर की ओर नज़रें कीं। आसमान में सैकड़ों चमगादड़ उड़ रहे थे। प्रेम की गंध पाकर पास के कीचड़ में धँसे सुअर भी उनकी ओर झपटे। सुअरों की हलचल देखकर खरपतवार के बाहर सड़क पर खड़े किसी आदमी ने चीख कर कहा, ''भागो सालों ये सज्जनों का मुहल्ला है!''

उस चीख से ज़्यादा दोनों सुअरों के झुंड को देखकर डर गये। लमचोंचवी ने डरकर दरस को अपने से दूर किया और झट से खड़ी हो गयी। उसने अपना सलवार ठीक किया और पास पड़े पत्थर का टुकड़ा उठाकर सुअरों की ओर फेंका। सुअर भाग गये। लमचोंचवी खरपतवारों को कुचलती हुई अपने घर की ओर चली गयी। दरस अचंभित सा खड़ा रहा। उसे कुछ समझ नहीं आया। अचानक एक नयी टेनिस गेंद उसकी ओर हवा में उड़ती हुई आयी। उसने गेंद उठायी और तेज़ी से खरपतवार मैदान के दूसरे रास्ते की ओर भागने लगा।

भागते हुए उसे महसूस हुआ कि उसके पीछे भी कोई भाग रहा है। दरस भागते हुए पीछे पलटा। उसने देखा कि तेरह सुअर उसका पीछा कर रहे हैं। वे भी तेज़ी से उसकी ओर झपट रहे हैं।

दरस जितनी तेज़ी से भाग रहा था, सुअर उससे भी दुगुनी तेज़ी से उसका पीछा कर रहे थे। उनके पीछा करने की गति बढ़ती देखकर दरस घबरा गया। सुअरों का झुंड भागते हुए हवा में उड़ने लगा। एक सुअर दरस की कमीज़ को अपने जबड़े से पकड़ने ही वाला था कि उसकी नींद खुल गयी।

वह बिस्तर पर पड़े हुए हाँफ रहा था। वह देर तक स्तब्ध बिस्तर पर पड़ा रहा। फिर उसने आँगन में खुलने वाली खिड़की की ओर देखा। बाहर धूप की फीकी चमक थी। चिड़िया चहचहा कर थक गयी थी। सुबह को होता हुआ देखकर वह बिस्तर से उतर गया। क्योंकि सात बजे लड़के अंग्रेजी सीखने आने वाले थे।

***

''प्लीज...सर...''

यह कहते हुए सन्नो की जीभ साष्टांग हो गयी। उसने दरस का हाथ पकड़ लिया। दरस की कलाई पर मौजूद झुर्रियाँ मुरझा गयीं। फिर उसने दरस की बाँह पकड़ कर सहलाना शुरू किया। दरस को ऐसा महसूस हुआ कि उसके शरीर में मौजूद सारी झुर्रियाँ इसी तरह झर जाएँगी। लेकिन उसके ऐसा सोचते ही सन्नो दूर हो गयी और नाराज़ होने का स्वांग करती हुई चुप बैठ गयी। उसने अपने पास की कॉपी को दूर फेंक दिया।

कमरे की चुप्पी इतनी नुकीली हो गयी कि वह दोनों को चुभने लगी थी। सन्नो चाह रही थी कि दरस उसके पिता की तरह उसे लाड़ से मना ले और दरस चाह रहा था कि वह एक बार और अनुरोध कर ले ताकि

वह मान जाये। दोनों देर तक चुप रहे फिर दरस ने फुसफुसाकर पूछा, ''कहीं वो तुम्हारा प्रेमी तो नहीं है?''

''नहीं अभी हम सिर्फ दोस्त हैं।'' सन्नो को कुछ उम्मीद नज़र आती दिखी जो दरस के चेहरे पर कहीं छिपी हुई थी। चेहरे पर नहीं दरस की आँखों में थी। सन्नो ने दरस की आँखों में आँखें उतार दीं। वह उसके पास आ गयी और उसका माथा सहलाते हुए धीरे से बोली, ''प्लीज़ सर। उसे भी अंग्रेज़ी पढ़नी है।''

''ठीक है। लेकिन पहले तीन दिन मैं उस पर नज़र रखूंगा। यदि लड़का पढ़ने को इच्छुक जान पड़ा तब ही आगे उसे पढ़ाऊँगा।'' दरस ने अपनी बात ख़त्म करते हुए सन्नो की हथेली को अपनी हथेली में ले लिया और धीरे से सहलाने लगा। उसने भी हथेली को उसी तरह रहने दिया। फिर उसने दीवार घड़ी की ओर देख कर कहा, ''अब मैं चलती हूँ।''

सन्नो के जाने के बाद कमरे में सन्नो के होने की याद रह गयी। दरस जानता था कि उसकी आँखें भले ही निर्दयी दिखती हैं लेकिन उसका हृदय प्रेम से भरा है। उसके स्पर्श में भावुक कर देने का जादू है। वह दूर से ख़ुशबू देने वाला फूल है। रंग और गंध से भरी हुई। वह गरीब पिता की अमीर बेटी थी, जिसके पास अहंकार को तहस नहस कर देने का बारूद था। उसने सन्नो के भीतर मौजूद बारूद को अपनी हथेली में महसूस किया था। दोनों किसी भी चिंगारी से बचना चाहते थे। बचना जानते थे। वह मुस्कुरा कर दरस से दूर हो जाती थी।

लड़का गोरा था और उसकी देहयष्टि से वह समृद्ध परिवार का लग रहा था, जबकि उसकी तुलना में सन्नो बेहद गरीब दिख रही थी। उसके बाल उलझे हुए थे। वही आँवला तेल की बासी महक। चेहरे पर सर्द मौसम का सफ़ेद रूखापन और आँखों में अजीब सा भय। उसके कपड़े की गंध कमरे में फैल गयी थी, जिससे दरस को बेचैनी सी महसूस हो रही

थी। लेकिन उसने उसका इज़हार नहीं किया। सन्नो के पास ही लड़का बैठा हुआ था और वह दरस को देखे जा रहा था।

‘‘तो तुम अंग्रेजी पढ़ना चाहते हो!’’

‘‘जी सर’’

‘‘तो सुबह क्यों नहीं आ सकते?’’

‘‘तब मैं स्कूल में होता हूँ।’’

‘‘कौन से स्कूल में?’’

‘‘कान्वेंट स्कूल’’

लड़के ने ईमानदारी से सही बात बता दी, इसलिए दरस के पास संदेह करने की कोई गुंजाइश ही नहीं थी कि लड़का अंग्रेजी सीखने के बहाने ही यहाँ आना चाहता था, जबकि वह अंग्रेजी स्कूल में पढ़ता था। दरस ने उसमें ज़्यादा दिलचस्पी नहीं दिखायी और कुछ बुनियादी बातें बता कर उस दिन की पढ़ाई ख़त्म कर दी और पीछे आँगन की ओर चला गया।

उसे आँगन में किसी के फुसफुसाने की आवाज़ सुनाई दी। वह ज़मीन पर उकड़ू बैठ कर मूत्र उत्सर्जन करने लग गया। उसने देखा कि आँगन की चारदीवारी टेढ़ी हो गयी है, जो कभी भी गिर सकती है। इसलिए दरस उससे दूर होकर बैठ गया था। जामुन के सूखे पत्ते फर्श पर पड़े थे। पेड़ों की डंगाल पर चिड़िया चुप बैठी हुई थी। किसी तरह वह खड़ा हुआ और दबे पाँव सामने वाले कमरे की ओर गया।

वह कमरे के दरवाज़े की चौखट के पास रूक गया और देखा कि लड़का सन्नो के कान में कुछ कह रहा था और सन्नो अपनी हँसी को दबा रही थी, इस कारण उसका चेहरा लाल हो गया था। सन्नो ने दरस को

देखकर झट से अपना चेहरा लड़के से दूर कर लिया और कॉपी अपनी गोद में लेकर उठने लगी। लड़का भी उसके साथ उठ गया। दोनों ने दरस को अंग्रेजी में अभिवादन किया और बाहर चले गये।

उनके जाते ही टिफिन वाला छोकरा आ गया। उसने दरवाज़े पर खड़े दरस को टिफिन की थैली पकड़ा दी और अपनी साइकिल पर आगे निकल गया। थैली के अंदर गर्म टिफिन की महक थी। उस थैली पर तेल और मसालों के पुराने दाग थे। दरस अंदर आ गया और उसने दरवाज़ा बंद कर दिया।

अंदर घुप्प सन्नाटा था, जिसमें वह रहने का आदी हो चुका था। उस सन्नाटे को कभी चिरपोटी आकर तोड़ देता था। लेकिन वह अपने बेटे के पास रहने चला गया था, इसलिए दरस के पास कोई मित्र नहीं था। सिवाय उन बच्चों के जिन्हें वह ट्यूशन पढ़ाया करता था। वही वक्त उसके लिए सुख से भरा समय होता था। उस सुख को पाने के लिए वह सुबह होने का इंतज़ार करता था। शाम होने का इंतज़ार करता था।

अपने जीवन की रिक्तता और उदासी को तोड़ने का बस यही एक विकल्प था। इस विकल्प में उसके कई कल्प गुज़र सकते थे। लेकिन वह ज़्यादा जीना नहीं चाहता था। अपने पिता की तरह एक उम्र के बाद जशपुर के जंगल की ओर निकल जाना चाहता था, जहाँ वह अपनी मृत्यु के बाद मिट्टी बनकर मिल सके। हालाँकि की मृत्यु का ख़याल उसे कभी कभी ही आता था। जीने का ख़याल ही उसे प्रेम से भर देता था।

दरस के प्रेम को महसूस करने की क्षमता रखने वाला कोई भी व्यक्ति दरस को कभी भूल ही नहीं सकता था। इसलिए खातून उसे अपने निकाह के बाद भी भूल नहीं पायी थी। वह अक्सर उसे ख़त लिखा करती थी। लेकिन दरस ने उसके किसी भी ख़त का कोई जवाब कभी भी नहीं दिया। बल्कि उन ख़तों को संजो कर अपनी आलमारी में रख

लिया, ताकि जब उसे खातून की याद आये, तब वह उन ख़तों में मौजूद खातून की उंगलियों की गर्मी को महसूस कर सके।

इसी तरह बमनी भी दरस को कभी भूल नहीं पायी थी। वह कभी भी किसी बीमारी का बहाना बनाकर उसके पास चली आती थी और दरस चाहकर भी उसे मना नहीं कर पाता था, क्योंकि वह ख़ुद भी चाहता था कि बमनी उसके पास रहे। उसके एकांत को चूर चूर कर दे। उसकी उदासी को अपनी मुस्कान से पिघला दे। उसकी चुप्पी के आसमान में अपनी हँसी के तारे जगा दे।

जब बमनी करीब बारह वर्ष बाद उससे मिलने आयी, तब दरस उसे पहचान नहीं पाया। वह उसके दरवाज़े पर लगे कॉलबेल को बजाकर खड़ी थी और दरस दरवाज़े की दरार से झाँक कर आगंतुक को पहचानने की कोशिश कर रहा था। दरवाज़े की दरार से सूरजमुखी फूल की गंध आते ही उसकी स्मृति में दबा बमनी का चेहरा खिल उठा। उसने झट से दरवाज़ा खोल दिया।

बाहर बमनी हल्के हरे रंग की साड़ी पहने हुए खड़ी थी। उसकी काँख में हैंडबैग दबा था। उसने अपने सिर को साड़ी के पल्लू से ढक लिया था। उसके माथे पर एक छोटी सी कत्थे रंग की बिंदी थी। उसकी भौंहों के भूरे रंग में धूप उलझ कर रह गई थी। गली के दूर कोने में खड़े आवारा लड़के उनकी ओर देख रहे थे। बमनी जल्दी से अंदर आ गयी। दरस ने दरवाज़ा धीरे से बंद कर दिया।

''इतने दिनों बाद!'', दरस ने फुसफुसा कर पूछा। बमनी ने उसकी जिज्ञासा का कोई जवाब नहीं दिया। वह अपने हैंडबैग को रखने की जगह ढूँढ रही थी। उसने कमरे के सोफे पर नज़र दौड़ायी, जिस पर रंग बिरंगे कपड़ों की कतरनों का कोलाज ठूँसा हुआ था। ज़मीन पर बिछी चटाई पर धूल की परत जमी हुई थी। दोनों अंदर वाले बेडरूम की तरफ

चले गये। बमनी ने अपने सिर पर लिपटा घूँघट हटा दिया। फिर वह बिस्तर पर बैठ गयी और दरस का हाथ पकड़कर अपने पास बिठाती हुई बोली, ''आओ ना!''

दोनों देर तक चुप बैठे रहे। एकदूसरे को देखते ताकते रहे, जैसे दोनों सोलह बरस वाले प्रेमी प्रेमिका हों। दोनों एकदूसरे को छूते बैठे रहे जैसे अपनी भूली हुई छुअन को टटोल रहे हों। दोनों एकदूसरे से लिपट गये, जैसे दोनों बरसों से रोना चाह रहे हों। दोनों बिना एकदूसरे को जताये जी भर कर रोये। फिर कमरे में चुम्बनों की हल्की आवाजाही शुरू हो गयी। अधेड़ देह की हड्डियों के चटकने की आवाज़ से भीतर मरी हुई दर्द की तरंग उठ गयी। दोनों भरी हुई साँसों के साथ हाँफ रहे थे।

दरस ने बमनी का चेहरा अपने हाथों में लिया और उसे बल्ब की रोशनी की ओर घुमाते हुए पूछा, ''तुमने शादी कर ली क्या?''

''हाँ।''

''किससे?''

''एक नकली डाक्टर से।'', यह कहकर बमनी हँसने लगी। तब दरस अपनी अकड़ी हुई कमर को ठीक कर रहा था। प्रेम करने की असफल कोशिश में वह बमनी की बनिस्बत ज़्यादा थक गया था। बमनी की मारक मुस्कान को देखकर दरस चुप रहा, लेकिन उसके स्मृति के भंडार में हलचल मची हुई थी। वह बमनी की बात के आशय को समझने की कोशिश करने लगा।

''नहीं याद आया ना!'', बमनी ने उसके गाल पर चिकोटी करते हुए कहा।

''नहीं। आजकल मुझे कुछ भी याद नहीं आता।''

‘‘अरे उस रात। जब कमरा सूरजमुखी फूलों से भर गया था और तुम खिड़की के रास्ते से भागे थे। उस रात ही तो तुमने सिंदूर की पुड़िया दी थी। भूल गये।’’

‘‘नहीं भूला। ये बात तो मुझे अच्छी तरह याद है।’’

उस रात की हरेक बात दरस को याद थी। वह सूरजमुखी से लदे स्वर्ग को कभी भूल ही नहीं सकता था। एक स्त्री के प्रति अपने सर्मपण भाव को साबित करने के लिए पुरूष शायद सिंदूर ही दे सकता है और क्या? यह ख़याल आने पर दरस ने मनिहारी दुकान से सिंदूर की एक पुड़िया खरीद कर रख ली थी, ताकि जब भी उसे मौका मिले, वह बमनी की माँग में उसे लगा देगा। लेकिन वह ऐसा कर नहीं सका और खिड़की के रास्ते उतरने से पहले उसने बमनी की मुट्ठी में वह पुड़िया पकड़ा दी थी, जिसे वह पूरी तरह भूल चुका था। बस बमनी का मन रखने के लिए उसने कह दिया था कि उसे यह बात अच्छी तरह याद है।

‘‘तो अब मैं चलती हूँ। जब भी तुम्हारे पसीने की गंध की तलब होगी, फिर आ जाऊँगी।’’

बमनी ने अपनी साड़ी ठीक की। आँचल को समेटा और सिर पर घूँघट कर लिया। रूमाल से माँग में लगे सिंदूर को मिटा दिया। आँखों के कोरों के पास सूख गये आँसू की सफ़ेद परत को पोंछ दिया और अपना हैंडबैग लेकर बाहर चली गयी। दरस उसे देखता रह गया। बमनी के जाने में बैगन सब्जी की महक थी।

दरस चौंक गया। उसे याद आया कि भीतर टिफिन रखा है। वह भूख और नींद के रहम पर जी रहा था। उसकी जीभ में कोई लालच नहीं था। उस पर चुप्पी की परत चढ़ गयी थी। लेकिन रात में भूख, उसकी नींद को हराम न कर दे इस भय से वह कुछ निवाले निगल लेना चाहता था। वह रसोई की ओर गया। उसने टिफिन से बैगन आलू की सब्जी

और रोटी निकाली और धीरे-धीरे खाने लगा। उसके दाढ़ टूट चुके थे, इसलिए उसे अपने सामने के बचे हुए दाँतों से चबाना पड़ रहा था, जिस पर पीलापन चढ़ता ही जा रहा था।

बमनी के जाने के बाद भी दरस के होंठो पर उसके चुम्बनों का नमक बचा हुआ था। दरस की हथेली पर बमनी के स्पर्श की गर्मी बची हुई थी। उसे हल्की गर्म रोटी में उन चुम्बनों का स्वाद आ रहा था, जिसे वह धीरे-धीरे चुभला रहा था। चुम्बनों की मेहनतकश प्रक्रिया में उसके मुँह की लार सूख गयी थी।

***

दरस सामने वाले कमरे में बैठा सन्नो के आने का इंतज़ार कर रहा था। सन्नो भी जल्द शाम होने के इंतज़ार में अपने घर में खिड़की के पास इधर उधर हो रही थी। उसने खिड़की से बाहर देखा। बाहर सड़क के उस पार उसका दोस्त अपनी पुरानी स्कूटर स्टार्ट करने की कोशिश में था। वह बीच बीच में सन्नो के मकान की ओर देख भी ले रहा था। वह व्यग्र हो गयी।

उम्र के उकसावे ने सन्नो को दरवाज़े से बाहर धकेल दिया। वह अपनी छाती से रजिस्टर चिपकाये हुए गली से बाहर निकल गयी। इस दौरान वह लड़के के स्कूटर के पास से गुजरी, लेकिन उसने उस लड़के की ओर बिल्कुल भी ध्यान नहीं दिया। जैसे वह उसे जानती भी न हो। लेकिन उसने ध्यान से उस नींबू रंग के स्कूटर को देखा, जिस पर बजाज कंपनी का लोगो लगा हुआ था।

दरस के मकान की ओर मुड़ने से पहले उसका जी हुआ कि वह जी भर कर अपने नवेले प्रेमी को देख ले। लेकिन यह जानकर उसने उस ओर नहीं देखा, क्योंकि वह तो आने ही वाला है ट्यूशन पढ़ने। उसने दरवाज़ा खटखटाने के लिए अपना हाथ बढ़ाया ही था कि दरवाज़ा खुल

गया। दरवाज़े के पीछे दरस खड़ा था। उसके चेहरे पर एक थकी हुई मुस्कान थी, जिसे वह देर तक महफूज़ रख नहीं पाया।

''अरे सर आपको कैसे पता चला?'', सन्नो ने धीरे से कहा।

''तुम्हारी गंध से!'' यह जवाब दरस देना चाहता था लेकिन वह चुप रहा। वह भी अंदर आ गया।

दोनों उस लड़के के आने की प्रतीक्षा में चुप बैठे रहे। इस प्रतीक्षा में सन्नो कमरे को ध्यान से देख रही थी। फिर वह बरामदे से होती हुई पीछे चली गयी और बंद कमरे के सामने खड़े होकर उसके दरवाज़े को देखने लगी। दरवाज़े के पीछे के बियाबान की कोई आवाज़ नहीं थी। बस एक सरसराहट की मद्धिम आवाज़ आयी, जिसे दरस सुन नहीं पाया।

''इसी कमरे में जिन्न होता था ना सर!''

सन्नो की ऊँची आवाज़ सुनकर दरस भी बरामदे में आ गया। उसने धीरे से सन्नो की पीठ सहलाते हुए जवाब दिया, ''ये सब अफवाह है।''

पीठ सहलाने की दरस की बढ़त को सन्नो ने नज़रअंदाज़ कर दिया और अपनी कसमसाने की अदा से उसे और उकसाने का प्रयास किया। चारपाई पर सोने की वजह से उसकी पीठ कुंद हो गयी थी। वह किसी छुअन से जागने वाली पीठ नहीं थी। एक ठोस पीठ पर दरस की हथेली छिपकली की तरह सरक रही थी और सन्नो उसे ठीक वक्त पर दबोच लेने की फिराक में थी।

''क्या मैं और मेरा दोस्त इस कमरे में थोड़ी देर अकेले रह सकते हैं?''

सन्नो ने ठीक उस वक्त यह अनुरोध उछाला, जब दरस की हथेली उसके कमर की ओर जाने वाली थी। सन्नो की फरियाद सुनकर वह ठहर गया। उसे लगा कि उसने जो सुना, वह उसका भ्रम है। उसने सन्नो

से दोबारा वही सवाल करने का आग्रह किया। सन्नो ने कहा, ''हमारा झगड़ा हो गया है इसलिए हम दोनों अकेले में बात करना चाहते हैं।''

''ठीक है पहले उसे आने तो दो।'', दरस ने फिलहाल विषय को टाल दिया।

उस दिन वह लड़का नहीं आया। उसके नहीं आने के उत्सव में दरस और सन्नो देर तक ख़ुश रहे। दरस इसलिए ख़ुश था कि वह सन्नो को अपने पास बिठाकर पढ़ा सकता था। सन्नो इसलिए ख़ुश थी कि वह उस कमरे को देख सकेगी, जिसके बारे में मुहल्ले में तमाम तरह की अफवाहें हैं। इस अव्यस्क किस्म की खुशी में वह दरस की गोद में बैठ गयी और उसके गाल सहलाती हुई बोली, ''चलो न मुझे अभी वह कमरा देखना है।''

बरसों से बंद पड़े दरवाज़े की कुंडी पर जंग लग चुका था। दरस ने धीरे से कुंडी उतार दी और अपनी हथेली पर लग गये धूल को झाड़ लिया। उसके पीछे खड़ी सन्नो चमत्कृत सी अंदर देख रही थी, जिधर सामने की दीवार से सट कर रखी लकड़ी की पुरानी आलमारी साफ़ नज़र आ रही थी। आलमारी के ऊपर मकड़ी का जाल था, जिसमें किसी कॉकरोच का पंख लटका हुआ था। एक छिपकली उनकी आहट सुनकर आलमारी के पीछे जा छिपी।

दूसरी ओर कोने में एक टूटा फूटा सा वाश बेसिन था, जिसके पीछे की दीवार की खिड़की को लकड़ी के पट्टों से बंद कर दिया गया था। फर्श पर धूल फैली हुई थी, जिस पर किसी के पंजे के निशान इधर उधर फैले हुए थे। उसके देखकर सन्नो सिहर उठी। उसने दरस को पकड़ लिया और फुसफुसा कर पूछा, ''ये पैरों के निशान किसके हैं?''

''क्या मालूम!'', दरस ने बिना किसी भाव के जवाब दिया। वह पहले अंदर गया। उसने देखा कि एक कोने पर बड़ा सा टेबल रखा है,

जिस पर खेसराहा अपने प्रयोग किया करता था। टेबल पर काँच की टूटी फूटी परखनलियों के टुकड़े बिखरे पड़े थे। सूक्ष्मदर्शी औंधा पड़ा था। नीचे काँच के दो बड़े जार रखे हुए थे, जिनमें क्लोरोफार्म और हाइड्रोजन सल्फाइड का घोल रखा रहता था। दीवारों पर उभर आयी सीलन की बदबू से कमरा भरा हुआ था। सन्नो ने अपनी नाक चुनरी से ढक ली। दोनों उस बदबू के चलते जल्द बाहर निकल आये।

अगली सुबह कुलछनी काम पर आयी, तब निजी प्रयोगशाला वाले कमरे का दरवाज़ा खुला देखकर वह चौंक गयी और दरस से पूछ पड़ी, ''क्या खेसराहा लौट आया?''

यह सवाल सुनकर दरस एकबारगी अचकचा गया। फिर उसे समझ आया कि कुलछनी कमरे को खुला देखकर पूछ रही है। ''नहीं तो।'', उसने दृढ़ता से जवाब दिया।

''लेकिन आप तो कह रहे थे कि जब खेसराहा आयेगा, तब ही यह दरवाज़ा खुल सकेगा क्योंकि इसकी चाभी उसके पास ही है।''

दरस ने कुलछनी की बात को नज़रअंदाज़ करते हुए कहा, ''वो कल आलमारी में मुझे एक चाभी मिली और मैंने कोशिश की तो उसका ताला खुल गया।''

फिर दोनों चुप हो गये। अपने कमर में साड़ी का पल्लू खोंसते हुए कुलछनी ने अंदर की ओर देखा। अंदर धूल और मकड़ी जालों का जंजाल था। कमरे की बदबू कुछ कम हो गयी थी। रात में चूहों की धमाचौकड़ी से टेबल पर रखा ब्यूरेट नीचे गिर गया था। उसने दरस की परवाह किये बिना कमरे को साफ़ करने का मन बनाया।

''इन लकड़ी के पट्टों को निकाल देंगे तो कमरे की खिड़की से पर्याप्त रोशनी आ सकती है।''

''तुम्हें जो सही लगता है करो। मैं बाहर जाता हूँ। मुझे धूल से एलर्जी है।''

कुलछनी ने करीब दो घंटे की मेहनत में पूरे कमरे को साफ़ कर दिया। टूटे हुए वाश बेसिन को उखाड़ कर उसने पीछे आँगन में रख दिया और काँच के टुकड़ों को एक बक्से में रख दिया। कमरे में मौजूद सीलन की बदबू पूरी तरह चली गयी थी। पोंछा लगने के बाद फर्श की पुरानी चमक लौट आयी थी, जिसे देखकर दरस ने कहा, ''तुमने तो कमाल कर दिया कुलछनी!''

''मैंने नहीं। सन्नो ने कर दिया। उसने ही कहा था कि यह कमरा साफ़ कर देना।'' कुलछनी यह कहकर पीछे आँगन की ओर चली गयी।

स्कूटर की आवाज़ सुनकर दरस जान गया कि आज सन्नो लड़के के साथ आयी है। दरवाज़ा खुलते ही सन्नो मुस्कुराती हुई अंदर आयी। उसके पीछे लैवेंडर की ख़ुशबू के साथ लड़का भी अंदर आया। उसने अंग्रेजी में अभिवादन किया और सन्नो के पास जाकर बैठ गया। दरस ने उससे कुछ भी नहीं पूछा। सन्नो ने भी अनजान बने रहने का स्वांग किया जैसे उसने कुलछनी को कमरा साफ़ करने कहा ही न हो।

''बहुत मुश्किल से राजी हुआ आने को।'' सन्नो ने धीरे से कहा। लेकिन दरस ने उसकी बात पर ध्यान नहीं दिया और अंग्रेजी व्याकरण की किताब पर नज़र जमाये रहा।

''आज हम एडजेक्टिव के बारे में पढ़ेगें।''

फिर करीब चालीस मिनट की पढ़ाई के बाद दरस उठकर अंदर चला गया। उसके पीछे सन्नो भी चली गयी। उसने दरस का हाथ पकड़कर पूछा, ''नाराज़ हैं क्या?''

“नहीं।”

“तो फिर ऐसे क्यों उठ कर चले आये?”

“ताकि तुम दोनों आपस में सुलह कर सको।”

“तो हम अंदर चले जायें।”

दरस ने सहमति में अपना सिर हिला दिया। दोनों खुशी खुशी उस निजी प्रयोगशाला वाले कमरे में चले गये और दरवाज़ा अंदर से बंद कर लिया। दरस पथराया सा खड़ा रहा। अंदर से फुसफुसाहट की आवाज़ें आ रही थी। उसने दरवाज़े से अपना कान सटा दिया लेकिन आवाज़ बहुत मद्धिम होने के कारण दरस को कुछ भी साफ़ सुनाई नहीं दिया। वह निराश होकर सामने वाले कमरे के सोफे पर जाकर बैठ गया, जैसे वह उन दो युवाओं के प्रेम का चौकीदार हो।

***

प्रयोगशाला वाले कमरे का दरवाज़ा बंद करते ही अंदर का जादू शुरू हो गया। कमरे में मौजूद तमाम रसायनों की दबी हुई गंध जागृत होने लगी। लड़का कमरे को ध्यान से देखने लगा। कमरे में कोने में एक बड़ा सा टेबल रखा था, जिस पर लेट कर दोनों आपस में सुलह कर सकते थे। लेकिन सन्नो उस खिड़की की ओर देख रही थी जिस पर लकड़ी का पट्टा लगा हुआ था। उसके दरारों से सूरज की रोशनी आ रही थी।

वह उस रोशनी को देखकर चौंक गयी कि देर शाम के अंधेरे में बाहर कौन सा सूरज रोशनी दे रहा है। वह धूप नहीं थी बल्कि बाहर की स्ट्रीट लाइट की पीली रोशनी थी जो कमरे में धागे की तरह उतर रही थी। साठ वॉट के बल्ब में लड़के का गोरा रंग पीले रंग में बदल गया था। वह सन्नो को देखकर मुस्कुराने लगा। उसने सन्नो को अपनी ओर खींच

लिया और अपनी बाँहों में दबोचने लगा। वह भी बिना किसी विरोध के उस दबोच में दबने लगी। उसने सन्नो का गाल सहलाते हुए पूछा, ''आखिर बुढ़वा मान कैसे गया?''

सन्नो ने लड़के की बात का कोई जवाब नहीं दिया। उसने अपने होंठों से उसके होंठों को जकड़ लिया। दोनों देर तक एकदूसरे के मुँह में अपनी लार उतारते रहे। लड़के ने सन्नो को अपनी गोद में उठा लिया और उसे कोने वाले बड़े से टेबल पर ले जाकर बिठा दिया। बंद कमरे की गर्मी और खुले देहों की ठंडक से उनकी नज़दीकी महक उठी। लड़के के पसीने से लैवेंडर की ख़ुशबू आ रही थी। सन्नो ने अपने माथे पर आँवला की गंध मिले पसीने को अपनी कुर्ती की बाँह से पोंछ लिया, जिसके सामने का दो बटन लड़के ने खोल दिया था और वह अपने हाथ से सन्नो की सिहरन को इधर उधर दौड़ा रहा था। दोनों की देह आपस में उलझने ही वाली थी कि दरवाज़े पर दस्तक हुई। दोनों झट से एकदूसरे से अलग हो गये। सन्नो ने अपनी कुर्ती का बटन बंद किया। लड़के ने अपने बालों को ठीक किया और दरवाज़ा खोल दिया।

बाहर दरस खड़ा था। वह उन दोनों की ओर ध्यान से देख रहा था। लड़का उसके बगल से बाहर निकल गया और सामने वाले कमरे की ओर चला गया। सन्नो दरस के पास आ गयी।

''हो गयी सुलह।'', दरस ने फुसफुसाकर पूछा।

सन्नो ने माथे का पसीना पोंछते हुए जवाब दिया, ''हाँ थोड़ी बहुत।'' वह भी तेज़ कदमों से बाहर चली गयी। उसके बाहर जाते ही दरस को स्कूटर के जाने की आवाज़ आयी।

अगली सुबह जब लड़के पढ़ने आये, तब दरस ने कुलछनी के बेटे को एक बढ़ई लाने को भेज दिया। बढ़ई ने प्रयोगशाला वाले कमरे की खिड़की पर लगे लकड़ी के पट्टों को निकाल दिया और खिड़की के पल्ले

का कब्जा बदल दिया। खिड़की का पल्ला काम करने लगा। दरस ने उस खिड़की को खुला छोड़ दिया। फिर उसने बढ़ई से प्रयोगशाला वाले कमरे के दरवाज़े पर एक इंच का सुराख बनाने को कहा। उसने दरवाज़े पर एक इंच का सुराख बना दिया। दरस ने कमरे का दरवाज़ा बंद कर उस सुराख से अंदर झाँक कर देखा। वह भौंचक रह गया।

अंदर के उजाले में खेसराहा कोने के टेबल पर बैठा हुआ था। उसकी गोद में डिस्पेंसरी की नर्स बैठी हुई थी। नर्स का ब्लाउज उस टेबल के नीचे गिरा हुआ था। नर्स की पीठ दरवाज़े की ओर थी। उसकी पीठ पर खेसराहा की हथेली सरक रही थी। नर्स ने अपने बालों को खोल दिया और खेसराहा के सिर को उसमें छिपा लिया। दोनों देर तक आपस में लिपटे हुए झूमते रहे। उन दोनों को प्रेम में लिपटे हुए एक कामवाली बाई कोने में खड़ी देख रही थी, जिसके हाथ में झाड़ू था और वह उस कमरे में सफाई का काम करने रूकी थी।

''अंदर कौन सा जादू है कि आप हट ही नहीं रहे हैं?'', बढ़ई ने कुढ़ते हुए कहा। उसे जल्द जाना था और दरस उस सुराख से चिपके हुए किसी बायोस्कोप की तरह अंदर के बदलते हुए दृश्यों को देख रहा था। वह चौंक गया। उसने पलट कर पीछे देखा। पीछे बढ़ई और कुलछनी का बेटा उसे देखकर मुस्कुरा रहे थे।

बढ़ई के जाते ही सारे लड़के आ गये थे। दरस सोफे पर बैठ गया और लड़कों को पैसिव वाइस पढ़ाने लगा। पढ़ाई ख़त्म होने पर समीर ने दरस से आग्रह किया कि वह भी उस कमरे को देखना चाहेगा, जिसमें खेसराहा अपने अजीबोगरीब प्रयोग किया करता था। दरस ने उसके आग्रह को पूरी तरह अस्वीकार नहीं किया। बस इतना कहा कि दरवाज़े पर जो सुराख है उससे ही जितना दिख सकता है, वह देख सकते हो।

समीर ने दरवाज़े की सुराख से अपनी आँखें सटा दीं। अंदर के माया लोक में सुनहरे रंग की रोशनी फैली हुई थी, जिसमें एक छोटा सा

लड़का डाक्टरों वाला एप्रन पहने हुए अपने हाथ में स्टेथेस्कोप लहरा रहा है। उसके सामने एक पतली दुबली लड़की बैठी है और अपने हाथ जोड़कर उस डाक्टर से इलाज कर देने का अनुरोध कर रही है। छुटका डाक्टर ने अपना स्टेथेस्कोप उसकी छाती से सटा दिया और लड़की की धड़कनों को सुनने लगा।

फिर उसने स्टेथेस्कोप हवा में फेंक दिया और लड़की की छाती से अपना कान सटा दिया। लड़की की आँखें मुँद गयीं। समीर उस दृश्य के सम्मोहन से मोहित गया। लेकिन दरस ने उसे झिंझोड़कर उस मूर्छा से बाहर कर दिया।

वह लगभग झल्ला सा गया था, लेकिन उसने अपनी भावनाओं को दबा लिया और दरस से सवाल किया, ''अंदर वह पतली दुबली सी लड़की कौन है?'' दरस ने सुराख से अंदर झाँककर देखा और मुस्कुराते हुए जवाब दिया, ''अरे हओ है वह। बरसों से पहले इस मुहल्ले में रहा करती थी।''

''और उस छुटका डाक्टर का चेहरा आपके जैसा दिख रहा था!'', समीर की भौंचक आँखें पथरा गयी थी। दरस ने कोई प्रतिक्रिया नहीं दी। समीर के पीछे वह भी सामने वाले कमरे की ओर चला गया, जहाँ बैठे लड़के पैसिव वाइस का अभ्यास करने में मगन थे।

समीर उस जादू के असर से निकल नहीं पा रहा था। वह अचंभित और घबराया हुआ सा था। उसे विश्वास ही नहीं हो रहा था कि उसने उस सुराख के अंदर झाँककर जो कुछ भी देखा वह सच था या उसका भ्रम था। इस घटना के बाद समीर दोबारा ट्यूशन पढ़ने नहीं आया। वह लगभग सदमे में चला गया था।

***

दोपहर की लंबी प्रतीक्षा और बेहद नाज़ुक उदासी के बेमेल ख़यालों में दरस बिस्तर पर पड़ा हुआ सोच रहा था कि आज यदि सन्नो और लड़का उस कमरे के अंदर सुलह करने जाते हैं तो क्या हो सकता है? उसने सोचा कि शायद आज सन्नो लड़के से अपने प्रेम का इजहार कर देगी और उससे लिपट कर रोने लग जायेगी कि उसने तीन दिनों से कुछ नहीं खाया है। उसकी माँ की तबीयत ठीक नहीं है और उसका पिता न जाने महीनों से घर नहीं लौटा है, जो किसी सिक्ख के साथ उसके ट्रक पर खलासी का काम करता है।

सिक्ख का ख़याल आते ही दरस को बहुत पुरानी घटना याद आ गयी, जब वह चउबे की युवावाहिनी के चक्कर में फँस गया था। उस युवा वाहिनी के उकसावे पर मुहल्ले के आवारा लड़के और किशोर पूरे कस्बे के मुस्लिम मकानों की निशानदेही करने का काम करने निकले थे। तब सारे लड़के उन मकानों का आपस में बंटवारा कर रहे थे। सबने अपने अपने लिए मकान तय कर लिया था। लेकिन दरस चुप रहा था, तब युवा वाहिनी के मुखिया लड़के ने उससे पूछा था, ''तुम कोई मकान नहीं लोगे दरस?''

''किसका मकान?''

''मुसलमानों का।''

''लेकिन कैसे?''

''दंगे के बाद। वो या तो भाग जायेंगे या फिर मारे जायेंगे।''

''मुझे नहीं चाहिए।'' दरस ने बिना उसकी बात के आशय और आशंका को जाने अपना जवाब दिया और चला गया।

इसके कुछ दिनों बाद कस्बे में दंगा हुआ और लोगों के मकान जला दिये गये। लेकिन उनके मुहल्ले के तमाम सिक्खों ने दंगाईयों को मार

भगाया। सिक्खों ने कई मुस्लिम परिवारों को सुरक्षा दी। अपने गुरूद्वारा में पनाह दी और महीने भर लंगर चलाया। उन सिक्खों के किस्से कई दिनों तक कस्बे में सुनाई देते रहे।

दरस के ख़यालों को कॉलबेल की आवाज़ ने तोड़ दिया। वह बिस्तर से उठा और सामने का दरवाज़ा खोल कर बाहर आ गया। बाहर कोई नहीं था। शायद कोई बच्चा शरारत करने की नीयत से कॉलबेल बजाकर भाग गया होगा। यह सोचकर दरस वहीं ठिठक गया। उसने देखा कि सामने के खरपतवार मैदान का काम रूक गया है। मुख्य सड़क से जहाँ गली इस ओर आती है, उधर से उसने स्कूटर आते देखा जिस पर लड़का और सन्नो सवार थे। वह अंदर आ गया।

उसके अंदर पसरी उदासी और मुसलमानों के जले हुए घरों की याद से उसका मन बेचैन था। वह समझ ही नहीं पा रहा था कि लोग इतना हिंसक कैसे हो जाते हैं? उसने किताब उठाकर अपने बाजू में रख दी। उसने अपना चश्मा उतारकर रख दिया। वह देर तक अपनी आँखें बंद किये बैठा रहा। सन्नो और लड़का उसकी ओर देख रहे थे। वे उसके सामान्य हो जाने का इंतज़ार कर रहे थे।

थोड़ी देर बाद दरस बाजू में रखी व्याकरण की किताब उठाकर उसे देखने लगा। वह देखकर घबरा गया। किताब के पृष्ठ पर ढेरों कीड़े मकोड़े पड़े हुए थे। फिर उसने सन्नो की ओर देखा। सन्नो के चेहरे पर बेबसी का अंधियारा फैला हुआ था, जिस पर उसकी आँखों की भूरी पुतलियाँ चमक रही थीं। उसका चेहरा किसी खून पीने वाले चमगादड़ की तरह दिख रहा था। उसके भयावह चेहरे को देख कर दरस घबरा गया। उसने झट से चश्मा पहन लिया।

सामने बैठी सन्नो मुस्कुरा रही थी। लड़का अपनी कॉपी में कुछ लिखने का स्वांग कर रहा था। सब अपने अपने स्वांग में बेहद कुशल

थे। दरस को इस बात का भान ही नहीं था कि उन्हें चुप बैठे करीब चालीस मिनट गुज़र चुके हैं। बोरियत के दबाव में लड़के ने अंगड़ाई लेकर यह जताने का प्रयास किया कि अब पढ़ने का मन नहीं है। सन्नो ने जम्हाई लेकर अपनी नीयत जता दी। दरस चुपचाप उठकर पीछे आँगन चला गया, ताकि दोनों बचा हुआ सुलह कर सकें।

आँगन की दीवार पर लगे आईने में दरस ने अपना चेहरा देखा। उसके ठोस चेहरे पर दुखों की महीन रेखायें फैली हुई थी। उसकी ठुड्डी का माँस लटक गया था। उसकी सफ़ेद दाढ़ी त्वचा फोड़कर बाहर आ गयी थी। आँखों के अंदर अंधेरा था, जिसमें चाह का नमक मौजूद नहीं था। लालच थी तो अंदर उसके मन में। उसने मुँह खोलकर अपने दाँतों को देखा, जिस पर पीलापन चढ़ा हुआ था।

कमरे के अंदर से जैसे ही सन्नो ने दरवाज़ा लगाया, वह उस पर बने सुराख को देखकर हैरान हो गयी। उसने लड़के को वह सुराख दिखायी लेकिन वह बेपरवाह टेबल पर जाकर बैठ गया था।

''लेकिन कल तो यह सुराख था नहीं!''

''और वह खिड़की भी ठीक हो गयी है। देखो उधर!'' लड़के ने सन्नो के आश्चर्य को और बढ़ा दिया।

''हाँ। तभी तो इतना उजाला लग रहा है।'' सन्नो ने चहकते हुए कहा।

लड़का उसके पास आया और उसे अपनी गोद में उठा लिया। बाहर खड़ा दरस उनकी बातों को सुनने की कोशिश में दरवाज़े सट गया। लेकिन सिवाय फुसफुसाहटों के उसे कुछ सुनाई नहीं दिया। उसने दरवाज़े पर बने सुराख से अपनी आँख सटा दी। उसने देखा कि अंदर टेबल पर सन्नो और लड़का चिपट कर बैठे हैं। लड़का सन्नो के माथे पर

चुम्बन ले रहा है। उनकी झूमाझटकी से टेबल हिलने लगा। फिर दोनों ज़मीन पर पसर गये।

दोनों दरस की नज़र से ओझल हो गये। कमरे की स्तब्ध शांति में भी दरस ने धैर्य बनाये रखा और सुराख से आँख सटा कर खड़ा रहा। थोड़ी देर बाद लड़का उठा। उसका शरीर पसीने से लथपथ था। उसका चेहरा दरवाज़े की ओर था। उसने झुककर अपनी पैंट का बटन बंद किया। फिर सन्नो उठी उसने भी अपने कपड़े ठीक किये।

जब दोनों बाहर आये, तब दरस सोफा पर बैठा हुआ था। उसे देखकर सन्नो लजा गयी। उसने अपने बिखरे बालों को समेटा और बिना दरस की ओर देखे बाहर चली गयी। उसके ठीक पीछे लड़का भी बाहर आ गया। वह दरस को देखकर ठिठक गया।

दरस उसे ताज्जुब के साथ देख रहा था। उसका मुँह खुला हुआ था। उसकी आँखों का अचरज पानी बन कर फैल गया था। उसने इतने प्रतिभाशाली युवक को पहले कभी नहीं देखा था। वह अपनी जिज्ञासा को रोक ही न पाया।

उसने सीधे ही लड़के से पूछा, ''तुम इतनी आसानी से बटन कैसे बंद कर लेते हो?''

दरस के हास्यास्पद सवाल को सुनकर लड़का मुस्कुराते हुए बाहर चला गया। उनके जाने के बाद की रिक्तता में दरस को लैवेंडर की गंध नहीं आयी। कमरे में इर्ष्या की तीखी बदबू थी। वह देर तक बैठा उनके बारे में सोचता रहा। उसके भी बच्चे होते तो वे भी इसी उम्र के होते और इसी तरह की उम्रसुलभ नादानियाँ कर रहे होते। लेकिन शादी और परिवार का ख़याल उसे उदास कर देता था।

जब लड़कों ने दरवाज़ा खटखटाया, तब उसकी आँखें खुली। आँख खुलते ही वह हैरान हो गया कि वह पिछली रात इस सोफे पर ही बैठे हुए सो गया था। उसने देखा कि सामने चटाई पर सन्नो का हेयरबैंड गिरा हुआ है। खिड़की के अधखुले पल्ले से कुलछनी का बेटा अंदर झाँक रहा है। वह धीरे से उठा और अपनी चप्पल ढूँढने लगा, जो वहाँ नहीं थी। वह नंगे पैर ही आगे बढ़ा और दरवाज़ा खोल दिया।

बाहर इतनी सारी धूप देखकर उसका मन हरिया गया। वह उस सुनहरी धूप को अपनी मुट्ठी में भर कर अपने बिस्तर वाले कमरे में ले जाकर उड़ेल देना चाहता था। उसने अपनी हथेली फैलाकर धूप को समेटना चाहा। उसे देखकर लड़के ज़ोर ज़ोर से हँसने लगे। उनकी हँसी की आवाज़ से दरस अपने ख़याल से बाहर आ गया। वह देर तक अपनी त्वचा को धूप देना चाहता था। वह देर तक बाहर खड़ा रहा। लड़के अंदर चले गये।

सारे लड़के बरामदा पार कर पीछे निजी प्रयोगशाला वाले कमरे के सामने खड़े हो गये। कुलछनी के बेटे ने उन्हें बताया था कि इस दरवाज़े पर एक जादुई सुराख है, जिसके अंदर अद्भुत नजारे दिखते हैं। अंदर से पायल की हल्की आवाज़ आयी। लड़के घबरा गये। फिर भी कुलछनी के बेटे ने हिम्मत दिखाते हुए अपनी एक आँख उस सुराख से सटा दी। अंदर के मनोरम दृश्य को देखकर कुलछनी का बेटा आहें भरने लगा। उसका माथा पसीने से भर गया। वह दूर हो गया। उसकी वह दशा देखकर लड़कों में भी रोमांच आ गया। फिर लड़के बारी बारी से उस सुराख से अंदर झाँककर दृश्यों का आनंद लेने लगे।

ढेर सारी धूप सेंककर जब दरस अंदर आया, तब उसने देखा कि लड़के वहाँ नहीं हैं। सारे बरामदे में खड़े खीं खीं कर रहे हैं। उसने कमरे से ही आवाज़ लगायी, "अरे वह सुराख तुम्हारा मन खराब कर देगी। चलो इधर आओ।"

सारे लड़के आनंदभाव से भर गये थे। दृश्यों के जादू से वे अभिभूत थे। वे सकुचाते हुए बाहर आये और चटाई पर बैठ गये। लड़के एकदूसरे को देखकर मुस्कुरा भी रहे थे। दरस अपने जिस्म में उतर आयी धूप की गर्मी को संजो लेने की चाहत में आँखें बंद कर सोफा पर पीठ टिका कर लेटा हुआ था। वह बरसों बाद धूप को अपनी त्वचा पर महसूस कर पाया था। बची हुई नींद उसकी आँखों में अटकी हुई थी, जिससे बाहर आने की जद्दोजहद में उसकी पुतलियाँ फड़फड़ा रही थी।

''तुम लोग एक पैराग्राफ लिखो। मैं ब्रश कर आता हूँ।'' दरस की आवाज़ में भारीपन था। उसके जाते ही लड़के हल्का महसूस करने लगे। सब ने अपनी कॉपी ज़मीन पर रख दी। सब की चुप्पी में ज़ोर की हँसी दबी हुई थी। सब एकदूसरे की पहल का इंतज़ार कर रहे थे। सबका अपनी चुप्पी में दम घुटने लगा। कुलछनी का बेटा असंयमी था। वह जल्दी टूट गया। उसने खिलखिलाते हुए कहा, ''मास्टर तो बहुत ही रंगीला है।''

''कैसे?'' यह सबका सवाल था।

''अरे सुराख के अंदर मैंने देखा मास्टर किसी लड़की से मालिश करवा रहा था।''

''तो इसमें कौन सी बड़ी बात है।'' यह भी सबका सवाल था, जो उनकी आँखों में उभर आया था।

''लेकिन नंगा था!''

कुलछनी के बेटे के रहस्योद्घाटन से बाकी लड़के प्रभावित नहीं हुए क्योंकि उनके पास इससे भी ज़्यादा रोचक और रोमांचक अनुभव थे। लेकिन सबने अपने आनंद और सुख को अपने भीतर बचा कर रख लिया। मंगरू तो खेसराहा को देखकर डर ही गया था, क्योंकि उसे पता

था कि खेसराहा का निधन बरसों पहले जंगल में हो गया था। हालाँकि अपने भय को दबाये हुए वह किसी आनंदमयी क्षण के इंतज़ार में सुराख से झाँकता ही रहा और जब वह क्षण आया तो पसीने से भीगी उसकी देह में ठंडक उतर आयी।

उसने देखा था कि अंदर एक स्त्री खड़ी थी। उसका शरीर पूरी तरह उघड़ा हुआ था और खेसराहा उसका मुआयना कर रहा था। फिर उसने स्त्री की छाती से अपना सिर टिका दिया। वह देर तक उससे चिपटा रहा और फिर उससे हटकर बोला, ''तुम्हारी छाती में कफ बहुत है।'' स्त्री ज़ोर ज़ोर से खाँसने लगी। मंगरू ने जब उस स्त्री का चेहरा देखा, तब वह घबरा गया और डरकर सुराख से दूर हो गया। स्त्री का चेहरा उसके लिए जाना पहचाना था। लेकिन उसने उस पहचान को ख़ुद से भी उजागर करना ठीक नहीं समझा। वह कॉपी में पैराग्राफ लिखने लगा।

बरामदे से खट खट की आवाज़ आने पर पहले तो लड़के डर गये। फिर थोड़ा भरोसा हुआ कि शायद यह आवाज़ लकड़ी पर हथौड़ी चलाने की है। मंगरू उठ कर पीछे गया। उसने देखा कि दरस दरवाज़े पर बने उस सुराख पर लकड़ी का टुकड़ा लगाकर कील ठोक रहा है। उसके काँपते हाथों को देखकर मंगरू से रहा न गया। वह दरस से हथौड़ी लेकर दरवाज़े के सुराख पर लगे लकड़ी के टुकड़े पर कीलें ठोकने लगा। सुराख बंद होने के बाद मंगरू और दरस सामने वाले कमरे में आ गये, जहाँ सारे लड़के पैराग्राफ लिख रहे थे।

***

नींद की दुनिया में जागने की पीड़ा और ख़यालों की मोहक ख़ुशबू थी। स्मृतियों की नाज़ुक पगडंडी पर चलते हुए दरस वहाँ पहुँच जाता था, जहाँ वह नहीं जाना चाहता था। जहाँ वह ज़रूर जाना चाहता था। वह अपनी चाहतों का गुलाम नहीं था। इस नींद के देश से निकाला हुआ नागरिक था वह, जो अपनी प्रार्थना में एक छोटी सी नींद चाहता था।

बिना चाहत भरे दिन उसे धीरे-धीरे मृत्यु की ओर धकेल रहे थे। मृत्यु देह के लिए अनिवार्य थी। मन के लिए नहीं। मन तो मनमौजी था। इधर उधर भागता फिरता रहता था।

उसका मन भागते फिरते कस्बे के उस खौफनाक सन्नाटे में पहुँच गया, जहाँ पुरानी चीखें पत्थरों में बदल गयी थीं। जिसकी मिट्टी में मिला खून चमगादड़ बनकर उड़ रहा था। इधर से उधर भागते गिड़गिड़ाते लोगों का चीत्कार अंतरिक्ष में चला गया था। आग में लिपटे मकानों और झोपड़ियों की आँच को तारों ने सोख लिया था। देर रात जब चाँद रोने निकलता था, तब कुत्ते उसके विलाप में अपना विलाप मिलाने लग जाते थे।

वह अपने मन की पीठ पर बैठकर कस्बे की गलियों और मुहल्लों में उसी तरह भटकने लगा, जैसे बहुत बरस पहले वह चिरपोटी की साइकिल पर सवार होकर घूमा करता था। लेकिन इस बार एकदम अकेला था, अपनी पीठ पर अपनी उम्र का बोझ उठाये हुए। वह ठोस पीठ वाले कछुए की तरह धीरे-धीरे मंदिर के पास पहुँच गया। उसने बामहनपारा जाने वाली गली की ओर मुड़कर देखा।

उस गली में व्यापारियों के ऊँचे मकान बन गये थे। सुगना जिस मकान में रहा करती थी उसकी बाहरी दीवारें ढह गयी थीं। दरवाजों, खिड़कियों और उनकी लकड़ी की चौखट को ज़रुरतमंदों ने उखाड़ लिया था। चौखट की उखड़ी जगहों पर उभर आयी ईंटों को देखकर लगता था कि वे दाँत चिंयारते हुए लकड़बग्घे हों। बची हुई अंदर की दीवारों से ईंट चुनकर ले जाने का काम कोई अज्ञात आदमी कर रहा था। मकान के बचे हुए खंडहर के अंदर पास पड़ोस के लोग अपनी छतों से कूड़ा फेंकने लगे थे। उस कूड़े में अपनी थूथन घुसेड़े हुए सुअरों का समूह शोर मचा रहा था। सुअरों की आवाज़ सुनकर दरस घबरा गया। उसे कँपकँपी आने लगी।

वह तेज़ी से उस खंडहर से आगे बढ़ गया। आगे वह गंदे नाले पर बने पुल को पार कर सफाईकर्मियों के मुहल्ले पहुँच गया। उसने देखा कि सामने कई पक्के मकान बन गये हैं। उन मकानों के आगे वही पुरानी झोपड़ियाँ थी। एक झोपड़ी के आगे सार्वजनिक नल था, जिसे घेरकर महिलाएँ पानी भर रही थीं। एक औरत दूर अपने बच्चे को नहला रही थी। पक्के मकान के सामने दो ऑटो खड़े थे जिसके नीचे एक कुत्ता दुबका हुआ सो रहा था।

वह और आगे बढ़ गया, जिधर आगीमुता की झोपड़ी थी। उसके सामने खाट पर एक बूढ़ा सो रहा था, जिसे दरस ने ध्यान से देखा। वह उसे पहचान नहीं पाया। वह और आगे बढ़ गया, जिधर पीपल का पुराना पेड़ था, जिसके नीचे उसने आगीमुता को सुअर के पिल्ले को दबोचते हुए पहली बार देखा था।

उसने ध्यान से देखा, पीपल पेड़ के नीचे घनघोर अंधेरा था। वह पेड़ की छाँह नहीं थी। बल्कि वह सचमुच की रात थी। उस रात में कदम रखते ही दरस के रोएँ खड़े हो गये। उसने देखा कि उस अंधेरे के कोने में छब्बीस आँखें जगमगा रही थीं। उन आँखों की खौफनाक लालिमा देखकर वह डर गया। वह वहाँ से भागना चाहता था। लेकिन वह भाग न सका। उन छब्बीस आँखों ने उसे चारों तरफ से घेर लिया था। वह उन आँखों को अपने पास आता देखकर स्थिर खड़ा हो गया।

जब एक साथ सारी आँखें उसकी ओर झपटीं, तब वह पथरा सा गया। उसने पाया कि वह धीरे-धीरे उस अंधेरे से बाहर निकल कर आसमान की ओर उड़ता जा रहा है। अंधेरे के बाहर उसने साफ़ साफ़ देखा कि सुअरों की तरह मुंडियाँ उसे चारों तरफ से दबोचे हुए हैं। उनके लम्बे बड़े कान हवा में चिड़िया के पंख की तरह फड़फड़ा रहे हैं, जिनकी आवाज़ से उसे कुछ भी सुनाई नहीं दे रहा है। उसने किसी तरह ऊपर आसमान से नीचे की ओर देखा। उसकी साँस ही अटक गयी। नीचे चल

रहे लोग कीड़े मकोड़ों की तरह नज़र आ रहे थे। सुअरों ने अपने जबड़े से उसे चारों तरफ से पकड़ा हुआ था। वे उड़ते हुए तुरकारीपारा के ऊपर पहुँच गये।

तुरकारीपारा के ऊपर पहुँचते ही पत्थरों में बदल गयी चीखें आसमान की ओर उछलने लगी। एक पत्थर दरस के माथे पर जा लगा। उसके माथे से खून बहने लगा। उसके माथे से बहता हुआ खून जब ज़मीन पर गिरा, तब ज़मीन से ढेरों खून चूसने वाले चमगादड़ पैदा होने लगे और देखते ही देखते पूरे आसमान में छा गये। बरसों पहले जले हुए मकानों और झोपड़ियों में फिर से आग लग गयी। नीचे लोग अपने घरों से निकल कर इधर उधर भागने लगे।

उनकी चीख पुकार सुनकर दरस खौफ़ज़दा हो गया। वह डरते हुए नीचे देखता ही रहा। उसने देखा कि कुछ लोग नारा लगाते हुए तुरकारीपारा के घरों में आग लगा रहे थे। बाहर निकलने वाले लोगों को जलते मकानों में फेंक रहे थे। औरतों और बच्चों पर तलवारों से हमला कर रहे थे। कभी कभी अचानक बम फटने की गूँज भी सुनाई दे रही थी। नीचे जलते हुए मकानों की लपटें ऊपर की ओर लपलपा रही थीं। ऐसा लग रहा था मानो वह सब चीज़ों को निगल जायेगी। उनसे निकलने वाले धुएँ के गुबार के चलते नीचे देख पाना मुमकिन नहीं था। चीख, आग और सदमे की वजह से उसकी आँखों में पारा जमने लगा। उसे सब कुछ धुँधला दिखने लगा।

उसने महसूस किया कि सारे सुअरों के जबड़ों की पकड़ ढीली हो गयी है और वे जानबूझकर उसे अपनी गिरफ्त से छोड़ रहे हैं। जैसे ही सारे सुअरों ने उसे छोड़ दिया, वैसे ही वह तेज़ी से नीचे गिरने लगा। उसका शरीर किसी सूखे पत्ते की तरह हवा में तेज़ी से इधर उधर लहराने लगा। उसका ख़ुद पर कोई नियंत्रण नहीं रह गया था। पृथ्वी का गुरूत्वाकर्षण

नर्स ने उसके कमर की माँसपेशी को दबाकर इंजेक्शन लगाने की जगह बनायी और धीरे से इंजेक्शन की सुई धँसा दी। दवा के भीतर उतर जाने के दर्द के बावजूद वह जागने की कोशिश में था। लेकिन उसकी पलकें मुँद गयीं। वह अपनी नींद में फिर उतर गया, किसी पुराने दुख को भुगतने के लिए।

—

उसे तेज़ी से अपनी ओर खींच रहा था। उसने नीचे गिरते हुए देखा कि सुअरों की मुंडी हवा में और ऊपर उठती हुई ग़ायब हो गयी।

जैसे ही वह धरती से टकराया, वैसे ही उसकी आँखें खुल गयीं। उसने ख़ुद को बिस्तर पर पड़ा हुआ पाया। कोने में रखे टेबल पर दवाएँ बिखरी पड़ी थीं। उसके सिराहने पर लटकी बोतल से एक प्लास्टिक की पतली नली उतरी हुई थी, जो उसकी कलाई में धँसी हुई थी। हरे रंग के मोटे कपड़े का परदा दरवाज़े पर लटका हुआ था, जिसके उस पार लोगों की आवाजाही की आवाज़ें आ रही थीं। उसने अपनी झिलमिल होती आँखों से देखा कि दूर खड़ी सुगना उसे देखकर मुस्कुरा रही है।

उसने धीरे से कहा, ''सुगना!''

नींद की सुखद घेराबंदी के भीतर उपजे यादों की चुभन उसे अभी भी महसूस हो रही थी। उसे लगा कि वह किसी बुरे स्वप्न से लौटा है। यथार्थ की दुनिया अलग होने का आभास होते ही उसने राहत महसूस की। नींद के आसपास वह इसी राहत में देर तक जागता रहा कि अब वह उस खौफनाक सपने में नहीं लौटेगा। न ही नींद में और न ही अपनी जाग में उसे भागना पड़ेगा।

वह नर्स उसके पास आयी और उसकी छाती सहलाती हुई बोली, ''नहीं मैं उर्मिला उरांव।''

नर्स के इशारा करने पर दरस ने करवट बदल ली। करवट बदलने पर उसकी माँसपेशियों में दर्द उभर गया। दर्द की लहर से उसकी चेतना के तार झन्ना गये। उसने देखा सामने की दीवार पर पान की थूक का निशान था। दीवार में बनी खिड़की के बाहर नीम पेड़ की हरी पत्तियाँ दिख रही थीं।